Jörg Becker

Projekt Wissen – eine betriebswirtschaftliche Erzählung

Sammeln, bündeln, ausschöpfen

Bibliografische Information der Deutschen Nationalbibliothek

Die deutsche Nationalbibliothek verzeichnet die Publikation in der Deutschen Nationalbibliografie; detaillierte bibliografische Daten sind im Internet über http://dnb.d-nb.de abrufbar.

© 2017 Jörg Becker

Herstellung und Verlag: BoD - Books on Demand, Norderstedt
ISBN: 9-783-743-192577

www.beckinfo.de

Sich vernetzend tritt der Mensch in ein Spiegelkabinett mit Myriaden technischer Agenten, die zu allen Seiten ihre unsichtbaren Fühler und Greifarme ausgestreckt haben: alles Handeln wird von einer technologischen Großstruktur umhüllt. Unfassbar sind auch die Dimensionen: für hundert Dollar Rechenleistung eines iPad wären vor siebzig Jahren noch 100 000 000 000 000 Dollar (einhundert Billionen!)aufzubringen gewesen. Die Technik ist in eine neue Undurchsichtigkeit umgeschlagen: im Hinblick auf den von vielen herbei gesehnten Decision Support brodelt bereits hinter den Bildschirmen ein Magma aus smarten Objekten. Die Konkurrenz für Führungskräfte ist härter geworden: die Globalisierung erlaubt es, aus einem viel größeren Talente-Pool zu schöpfen als früher. Es gibt Situationen, in denen Entscheidungen unter Zeitdruck schlechter sind als die in gelassener Stimmung getroffenen Entscheidungen. Oft wäre es vielleicht besser, weniger Zeit zu haben: denn je länger man nachdenkt desto stärker werden Vor- und Nachteile gegeneinander abgewägt. Vielleicht solange, bis am Ende nur noch die negativen Aspekte im Kopf herumschwirren und die Entscheidung am Ende einen bitteren Beigeschmack hinterlässt.

INHALTSÜBERSICHT

Rohstoff „Wissen" als Chefsache – ein selbstverständlicher Begriff, der so selbstverständlich nicht ist
Die Projektbeteiligten
Curling statt autoritär – alles beginnt mit Schule
Intelligence Community oder Herrschaftswissen von Datenkraken?
Algorithmengläubigkeit und virtuelle Profile - es sind die nichtfinanziellen Performancetreiber
Vor dem Projektstart: erst einmal die Ausgangslage klären
Sind alle auch wirklich fit für das Projekt?
Es ist die Strategie, die den kritischen Weg bestimmt – ein modernes Märchen der Erleuchtung
Sicherung von Erfahrung braucht den Transfer von Wissen
Das vernetzte Zusammenwirken von Business Intelligence in der Endlosschleife
Die Bereitschaft, Regeln zu ändern und der Mut, zu einem fragilen Wissen zu stehen
Philosophie des Vertrauens auf eigene Stärken
Menschliche Arbeit und Kompetenz als Quelle von allem
Auf intelligente Strukturen kommt es an – ohne dynamische Außenbeziehungen ist alles nichts
Von den kommunikativen bis hin zu den logistischen Beziehungen
Wie bei einem Eisberg – vieles liegt unsichtbar unter der Oberfläche
Unternehmenswissen bewerten –aber wie?

Auch ein Alphatier muss gegen Luftschlösser gut geerdet sein

Im unausweichlichen Sog der Digitalwirtschaft

Sharing Economy – Ökonomie des Teilens und der Vernetzung

Und endlich das Projektergebnis – Zusammenstellung und Auswertungen der Wissensbilanz

Fazit – hat sich die Sache gelohnt?

Der letzte Schliff im Fein-Tuning

Zeitfresser Meeting – damit die Sache nicht aus dem Ruder läuft

Wissenstransfer und Präsentationsfolie

Computer als Controller

Wissen – ein Projekt, das niemals endet und rückblickend jedermann persönlich tangiert

Rohstoff „Wissen" als Chefsache – ein selbstverständlicher Begriff, der so selbstverständlich nicht ist

Der General Manager hatte sich seine Auszeit irgendwie anders, erholsamer vorgestellt. Es war nicht zum ersten Mal, dass er eine Phase beruflicher und nervlicher Überforderung zu verdauen hatte. Er wusste, dass dies ein Gefühl der inneren Leere erzeugen konnte, obwohl ansonsten jeder Tag und das ganze Leben randvoll und überquellend scheinen mochte. Er aber wurde leer von Erschöpfung. Leer, weil er glaubte, sich in einem Hamsterrad zu drehen. Und keine Gelegenheit fand, den Akku aufzuladen. Alles verschwamm ohne Perspektive. Nichts war mehr wie vorher. Hinter ihm klatschte das Wasser müde gegen die Molen, und manchmal schabten die Fender der vertäuten Fischkutter leise gegen das Holz der Anlegestelle. Der Tag war heiß und vollkommen windstill. Es roch nach Meerwasser, Schlick und Algen. In der Nähe von Wasser hatte er noch nie eine so klare Abgrenzung einzelner Gerüche erlebt. Und wenn der Wind vom Wasser herein strich, mischte sich alles wieder durcheinander. Eine schläfrige Mittagsstimmung machte sich breit. Er musterte die Spielhalle, mit der zur Straße hin weit geöffneten Glasfront. An der Bar hingen ein paar Leute herum und waren das Aufblinken der zahllosen roten, grünen oder blauen Lichter an den

Automaten vertieft. Die ihnen einen Gewinn zumindest für einen nächsten Drink zu versprechen schienen.

Dem Manager wurde immer bewusster, dass es nur jegliche Form von Wissen ist, was das Gedächtnis seines Unternehmens ausmacht. Wissen ist das Wertvollste, was ein Unternehmen besitzt. Wissen ist der einzige Rohstoff, der sich durch Gebrauch vermehren lässt. Wissen ist in den Köpfen der Mitarbeiter gespeichert. Wissen ermöglicht durch Transfer Multiplikatoreffekte. Wissen muss geschützt und gesichert werden. Wissen muss identifiziert werden. Wissen muss bewertet werden. Wissensmanagement ist Chefsache. Was nicht gespeichert ist, hat nicht stattgefunden, ist demnach kein Wissen. Wissen wird über Datenwolken an Dritte ausgelagert. Google verfügt über die größte Wissenssammlung der Welt. Wissen, das im Internet frei verfügbar gemacht wurde, hat damit seinen Wert verloren. Information ist nicht gleich Wissen.

Wie jeden Freitagnachmittag um drei tagte im Konferenzraum der Chefetage -in einem eher unscheinbaren Gebäude der Bürostadt- das Managementteam der Firma, um sich über die wichtigsten Projekte der nächsten Zeit abzustimmen, Aktivitäten zu koordinieren und falls erforderlich, zielführenden Maßnahmen zu beschließen. Ein Projekt

„Wissen" hatte es so bisher noch nicht gegeben. Auch nicht in ähnlicher Form. Jedenfalls konnte sich niemand im Raum daran erinnern. Der Projektmanager Wissensbilanz wollte daher zunächst einiges Grundsätzliches zum Projektmanagement vortragen und eröffnete die Gesprächsrunde mit Ausführungen zu Projektzielen und Projektphasen: „Der erste Schritt bei der Lösung eines Geschäftsproblems besteht in der Modellierung eines adäquaten Lösungspfades. Denn unser geplantes Projekt kann erst zur Lösung beitragen, wenn ein Geschäftsproblem auf Beschreibungs- oder Vorhersageproblemen beruht. Zur weiteren Vorgehensweise gehört ein Phasenkonzept, das meistens eine oder mehrere Prototypstufen umfasst. Diese Prototyping Vorgehensweise ermöglicht uns, kurzfristig ein überschaubares (Teil-) System produktiv einzusetzen, um damit auch die Akzeptanz, den Datentransfer oder die praktischen Anwendungsoptionen real testen zu können. Die dabei gewonnenen Erfahrungen können beim anschließend realisierten Zielsystem berücksichtigt werden. Dieses Vorgehen ist nicht nur erheblich kostengünstiger, sondern ermöglicht auch kürzere Einführungszeiten als die konventionelle Vorgehensweise."

Der Controller dringt darauf, vor allem den Nutzen des Projektes zu bewerten. In seinem perfekt geschnittenen Anzug, elegant und in gedeckten Farben, gibt er nichts von sich preis. Ziemlich aalglatt, genau die Sorte, die man sich in diesem Job erwartet. Als ob man versuchen würde, den blauen Dunst mit Händen zu greifen. Unter seinen buschigen Brauen hervor beäugte er kritisch die Runde. Und fordert energisch: „Für jede der alternativ in Frage kommenden Lösungen werden kriterienbezogene Punkte vergeben. Dabei werden die Punkte auf einer beliebigen Punkteskala, beispielsweise von 0-5 oder von 0-10, je nach dem Grad der Erfüllung des jeweiligen Beurteilungskriteriums durch die Software vergeben (0 = Kriterium nicht erfüllt, 5 oder 10 = bestmögliche Erfüllung des Kriteriums). Bei der Anwendung einer gewichteten Nutzwertanalyse kann nach dem von ihm vorgegebenen Ablaufschema vorgegangen werden. Bestimmung der Ziele bzw. Kriterien: Zunächst werden die für die Bewertung heranziehbaren Kriterien möglichst umfassend aufgeschrieben und auf eventuell vorhandene Überschneidungen hin untersucht. Gewichtung der Ziele: Die Bedeutung der einzelnen Bewertungsziele wird durch eine im Allgemeinen prozentuale Gewichtung festgelegt (dieser Schritt ist wegen der Gefahr zu starker subjektiver Wertvorstellungen seitens der beteiligten Personen besonders problematisch). Wahl der geeigneten Skalierung: Für die Zuordnung von Erfüllungsgraden der Zielkriterien und für die Zusammenfassung der unterschiedlichen Teilnutzen ist eine geeignete

Skalierung erforderlich, beispielsweise eine Schulnotenskala von 1 bis 6 für sehr gut bis ungenügend oder eine Skalierung von 1 bis 10. Festlegung und Bewertung der Entscheidungsalternativen: Um eine möglichst unbeeinflusste Auswahl und Gewichtung der Ziele sicherzustellen, werden erst in dieser Phase die in Frage kommenden Alternativen festgelegt. Danach schließt sich ihre Bewertung an, d.h. die Festlegung des Grades (Zielwert), mit dem die geforderte Eigenschaft durch die jeweilige Alternative erfüllt wird. Ermittlung der Nutzwerte: Der Gesamtnutzen einer Alternative ergibt sich aus der Addition der gewichteten Zielwerte (= Nutzwertbeiträge). Durch den so ermittelten Gesamtnutzen lassen sich die einzelnen Alternativen in eine Rangfolge bringen. Die vorher festgelegten Beurteilungskriterien werden mit einer Gewichtungskennziffer versehen, die dem Anforderungsprofil entsprechend festgelegt wird. Durch die Multiplikation der entsprechenden Gewichtskennziffer mit Punktzahlen wird für die jeweiligen Bewertungskriterien des Projektes jeweils eine nunmehr gewichtete Bewertungsziffer errechnet. Die Lösung mit der höchsten Gesamt-Bewertungszahl ist die jeweils am besten geeignete. Die ursprüngliche Rangfolge kann sich aufgrund Einbeziehung zusätzlicher Gewichtungsfaktoren noch ändern".

Der Assistent der Geschäftsleitung, noch relativ neu in diesem Kreis, rutscht seit geraumer Zeit schon unruhig auf seinem Sitz hin und her und meldet sich jetzt auch zu Wort: „Werden für die Bewertung eine Vielzahl von Einzelkriterien innerhalb von Kriteriengruppen benotet und gewichtet, könnte sich durch die reine Addition der hieraus errechneten Bewertungsziffern aber ein Ungleichgewicht ergeben. Unter Umständen besteht die Möglichkeit, dass nicht die optimale Lösung ermittelt wird. Es sollte daher noch eine zweite Beurteilungsstufe durchlaufen werden, bei der die Kriteriengruppen als Ganzes gewichtet und mit den relativierten Gruppenbewertungsziffern multipliziert werden. Die Addition dieser Werte ergibt eine Gesamtbewertungsziffer mit höherer Aussagekraft."

Währenddessen träumt der Informationsmanager vor sich hin: „Beim Googeln käme an einem Abend so viel an Energie frei, dass man damit im Winter sein Zimmer heizen könnte. Allerdings wird diese Energie in den Google-Centern frei. Denn Mikrochips absorbieren mit ihrem Energiehunger diverser Internetserver etwa zwei Prozent des Energiebedarfs der Menschheit. Die damit einhergehende Abwärme ist enorm." Doch dann konzentriert er sich schnell wieder auf das eigentliche Thema und weist auf notwendige Bearbeitungsschritte hin: "Datenauswahl-Phase: Identifikation aktueller und potentieller Daten für das Projekt. Dabei wird definiert, welche Daten idealerweise zur Verfügung stehen müssten, um anstehende Geschäftsprobleme angemessen lösen zu können. Für fehlende Datenbestände muss überlegt werden, ob diese extern beschafft werden können. Datentransformation-Phase: Generierung von Tabellen und Bearbeitung der Input-Daten, beispielsweise fehlende Werte eliminieren oder durch statistische Schätzwerte ersetzen. Datenexploration-Phase: den Endbenutzer vor der Mustererzeugung mit den zugrunde liegenden Daten vertraut machen. Generierung von Mustern, wobei die einzelnen Schritte im Wesentlichen von der benutzten Software abhängig sind. Es besteht die Wahlmöglichkeit zwischen automatischem und interaktivem Wissensmanagement. Im interaktiven Programm könnten verschiedene Einstellungen verändert werden (z.B. für Verzweigungskriterien, Darstellung der Ergebnisse). Phase der Ergebnisinterpretation: bevor Ergebnisse im Rahmen des Problemlösungsprozesses verwendet werden können, müssen sie validiert und interpretiert werden. Beispielsweise muss ausgeschlossen werden, ob sie vielleicht auf Fehlern bei der Datentransformation beruhen. Verteilung der Ergebnisse: das freigelegte Wissen gewinnt erst dadurch an Wert, dass die relevanten Entscheider Zugang zu den Informationen erhalten. Es sollte so etwas wie ein Datenwürfel zusammengestellt werden, der die wichtigsten

Informationen an Mitarbeiter verteilt, die dann damit auch eigene, weiterführende Analysen durchführen können".

Der Controller war jemand, der sich nur selten in die Karten blicken ließ, der bei Besprechungen oder zu Beginn eines wichtigen Projektes nie eine Meinung vertrat und trotzdem den Eindruck vermittelte, immer eine starke Problemlösung in der Hinterhand zu haben, die er je nach Bedarf jederzeit hervorziehen und auf den Tisch legen konnte. Er nahm immer in einiger Entfernung vom Besprechungstisch Platz, vermied es geschickt, sich der Runde aufzudrängen. Er ergriff das Wort und erklärte an die Runde gewandt: „Unter den verschiedenen, u.a. statischen Verfahren der Investitionsrechnung wäre eine Kostenvergleichsrechnung das einfachste Verfahren der Investitionsplanung: die Kosten der einzelnen zur Entscheidung anstehenden Alternativen werden gegenübergestellt. Als Ergebnis erhält man eine Auswahl des kostengünstigsten Projektes. Da die Information fehlt, ob die erzielbaren Erlöse über den ermittelten Kosten liegen, ist zwar ein absoluter Vorteilhaftigkeitsvergleich nicht möglich. Dafür wird durch die starken Vereinfachungen aber die Anwendbarkeit des Verfahrens erleichtert. Voraussetzung für die Anwendbarkeit der Methode ist, dass die Investitionsalternativen die gleiche quantitative und qualitative Leistung abgeben. Bei den Kosten ist zu unterscheiden zwischen a) einmaligen Kosten, die nur einmal -in den meisten Fällen zu Beginn- anfallen (z.b. Investitionen für Hard- und Software, Entwicklungs-, Umstellungskosten) und b) wieder-kehrenden (laufenden) Kosten, die zur Aufrechterhaltung des Betriebs notwendig sind. Einmalige und wiederkehrende Kosten dürfen nicht einfach addiert werden, da aus den einmaligen Kosten zunächst getrennt die jährlichen Abschreibungen und die Verzinsung des investierten Kapitals ermittelt werden müssen. Und zur Rentabilitätsvergleichsrechnung: Vorteilhaftigkeitskriterium ist bei diesem Rechenverfahren die Rentabilität der analysierten Projekte. Die Rentabilität wird aus dem Verhältnis von Periodengewinn zu eingesetztem Kapital errechnet. Dabei lässt sich ermitteln, welche Rendite das durchschnittlich gebundene Gesamtkapital über die Verzinsung des Fremdkapitals und die kalkulatorische Verzinsung des Eigenkapitals hinaus erzielt. Ein Projekt ist dann vorteilhaft, wenn die durchschnittliche Überrendite > 0 ist, bei mehreren Projekten ist dasjenige mit der höchsten Überrendite am vorteilhaftesten. Zusätzlich zur Überrendite können ergänzend Kennziffern für die Gesamtkapitalverzinsung berechnet werden".

Für den Assistent der Geschäftsleitung war die Arbeit in der Firma sein erster Job nach dem Studium. Rein zufällig war er dabei in den Sog der rasanten Karriere seines Chefs geraten. Von dessen Tempo und Anspruch fühlte er sich manchmal überfordert. Zumal er selbst noch nicht reif für die Macht war. Er war noch nicht soweit, jemand Wichtiges zu sein, die rechte Hand eines gestandenen Managers. Oder jemand, mit dem man sich gut stellen musste, um bei seinem Chef Gehör zu finden oder bei dessen Entscheidungen gehört zu werden. Aber er vertraute auf seine Fähigkeit, Hürden zu überwinden, zu lernen und sich durchzusetzen. Er sagt dazu: „Das durchschnittlich gebundene Gesamtkapital könnte man in einer Renditeformel als einfaches arithmetisches Mittel zwischen der Kapitalbindung am Anfang der 1. Nutzungsdauerperiode und der Kapitalbindung am Anfang der letzten Nutzungsdauerperiode ermitteln. Aus Vereinfachungsgründen sollte man zusätzlich die Annahme einer über die Nutzungsdauer des Projektes gleichbleibenden Finanzierungsstruktur (Verhältnis Eigen- zu Fremdkapital) machen. Während nach dem Kriterium „Überrendite" jedes Projekt mit einer Rendite größer oder gleich Null als vorteilhaft angesehen wird, gilt nach den Kriterien „Eigenkapitalrendite" und „Gesamtkapitalrendite" eine Projektalternative als wirtschaftlich, wenn sie ihre Rendite über der gewünschten Mindestverzinsung (beispielsweise 10 Prozent) liegt".

Der Controller fährt fort: „Und mit einer Amortisations- und Payback-Rechnung könnte wir die Zeitspanne messen, die notwendig ist, um unsere Projekt-Investition zu amortisieren, d.h. durch Bargeldrückfluss abzuzahlen. Dies ist somit die Zeitdauer, die bis zur Wiedergewinnung der Anschaffungsausgabe aus den Einnahmeüberschüssen des Projektes verstreicht. Wenn der Bargeldrückfluss für jedes Jahr einheitlich ist, kann die Payback-Periode durch die Teilung der Investition mit dem jährlichen Cashflow errechnet werden. Aufgrund der Durchschnittsbildung könnte der Fall eintreten, dass für unser Projekt eine sehr kurze Pay-off-Dauer errechnet wird, obwohl alle Einzahlungs-überschüsse erst gegen Ende der Nutzungsdauer anfallen. Die Amortisationsrechnung wird in der Praxis sowohl zur Beurteilung einer einzelnen Investition als auch zum Alternativenvergleich herangezogen. Bei Einzelprojekten lässt sich lediglich ermitteln, ob die Anschaffungsausgabe innerhalb der geplanten Nutzungsdauer zurückgewonnen werden kann. Zwar ist damit noch keine rechnerische Aussage über die Wirtschaftlichkeit möglich. Eine solche wird erst dadurch gewonnen, dass sich in der Praxis oft branchen-spezifische Erfahrungswerte herausgefiltert haben, welche darauf hinweisen, ob ein Projekt als wirtschaftlich anzusehen ist, beispielsweise: die Pay-off-Periode darf maximal 50% der geplanten Nutzungsdauer betragen. Für unsere Entscheidung stehen bei dieser Art der Rechnung grundsätzliche Sicherheitsziele, weniger exakt quantifizierbare Einkommensziele, im Vordergrund der Betrachtung".

An dieser Stelle meldet sich der General Manager erstmalig zu Wort. Er konnte ein unglaublich intensiver Zuhörer sein, so als wollte er die Informationen aus einem heraussaugen. Meistens versorgte er sich aus mehreren Quellen gleichzeitig. War er mit etwas einverstanden, konnte er seinem Informationslieferanten manchmal geradezu schamlos Komplimente erteilen. Jetzt trug er ein wenig zu dick auf und schien das auch selbst zu spüren, nahm sich zurück, strich wie ein Tiger um den Tisch herum und sagte zu den anderen: „Entscheidend für die Projektbeurteilung ist nicht nur die absolute Zeit der Rückgewinnungsdauer in Jahren. Diese ist zusätzlich zur technischen Lebenserwartung oder der geplanten Nutzungsdauer des Projektes ins Verhältnis zu setzen. Daraus ergibt sich die relative Pay-off-Dauer als aussagefähigerer Maßstab. Umfangreiche Projekte wie dieses hier zeichnen sich aus durch u.a. hohen Organisationsaufwand, eine möglicherweise über mehrere Rechnungsperioden hinweg andauernde

Laufzeit, hohen Vorfinanzierungsbedarf. Unter den Finanzbedarf fällt unabhängig von der Deckung jede Art der Verpflichtung zur Zahlung. Der Kapitalbedarf errechnet sich als Saldo des Finanzbedarfs mit den Einzahlungen. Als Planungsinstrument wird der Projektablaufplan herangezogen, in dem die zeitliche Struktur des Projektes abzubilden ist. Nach Möglichkeit sollten bei der Aufstellung des Projektablaufplanes auch zeitliche Interdependenzen zwischen einzelnen Planungsschritten berücksichtigt werden. Zeitkritische Vorgänge, deren Verzögerung sich unmittelbar auf den Endtermin auswirken würde sollten ebenso festgestellt werden wie Schritte, in denen Pufferzeiten vorhanden sind. Allen Schritten des Projektablaufplans sollten dann auszahlungs-relevante Positionen zugeordnet werden. Hierbei finden zunächst nur die variablen Projektkosten, d.h. nur direkt durch das Projekt hervorgerufene Zahlungsströme, Berücksichtigung. Lohnzahlungen werden, falls sich das Projekt nicht unmittelbar auf den Personalbestand auswirkt, zunächst nicht mit aufgenommen. Kurzfristig von außen zugekaufte Fremdleistungen oder Manpower-Stunden sind jedoch zu erfassen. Je nach geplanter Deckung des Kapitalbedarfs können die Zahlungsströme um Fremdkapitalzinsen und Tilgungszahlungen ergänzt werden". Manche der Anwesenden hatten schon bessere Reden und bessere Redner gehört. Aber sie hatten auch noch niemanden erlebt, der mit solch traumwandlerischer Sicherheit Fühlung mit seinen Zuhörern aufnahm.

Der Wissensmanager fragt in die Runde: „Sind nicht Wissenschaftler so etwas wie die Dichter der modernen Welt?" Einer der Gesprächsteilnehmer antwortet ihm: „Leider liegen die Dinge noch nicht so. Es fehlt noch viel. So ist auch die Mathematik nicht die Dichtkunst, die Dichtkunst ist nicht die Mathematik der Phantasievorstellungen. Und Ingenieure sind auch nicht die Dichter der Wirklichkeit. Denn Dichtkunst ist noch immer das, was sie schon immer war: ein langsames, wenig präzises Mittel, das Unausdrückbare auszudrücken, ein oft mühsamer Prozess der Annäherung Verallgemeinerung. Und so ist auch die Wissenschaft zuerst einmal ein Mittel, sich der Wirklichkeit zu nähern". Doch dann konzentriert er sich auf das Thema dieser Sitzung und referiert anhaltend und ohne eine Pause einzulegen: „Ein Projekt Wissen ist strategiebezogen und erfordert deshalb einen ganzheitlichen Ansatz aus Funktionen, Verantwortlichkeiten, Prozessen und Technologien. Unser Projekt weist aufgrund der Strategiebezogenheit eine im Vergleich zu anderen Projekten höhere Komplexität auf. Das Projekt Wissen erfordert deshalb eine längere Zeitdauer, intensivere Inanspruchnahme der

Mitarbeiter, höheren Aufwand, stärkere Einbeziehung und Beteiligung des Managements und höhere Veränderungsbereitschaft (Change Management). Bereits vor dem Start des Projektes sollte deshalb auch das Management über die wesentlichen Ziele und zu erwartenden Projektschritte informiert werden. Während der gesamten Projektlaufzeit sollte sich das Projektteam sowohl auf die Information der betroffenen Mitarbeiter als auch auf die Einbeziehung ggf. der verschiedenen Geschäftsbereiche konzentrieren. Möglicherweise unterschiedliche Informationssysteme sollten soweit wie möglich in einer einheitlichen Softwarelösung integriert werden. Der Start des Projektes sollte nach dem „Quick-Win"-Konzept auf ein priorisiertes Teilprojekt beschränkt/ konzentriert werden. Das Projekt Wissen unterscheidet sich in wesentlichen Punkten von anderen Projekten: es ist keine Insellösung, es ist immer abteilungsübergreifend umzusetzen. Die Kundensicht steht im Zentrum und erfolgt als Differenzierung gegenüber dem Wettbewerb vorrangig über Prozesse (weniger über Produkte). Environmental Scanning: Mit Unterstützung durch das Projekt Wissen lassen sich gleichzeitig sowohl Qualität als auch Aussagekraft von Analyse-Datenmaterialien verbessern. Durch eine entsprechende Korrelation mit aggregierten operativen Daten kann ein erhebliches Informationsmehrwert-Potenzial erschlossen werden. In dem Projekt Wissen müssen immer auch genau die betrieblichen Umfeldfaktoren beobachtet werden. Dieses „environmental scanning" ist besonders dann unerlässlich, wenn wir länderübergreifend agieren, um eine Vielzahl von Daten in aktuelle Informationen zur Entwicklung von strategierelevanten Umfeld-faktoren auszuwerten. Neben quantitativen indexbasierten Informationen muss auch eine große Anzahl qualitativer Informationen in das Wissenssystem eingespeist werden.

Korrelation mit externen Daten für die Informations- „Endmontage": Unternehmensentscheidungen basieren einerseits auf unternehmensinternen Informationen (Kunden, Produkte, Zulieferer), andererseits müssen auch externe Informationen (Konjunktur-, Markt-, Konkurrenzdaten, demographische und geographische Daten) mit einbezogen werden. Dabei dient ein Datenwarehouse als „Informationslager" für alle Arten analyse- und entscheidungsrelevanter Daten. Das Aufgabenspektrum lässt sich mit einem Zwischenlager in einem produzierenden Betrieb vergleichen: analog bis zur Weiterverarbeitung zwischen den Produktionsstufen gelagerten Halbzeugen liefern die in den operativen/ transaktionsorientierten Systemen gespeicherten Daten den Rohstoff zur „Endmontage" der entscheidungs- unterstützenden Informationsverarbeitung. Dabei werden Daten in verständliche, entscheidungsorientierte Informationseinheiten transformiert, Aggregationen vorgenommen und zugleich Unternehmensdaten aus mehreren, heterogenen und inkonsistenten Datenquellen zusammengespielt."

Der Informationsmanager ergänzt diesen Vortrag zusätzlich aus seiner Sicht: „Zur Vorgehensweise der Projektabwicklung gehört ein klares Phasenkonzept, das auch eine oder mehrere Prototypstufen umfasst. Für den Erfolg des Projektes ist somit eine unabdingbare Voraussetzung, dass die Abfolge der einzelnen Aktivitäten in einem Vorgehensmodell genau an-/ zugeordnet werden kann. Dieser vollständige Projekt-Design umfasst in detaillierter Form Problemfeldanalyse, Zielfindung, Stakeholder-Analyse mit Machbarkeitsstudie, Planung Zeit/ Ressourcen/ Sachmittel/ Budgets, grobes Fachkonzept mit „Paketisierung" und Priorisierung des Gesamtprojektes in Teilprojekte, Feinplanung der Teilprojekte mit detailliertem Fachkonzept, detailliertes technisches Konzept, Realisierung mit technischer/ organisatorischer Pilotierung, Einführung, Roll-out in die Organisation (z.B. mit Prototyping), Übergabe der Verantwortung an die Linie. Dabei kann jede dieser Phasen für sich gesehen auch als ein eigenes Projekt gesehen werden. Problemfeldanalyse – Initialphase: zum Beginn des

Projektes muss zunächst der aktuelle Ist-Zustand aufgenommen werden. Damit wird durch die detaillierte Kenntnis der Problemstellung die für das Projekt notwendige Transparenz geschaffen: Grundlage kann die Analyse aller bereits vorhandenen Informationen aus verwandten Projekten oder vorherigen Studien bilden. Hierauf aufbauend können (z.B. in mehrtägigen Workshops, Diskussionsrunden in Kleingruppen) die aktuellen Prozesse, Stärken und Schwächen und größten Verbesserungspotenziale erhoben werden. Die Resultate aus der Erhebung können (gegebenenfalls auch in Zusammenarbeit mit externen Beratern/ Fachexperten) zusammen-gestellt und nach ihrer voraussichtlichen Erarbeitungs- und Einführungsdauer in kurz- und langfristige Maßnahmen gegliedert und auf ihre Strategieverträglichkeit geprüft werden. Wichtig ist hierbei auch eine Stakeholder-Analyse, mit der die wesentlichen Interessenträger in dem Projekt identifiziert werden. Dieser Teilnehmerkreis sollte von einer fachkundigen Person (beispielsweise im Rahmen eines Lenkungsausschusses) moderiert werden, die selbst keine eigenen Interessen hat, beispielsweise von einem unabhängigen externen Berater. Interessenträger sind: Sponsoren welche die Projektziele aktiv unterstützen, Bedenkenträger die sich aus verschiedenen Gründen (z.B. befürchteter Kompetenzverlust) gegen das Projekt wenden. Da sich das Projekt in einem sich dynamisch verändernden, häufig zeitkritischen Umfeld bewegt, sollte auch die Stakeholder-Analyse kontinuierlich fortgeschrieben und gemäß der jeweiligen Situation aktualisiert werden, d.h.: oft wird das Beharrungsvermögen der Organisation unter-schätzt, nur ein aktives Veränderungsmanagement führt zur Adapationsfähigkeit der Organisation und damit zur Erreichung der Projektziele".

Einige der Gesprächsteilnehmer sind am Limit ihrer Aufnahmebereitschaft angelangt und sehnen sich nach einer Vertagung oder Fortsetzung des Projektes zu einem Zeitpunkt frühestens nach einigen Tagen. Der General Manager, innerlich selbst schon längst auch dieser Meinung, beendet das Meeting zum Projekt Wissen und weist seinen Assistenten an, in den nächsten Tagen einen Fortsetzungstermin zu organisieren und alle Anwesenden hiervon rechtzeitig in Kenntnis zu setzen.

Die Projektbeteiligten

Zwar ist die digitalisierte, globalisierte Welt mittlerweile so differenziert und komplex, dass hierfür umso mehr individuelles, hochspezialisiertes Nischenwissen benötigt wird. Manchem fällt es vor solchem dynamischen Grundrauschen schwer, vorausschauend zu planen und zu handeln. Wem also gehört die Zukunft? den Spezialisten? den ganzheitlichen Generalisten? Für die Bewältigung vieler Probleme werden verschiedene Spezialisten (Wirtschaftsprüfer, Steuerberater, Rechtsanwälte, IT-Spezialisten u.a.) benötigt. Kleinere Optimierungsaufgaben können vielfach in Eigenregie bearbeitet werden. Für umfangreiche, komplexe Fragestellungen wie beispielsweise ein umfassendes Projekt Wissen müssen meist (externe) Experten hinzugezogen werden. Um ein solches Projektteam erfolgreich zu managen, braucht es dann doch eher eine Person mit mehr interdisziplinärer Ausrichtung.

Jemand, der in der Lage und fähig ist, sich in unterschiedliche Disziplinen und mit ganzheitlichen Ansätzen in die Situation eines Unternehmens hineinzuversetzen. Denn alle diese Spezialisten müssen koordiniert und gesteuert werden. Denn im Projektteam müssen individuelle Charaktere und unterschiedliche Persönlichkeiten zusammen arbeiten und auf einen gemeinsamen Nenner (Leitbild) eingestimmt werde. Um hierbei (oft nicht vermeidbare) Reibungsverluste möglichst gering zu halten sollte seitens der Geschäftsführung die Zahl der Ansprechpartner und Schnittstellen ebenfalls gering gehalten werden. Wobei man beim Generalisten angelangt wäre. Denn für eine interdisziplinäre Zusammenarbeit braucht es neben der als selbstverständlich vorauszusetzenden Sozialkompetenz noch weitaus mehr: einen Teamplayer mit einem hohen Maß an Offenheit für andere „Kulturen". Dahinter steht auch mehr als nur der berühmte „Blick über den Tellerrand": unternehmerisches Gespür und eine (auch fachlich fundierte) Antenne für viele Teildisziplinen wirtschaftlichen Handelns (einschließlich analytische Methodenkompetenz). Hierfür braucht es nicht nur theoretisches Wissen, sondern auch viel praktische Erfahrung: ein Mix aus Analyse-, Konzeptions- und Umsetzungskompetenz.

Der Mandant: zu Demozwecken ein rein fiktives Unternehmen, das überall angesiedelt sein könnte, das ein Klein-. Mittel- oder Großbetrieb sein könnte, dass in jeder nur denkbaren Branche sein könnte. Denn Wissen ist der Rohstoff der Zukunft und geht somit alle an.

Wissensmanager: Wissen ist zu wichtig, um es anderen zu überlassen. Wissen ist Chefsache. Wissen ist der entscheidende Performancetreiber. Wurde hierfür eigens eine Position geschaffen, zeigt dies, dass ein Unternehmen dies erkannt hat.

Informationsmanager: professionelle Datenanalyse und individualisierte Informationsgenerierung spielen eine immer bedeutsamere Rolle. Heutiges Management bedeutet: strategische Entscheidungen auf Basis aktueller und maßgeschneideter Informationen treffen zu können, Marktwissen und Fachkenntnis müssen auch in einem schnelllebigen Marktumfeld mit genauen Analysen unterstützt werden können. Die zielgruppengerechte Distribution und flexible Generierungsmöglichkeit für entscheidungsrelevante Ergebnisinformationen sind ein immer wichtigerer Bestandteil erfolgreichen Managements. Die besten Analysen verlieren jedoch an Wert, wenn ihre Aussagen im Unternehmen nicht verbreitet und umgesetzt werden können. Dazu müssen Daten aus verschiedenen Quellen zusammengeführt und angepasst werden, mit diesen Daten situationsspezifische Berichte generiert werden, vertiefte statistische Analysen (bis hin zu Data Mining-Verfahren) erstellt werden, die damit gewonnenen Informationen zeitnah und kosteneffizient an die relevanten Zielgruppen verteilt werden sowie Reports, Analysen auch aktuell mit externen Zusatzinformationen angereichert werden.

Data Scientist: im Rahmen eines neuen Berufsbildes will (muss) ein Data Scientist u.a. ein tieferes Verständnis darüber gewinnen, „wie Menschen mit der digitalen Welt interagieren" (wie sie digital ticken).

Projektmanager Wissensbilanz: Wissensmanagement-Projekte weisen aufgrund der Strategiebezogenheit eine im Vergleich zu anderen Projekten höhere Komplexität auf. Wissensmanagement-Projekte erfordern deshalb i.d.R.: längere Zeitdauer, intensivere Inanspruchnahme der Mitarbeiter, höheren Aufwand, stärkere Einbeziehung und Beteiligung des Managements und höhere Veränderungsbereitschaft (Change Management). Ein solches Projekt sollte auf wesentliche und klar definierte Prozesse ausgerichtet werden.

Senior Manager Consulting: egal, ob in der allgemeinen Öffentlichkeit, in Fernsehserien oder Kinofilmen, Berater werden in einem überwiegend ungünstigen Licht dargestellt, so u.a. als ichbezogen, karrieregeil, nur auf Geld fixiert. Kunden seien für Berater lediglich Mittel zum Zweck, sie dienten lediglich als Cash-Cow. Berater seien arbeitswütig und gewissenlos und aufgrund des von ihnen zur Schau getragenen Überlegenheitsgehabes eher unsympathisch.

Senior Consultant: praktische Arbeit und Umsetzung, denken viele seiner ehemaligen Klassenkameraden, sei nicht ihr Ding, d.h. Berater würden irgendwo hinkommen, einige Konzepte entwickeln und dann auf Nimmerwiedersehen wieder verschwinden. Ein Berater sei nur einer, der seinem Kunden auf die Uhr schaue und ihm dann erzähle, wie spät es sei. Um dem Ganzen noch die Krone aufzusetzen, seien Berater einfach nur unverschämt teuer.

General Manager: manche Menschen sind geborene Führungskräfte. D.h. nicht, dass sie begnadete Selbstdarsteller sind, sondern dass sie Verantwortung übernehmen und es mögen, Beziehungen zu knüpfen und Entscheidungen zu treffen. Siebzig Prozent der Führungsaufgaben fallen in das Feld Innenpolitik. Oft werden sich Menschen erst dann klar, ob sich genau dafür eignen oder nicht, wenn sie schon im mittleren Management angekommen sind und sich vom allgegenwärtigen Druck überfordert fühlen. Exzellenz in dem was man tut, ist hierbei zwar wesentlich, aber nicht allein entscheidend. Mit Willen, Ehrgeiz und bestimmten Aspekten der sozialen Kompetenz kann man auch durchschnittliche Fähigkeiten auf der Karriereleiter wettmachen. Zu den wichtigsten Eigenschaften zählen Führungsmotivation, Handlungsorientierung, Flexibilität, Kontaktorientierung, Empfindsamkeit oder Gewissenhaftigkeit. Für die Chef-Eignung sollten Führungsmotivation, Handlungskompetenz, Flexibilität und Kontaktorientierung stärker, im Vergleich hierzu

Empfindsamkeit und Gewissenhaftigkeit geringer ausgeprägt sein.

Personalchef: zu seinen Hauptaufgaben zählt, Personalplanung und -kontrolle aufeinander abzustimmen. Hierbei muss darauf geachtet werden, dass die Kompatibilität der Personalplanung mit den anderen Teilplanungen (Absatz-, Fertigungs-, Beschaffungs-, Investitions-, Finanzplanung) sowie der Unternehmensgesamtplanung sichergestellt wird. Der Personalchef muss Umweltveränderungen im Personalbereich frühzeitig erkennen und hierfür geeignete Anpassungsstrategien entwickeln. Dazu müssen Instrumente erarbeitet werden, die eine Abschätzung der Wirkungen der Personalarbeit auf die Erreichung der Erfolgsziele ermöglichen.

Personalberater: analysiert Führungspositionen im Recruitingraster. Vor dem Hintergrund von Krisen weist die Kette der Management-Fehlleistungen und – Fehlentscheidungen an zu vielen Stellen ungeklärte Lücken und Bruchstellen auf als dass man vor einer Wiederholung eines derartigen Krisengeschehens sicher sein könnte. So lange vor und hinter der Kamera die gleichen Personen, umgeben von den gleichen Wirtschaftsprüfern, Headhuntern und Aufsichtsräten, Regie führen wird sich daran wohl wenig ändern.

Unternehmensplaner: im Rahmen einer strategischen Sicherung des finanziellen Gleichgewichts muss der Unternehmensplaner der Dynamik des Wirtschaftslebens Rechnung tragen. Denn Kapitalausstattung, Kapitalbedarf, Wettbewerbsverhältnisse, Ertragslage, Einschätzung der Kreditwürdigkeit durch Außenstehende oder die finanzielle Abhängigkeit von Abnehmern ändern sich ständig. Erfahrungen und Fingerspitzengefühl können eine Planung zur Sicherung des finanziellen Gleichgewichts nicht ersetzen. Für Unternehmen aller Größenordnungen gilt uneingeschränkt die Notwendigkeit, den Blick auch über das Tagesgeschehen hinaus in die finanzielle Zukunft zu richten. D.h. neben der Formulierung von Unternehmenszielen als Umsatz-, Marktanteils- und Ertragsziele müssen auch Finanzierungsziele wie Cash-Flow-Relationen, maximaler Verschuldungsgrad oder Kapitalumschlagswerte definiert werden..

Controller: um wichtiges Wissen über Märkte, Mitbewerber, Innovationen und Veränderungen im Umfeld des Unternehmens zu erhalten muss der Controller die in einer Datenbasis abgelegten Informationen in Zusammenhänge, d.h. Relationen bringen. Dabei bilden Business Intelligence-Konzepte eine betriebswirtschaftliche Einheit. Der Schlüsselfaktor ist für ihn die Bereitschaft zur Veränderung von Spielregeln. Dazu kommt die Qualität der Umsetzung durch eine gezielte Entwicklung der inneren Schlagkraft des Unternehmens in Menschen bzw. deren Fähigkeiten und abgeleitet daraus in Strukturen, Systeme und Prozesse. Es genügt eben nicht, nur besser zu sein. Vielmehr muss der Controller die Grundrichtungen „Konzept" und „Verwirklichung" mit dem festen Willen zur positiven Veränderung (nicht nur Verbesserung!) gezielt verfolgen und mit gestalterischem Denken nutzen. Der Übergang zur Informationsgesellschaft hängt auch davon ab, ob auch die nichttechnischen Bedingungen erfolgreich beherrscht werden können. D.h. auch mit dem Wandel zur Informationsgesellschaft verbundene mögliche Problemfelder wie beispielsweise die Gefahren der Verwechslung virtueller Realität mit Realität oder die der Informationsüberflutung müssen ernst genommen werden. „Information ist, was man braucht zu handeln" (Peter F. Drucker). D.h. gerade jetzt, wo die Möglichkeiten der Informationsgewinnung beträchtlich gestiegen sind, muss sich auch der Controller verstärkt auf die produktive Nutzung des Rohstoffes „Information" als ein für den geschäftlichen Erfolg ausschlaggebendes Arbeitsmittel einstellen.

Assistent der Geschäftsleitung: ihn interessiert mehr das Morgen und Übermorgen als das gestern Gewesene. Planungsinstrumente müssen aber richtig verstanden und eingesetzt werden: sie liefern nicht automatisch sichere Aussagen über eine unsichere Zukunft. Planung heißt auch nicht, in eine Kristallkugel zu sehen, sondern ist nicht zuletzt eine Projektion der Vergangenheit, die man verstehen muss, bevor man etwas voraussagen kann. Planung als Vorausabwägen verschiedener Entscheidungsmöglichkeiten ist heute mehr denn je eine Wurzel des Geschäftserfolges. Manchmal wird einer Forderung danach der Einwand entgegen gehalten, dass eine präzise Form der Planung unmöglich sei, da niemand in die Zukunft schauen könne. Gerade aber weil diese ungewiss ist, müssen die Maßnahmenplanungen konkret gesetzt werden, um über notwendige Orientierungsmarken für grundsätzliche Entscheidungen verfügen zu können. Neben „harten" quantitativen Daten müssen für die Geschäftsplanung auch sogenannte „weiche" qualitative Einschätzungen - beispielsweise unter Zuhilfenahme einer Wissensbilanz- bereitgestellt werden.

Strategieberater: Management-Consulting ist auch Strategieberatung. Da Strategien oft nicht von Dauer und überholt sind, wenn ein Wettbewerber des Kunden eine bessere entwickelt. Zum anderen wird es immer Nachahmer geben, die versuchen, Strategien zu kopieren (manchmal gelingt es ihnen sogar, eine Strategie erfolgreicher umzusetzen als ihr Initiator, weil aus Anfangsfehlern gelernt wurde). Das Management muss also auch erfolgreiche Strategien laufend den sich verändernden Umfeldgegebenheiten anpassen.

Strategieentwicklung ist somit ein permanenter Innovationsprozess, der externe Unterstützung gut vertragen kann. Denn Managementconsulter sind gute Informationssammler und –bündeler. Weil sie permanent in verschiedenen Unternehmen über verschiedene Branchen hinweg unterwegs sind. Die Informationen, die sie dabei sammeln sind bares Geld wert. Denn aus diesen bildet sich das Wissen, das die Consulter sammeln, filtern und verarbeiten, um es dann an andere weiter zu verkaufen.

Fachjournalist: sprachliche und bildliche Darstellungskompetenz alleine sind hierfür nicht ausreichend. Es braucht dazu die sachlich-fachlichen Kompetenzen, um Vorgänge richtig einzuordnen und angemessen bewerten zu können. Es geht darum, das Wichtige im Informationschaos herauszuarbeiten. Fachjournalisten wird in diesem Umfeld so mancher Spagat abverlangt: „die einen kultivieren die Nähe zum Publikum und dilettieren in wichtigen Sachfragen; die anderen sind in den Sachfragen meist durchaus kompetent, schaffen aber einen intensiven Bezug zur Publikumsperspektive nicht".

Leiter Fachabteilung: wenn man führen will, kann es nicht schaden, auf dem Weg des Aufstiegs auch einmal den Job zu wechseln. Um sich gezielter darauf vorzubereiten, sich in einem stetig wechselnden und immer kompetitiven Umfeld durchzusetzen. Schwierig werden könnte es für Menschen, die klare Prinzipien haben und im Verlauf ihrer Berufserfolge öfter gezwungen werden, gegen diese Prinzipien arbeiten zu müssen. Dabei ist nicht so sehr die hohe Arbeitsbelastung ein Problem, sondern die Konkurrenz des eigenen Wertesystems mit dem, in dem sie arbeiten. Der eventuelle Konflikt zum inneren Regelwerk. Ein sehr gerechtigkeitsliebender, rücksichtsvoller Mensch, der gezwungen ist, langfristig auch rücksichtslos zu agieren, muss mehr Kraft aufwenden als der Rücksichtslose. Nur ein guter Verdränger kann mit diesem Zwiespalt gut leben, alle anderen reiben sich auf, ein Burnout ist praktisch vorprogrammiert.

Marketingmanager: Marketingprozesse sind durch ein hohes Maß an Komplexität gekennzeichnet. Die Gestaltung der einzelnen Prozesse muss daran gemessen werden, inwieweit sie dazu beitragen können, relevante Markt-, Kunden- und Ressourcenpotenziale auszuschöpfen. Die Gefahr, das Unternehmen an den Marktrealitäten vorbei zu steuern besteht immer dann, wenn die Reaktionszeiten zu lang und das Informationsinstrumentarium zu sehr auf die Fortschreibung der Vergangenheit statt auf die Beherrschung der Zukunft ausgerichtet ist. Der Marketingmanager muss daher die Instrumente immer so ausrichten, dass sie ein Gleichgewicht zwischen einerseits dem Denkbaren und andererseits dem Machbaren herstellen. In der heutigen Wirtschaftswelt ist die Entwicklung und Analyse von Voraussagen und Plänen von vitaler Bedeutung. Methodisch durchdachte und daher in sich stimmige und abstimmfähige Wissensbilanzen können hierbei wertvolle Dienste leisten.

Startup-Manager: nicht umsonst hat der alte Kalauer einen wahren Inhalt, nach dem ein Selbstständiger einer ist, der ständig alles selbst machen muss. Handelt es sich bei einer Existenzgründung um einen Schritt in die Selbständigkeit, so steht und fällt ohnehin alles mit der Person des Existenzgründers. Nicht viel anders ist die Situation auch bei Gründung kleinerer Mehr-Personenunternehmen: neben einer trag- und zukunftsfähigen Geschäftsidee hängt alles von einer oder einigen wenigen Personen ab. Neben den immateriellen Werten des Unternehmens rücken damit gleichermaßen persönliche Eigenschaften und Fähigkeiten, d.h. spezifische Personalfaktoren in das Blickfeld einer Existenzgründung. Jeder Existenzgründer sollte sich darauf einstellen, dass er nicht nur mit der Geschäftsidee, d.h. seinem Gründungskonzept und der Markteinschätzung seines Vorhabens einem Rating unterworfen wird. In einem Schwerpunkt dürfte sich ein solches Rating auch mit seiner Person, d.h. seinen

Unternehmereigenschaften, seinen fachlichen und kaufmännischen Voraussetzungen sowie manchmal bis in den Privatbereich hinein auch mit seinen persönlichen Eigenschaften befassen.

Project-Members Nr. 1 – 6: die Entwicklung hin zur Informationsgesellschaft sorgt nicht nur für partielle Veränderungen, sondern kündigt bereits die künftige Gesellschaft an. Die Halbwertzeit des Wissens sinkt dramatisch ab: nur noch ein bis zwei Jahre beträgt die Halbwertzeit des Informatikwissens. D.h. ohne regelmäßiges Aktualisieren und Auffrischen ist das Knowhow in kürzester Zeit nur noch die Hälfte wert. Bei immer kürzeren Innovationszyklen wird die Qualität der Mitarbeiter zum strategischen Erfolgsfaktor. D.h. die Wettbewerbsfähigkeit eines Unternehmens hängt nicht zuletzt von der Fähigkeit seiner Mitarbeiter ab, wie schnell diese auf neue Entwicklungen zu reagieren in der Lage sind. In der heutigen Arbeitswelt finden gewaltige Umstrukturierungen statt. Für viele neue Berufsbilder reicht technische Versiertheit alleine nicht mehr aus. Genauso wichtig sind betriebswirtschaftliche Kenntnisse und künstlerische Fähigkeiten. Spezialisten sind über eine standardisierte Ausbildung jedoch kaum noch heranzuziehen. Das moderne Konzept hierfür heißt flexible Handlungskompetenz. Mit herkömmlicher Wissensvermittlung hat dieses Lernen nur noch wenig zu tun, u.a. vortragender Unterricht wird immer seltener. D.h. der Auszubildende muss sich einen zunehmenden Teil seines Wissens selber aneignen und muss Strategien im Team entwickeln. Die Ausbildung setzt dabei verstärkt auf den direkten Bezug zur Praxis, d.h. die Auszubildenden sollen weniger Zeit in den Lernstätten und mehr Zeit in den Betrieben verbringen. Potentielle Stärken lassen sich gezielter entwickeln, indem das vorhandene Wissen und die Ideen der Mitarbeiter schneller und effizienter in die tägliche Betriebspraxis umgesetzt werden: nach dem Beispiel des amerikanischen Silicon Valley, wo die Unternehmen hauptsächlich aufgrund der Kreativität der Mitarbeiter florieren. In Verbindung damit kommen auf die Mitarbeiter neue Anforderungen zu. Als besonders wichtige Qualifikationen werden von den Unternehmen das „Denken in Zusammenhängen" und die „Gruppenorientierung/ Teamfähigkeit" angesehen. Die veränderten Inhalte von Qualifizierungsmaßnahmen stellen die in den Unternehmen personalverantwortlichen Manager, Trainer und Lehrer ebenfalls vor veränderte Herausforderungen. Mehr denn je werden Anleitung und Hilfe zum Selbstlernen im Mittelpunkt stehen: der Trainer übernimmt die Rolle des Moderators, Tutors oder Coaches. Wenn die Qualifizierungsmaßnahmen durch die betrieblichen Abläufe und Erfordernisse gestaltet werden und im

Rahmen dieses Prozesses Training, Personal- und Organisationsentwicklung immer stärker verschmelzen, muss der Trainer gleichzeitig auch Personal- und Organisationsentwickler sein. Gleichwohl wird der einzelne Mitarbeiter stärker als bisher gefordert sein. Nicht nur deswegen, weil eine kontinuierliche Weiterbildung aus eigenem Antrieb vorausgesetzt werden muss und der Mitarbeiter in Zukunft von sich aus mehr Freizeit für die eigene Qualifizierung investieren muss. Die neuen Arbeitswelten stellen den Mitarbeitern einen Wandel „von der Muss-Arbeit zur Lust-Arbeit" in Aussicht. Von Führungskräften fordern sie gleichzeitig ein verändertes Denken, Handeln, Führungs- und Teamverhalten ein.

Curling statt autoritär – alles beginnt mit Schule

Fast schon ein kleines Wunder: der allmorgendliche Stau bei der Fahrt ins Büro bliebe dieses Mal aus. So sitzt der Senior Manager dieses Mal ganze zwanzig Minuten früher als sonst an seinem Schreibtisch, holt sich selbst seinen Kaffee und blättert abwesend in einigen Unterlagen. Und fragt sich selbst ganz so nebenbei: „Werde ich demnächst Partner und bleibe auf der Berater-Spur? Oder kommt als Nächstes etwas anderes? Etwas mit Social Return? Probleme der Gesellschaft mit dem Handwerkszeug des Managers lösen? Irgendetwas mit Skalierbarkeit und Disruption? Etwas, das noch mehr abwirft als Geld, Karriere, tolle Projekte. Vielleicht spannende Leute, spannende Themen? Etwas mit einer breiten Relevanz. Denn mittlerweile haben sich meine Prioritäten im Leben verschoben. Der Sinn einer Tätigkeit zählt mehr als die nächste Gehaltserhöhung und Bonuszahlung. Eine erfüllende Arbeit ist wichtig, die Liebe zum Arbeitgeber weniger. In Zukunft achte ich mehr auf Fairness, falsche (oder keine) Hierarchien, flexible Arbeitszeiten ohne Wochenend-Stress. Und: mir geht es nicht darum Arbeit zugunsten von Freizeit zu kürzen, sondern die Grenze zwischen Arbeit und Leben aufzuheben." Als nächstes unter seiner Regie abzuwickelndes Projekt hatte einer der Partner der Firma beiläufig etwas von einem Projekt Wissen erwähnt, das für einen der Mandanten angeblich von besonderem Interesse und von großer Wichtigkeit sein soll.

Währenddessen fast zeitgleich: noch bevor der morgendliche Berufsverkehr einsetzte und die Geräuschlawine der Automotoren den Gesang der im Blätterwerk sitzenden Vögel übertönte, verlässt ein Consultant aus dem Team des Senior Managers sein Hotel und trabt im Jogginganzug durch den in noch kühler Morgensonne liegenden Park. Ihn hatte der Gedanke an die während des Tages vor ihm liegenden Meetings schon in der Frühe um halb sechs an die frische Luft getrieben. Während des Laufens bündelten sich seine Gedanken aber zunächst, warum auch immer, in eine ganz andere Richtung: „Auf autoritäre, antiautoritäre Erziehungsstile folgten Helikopter und Curling - Schulalltag und elterliche Distanzlosigkeit. Vertrauensbasis in Institution Schule und Lehrerschaft – um sich selbst drehende Curlingsteine. Mit fortschreitender Industrialisierung und Arbeitsteilung gerieten autoritäre Erziehungsmethoden ins Abseits, da Selbständigkeit für den Arbeitsmarkt immer wichtiger wurde. Mit der Gegenbewegung der antiautoritären Erziehung schlug darauf das Pendel heftig in die andere Richtung aus und bewirkte auch dort so manche Klagen über Fehlentwicklungen. Bei Erziehungsmethoden scheint es wie mit Religionen zu sein: es gibt keinen objektiv richtigen Weg."

In einen nun gleichmäßigen Trab verfallend, sein Körper nähert sich langsam der optimalen Betriebstemperatur, denkt er weiter: „Die neuen Schlagworte bemühen nunmehr Bilder vom Helikopter und Curling. Helikopter-Eltern begleiten ihre Schüler in den Unterricht, fahren sie mit dem Auto bis auf den Schulhof, nötigen Lehrern auch selbst nach Unterrichtsbeginn noch Gespräche auf, belegen reservierte Lehrerparkplätze, machen während Elternabenden Druck, erheben über Mails und soziale Netzwerke ihre Stimme zu jedem Vorfall (und sei er manchmal noch so nebensächlich). Diese einst so nicht vorstellbare Distanzlosigkeit der Eltern zum Schulalltag wird häufig von einem schwindenden Vertrauen in die Institution Schule und in die Lehrerschaft gespeist. Das Phänomen der Überbehütung belastet oft auch das Verhältnis der Eltern zur Schule."

Der Consultant unterbricht seinen Lauf für einige kurze Dehnübungen zur Auflockerung und hängt weiter seinen Gedanken nach:" Je deutlicher wird, dass sich Investitionen in Bildung nicht nur lohnen, sondern überhaupt erst einmal die Voraussetzung sind, um auf dem Arbeitsmarkt bestehen zu können, desto mehr fördern diese Helikopter-Eltern das Fortkommen ihrer Kinder praktisch von der Stunde Null an".

Für ihn kommt es so vor wie: „Mozart im Mutterleib, Marketing-Projektstunden auf Chinesisch und mehrmals Fußball- oder Handballtraining pro Woche. Nichts mit Freiheit und Zeit für Entfaltung in der Kindheit. Wer seine Kinder heute einfach nur in Ruhe und Frieden machen lässt, wird als Ewiggestriger schräg von der Seite angeguckt."

Und er sagt sich: „Der gesellschaftliche Trend geht noch weiter in Richtung zu nunmehr sogenannten „Curling-Eltern", die wie verrückt vor ihren Kindern herum wischen, damit diese wie auf einer perfekt polierten Eisfläche dahinter hingleiten können. In diesem Bild drehen sich solche Kinder wie der Curlingstein ständig um sich selbst und stoßen schließlich andere Steine aus dem Weg. Im Klartext heißt dies für mich: Curling-Eltern ziehen, kleine wettbewerbsorientierte Egoisten heran."

Sein Teamleader im Büro gönnt sich derweil einen Rückblick auf sein Abitur vor fünfzig Jahren: „Die einen, unter anderem auch mein Jahrgang Abi 63, haben ihren Schulstress lange hinter sich. Sie können daher ganz entspannt ihr Jubiläum feiern. Die anderen aber, d.h. jene mittendrin im Schulalltag, sehen sich mit vielleicht zunehmenden, sicher aber neuen Stresssituationen konfrontiert. Bei einer Zeitreise mit Rückblicken sollte man tunlichst zu vermeiden suchen, durch eine rosarote Brille zu schauen und dabei aus altersbedingter Gefühlsduselei Vergangenes zu verherrlichen. Da unser Gehirn nun einmal so angelegt ist, Negatives im Laufe der Zeit eher auszublenden. Eine Schule mit nur positiven Gegebenheiten wäre denn wohl auch unnatürlich, der Realität wenig entsprechend und damit auch nicht glaubwürdig. Ein Urvater aller Börsenspekulationen hat auf die Frage nach seinen Erfolgen einmal geantwortet: 49 % meiner Geschäfte gehen schief, 51 % bringen Gewinn und von den 2 % Unterschied lebe ich. Dieses Bild könnte man so oder ähnlich auch auf die Schule anwenden: wichtig ist vor allem, dass das Positive überwiegt. In vielen Fällen dürfte dieses mit deutlich mehr als nur jenen 2 Prozent zu veranschlagen sein."

Obwohl bei einer Jubiläumsfeier 50 Jahre nach dem zugrunde liegenden Abitur mögliche Negativerlebnisse im Gedächtnis verblasst ein dürften, vermag sich der Senior Manager trotzdem noch an den speziell vor Versetzungen aufgebauten psychologischen Druck erinnern: „Heute würde man von Stress sprechen, dem vor allem die sogenannten „mittelmäßigen" Schüler ausgesetzt waren. Vielleicht dadurch gehärtet, waren es aber auch manchmal diese, die im späteren Berufsleben auf mehr Erfolge verweisen konnten. Es scheint, als würde das Bildungswesen im Zeitablauf immer stärker reglementiert. Damals: Freiräume bei der Gestaltung des Unterrichts. Dann: Lehrpläne. Heute: Bildungsstandards. Das Geschäftsmodell: eine Schule kann grundsätzlich tun, was sie mag und für richtig hält. Am Ende aber wird das Ergebnis zentral kontrolliert. Es geht um eine gemeinsame Qualitätssicherung des Abiturs."

Das Anforderungsniveau der Abiturprüfungen soll in allen Ländern schrittweise angeglichen werden. Überwacht werden sollen Prüfungsaufgaben durch das Institut für Qualitätssicherung im Bildungswesen. Zunächst geht es dabei um die Abiturprüfungen in Deutsch, Mathe und Fremdsprachen. Vergleichbarkeit steht in direkter Korrelation mit Nivellierung. Mehr Nivellierung würde gleichzeitig eine Absenkung des Niveaus bedeuten. Nach Meinung eines Waldorfpädagogen erzeugt das Streben nach Vergleichbarkeit Druck auf die Schulen und letztendlich auch auf die Schüler selbst. Der humboldt´sche Bildungsbegriff würde im deutschen Schulsystem zunehmend ausgehöhlt. So würden Waldorfschulen, die immer bei G9 geblieben sind jetzt einen Zuwachs an G8-Flüchtlingen verzeichnen.

Hierzu nun der Senior Manager, der seine Beraterkarriere nicht leugnen kann: „Vor allem sollte man sich davor hüten, Arbeitsweisen aus der Wirtschaft in das Bildungswesen zu transferieren. Schüler kann man eben nicht wie Produkte durch Tests oder gar Ranglisten vergleichen. Viel Druck kann von Schülern genommen werden, wenn man nicht einseitig fixiert auf höchste Schulabschlüsse starrt. Man muss akzeptieren, dass auch Umwege oder sogar ein Durchhängen, früher wohl eher Sitzenbleiben genannt, zum Ziel führen können."

Unerheblich ist, wann genau eigentlich die deutsche Sprachlandlandschaft in Bewegung geriet und Elemente fremder Sprachen aufzunehmen begann. Ein Rückblick auf frühere Schulzeiten bietet Anlass, einmal im Vergleich dazu auf heutige Verschleifungen und Versimpelungen der Umgangssprache, Sprachmischungen oder grammatische Minimalismen zu schauen. In der FAZ stand unter Bezug auf U. Hinrichs (Multi-Kulti Deutsch) zur Zukunft des heutigen Deutsch geschrieben: Kasusendungen werden abgeschliffen, grammatische Übereinstimmungen zwischen den Wörtern im Satz spielen kaum noch eine Rolle, Präpositionen stehen zur beliebigen Verwendung, das grammatische Geschlecht ist eingedampft, der Konjunktiv geht den Bach hinunter, die Satzstrukturen versimpeln. In Internet-Chats, Krawall-Shows und

Vulgär-Comedies wird das Ideal der deutschen Hochsprache mit Füßen getreten. Jugendliche mischen aus verschiedenen Sprachfetzen einen sogenannten „coolen" Slang. Grammatische Feinheiten werden brutal eliminiert, vom Formenreichtum der deutschen Sprache bleibt kaum etwas übrig. Was ein Satz bedeutet, hängt heute immer weniger von ihm selbst sondern immer stärker vom umfließenden Kontext ab. Hauptsache ist: Verständigung muss halbwegs funktionieren, für Feinheiten bleibt dabei wenig Raum. Vielleicht bietet die englische Sprache mit ihrer bereits am weitesten reduzierten Wortgrammatik Trost: „sie büßte bereits im Munde der Kelten, Wikinger und Normannen über die Jahrhunderte hinweg viele ihrer grammatischen Feinheiten ein (W. Krischke)."

Der Senior-Manager ist sich sicher: „Mein Abitur-Jahrgang aus einer Zeit vor fünfzig Jahren hat nunmehr nicht nur seine Jubiläumsfeiern, sondern auch viele, wenn nicht die meisten Stufen auf der Strecke von Wissenserwerb, Wissenssicherung, Wissenstransfer oder Wissensnutzung hinter sich gebracht". Dieser Gedanke bietet ihm die Gelegenheit, ab und an einmal auch rückschauend über jenen so vielschichtigen Rohstoff Wissen und seine wichtige Nutzung etwas nachzudenken. Dabei kommt ihm plötzlich und unvermittelt auch das vor kurzem angesprochen Projekt Wissen in den Sinn. Er denkt: „Bei der Nutzung des

Rohstoffs Wissen geht es um Menschen, die ausgebildet, informiert und flexibel sind. Um Menschen, die über das nachdenken, was sie tun und bereit sind, Initiativen zu ergreifen. Um Menschen, die bereit sind, zu lernen und offen für innovative Veränderungen sind. Um Menschen, die fähig sind, sich auf einer "Just-in-time"-Basis neues Wissen und neue Fertigkeiten anzueignen. Um Menschen, die Fachliteratur lesen und fähig sind, in interdisziplinären Teams zu arbeiten. Um Menschen, die bereit sind Verantwortung zu übernehmen und Mitverantwortung für das Erreichen von Zielen akzeptieren. Um Menschen, die Unternehmensprobleme als ihre eigenen betrachten".

Einige ehemalige Abiturienten im lebhaften Gespräch. Ehemaliger 1 zu den anderen: "Wisst ihr noch, wie das damals war, zu Urzeiten der Computer? Wie das Betriebssystem MS-DOS 1981 mit dem ersten Personalcomputer von IBM auf den Markt kam? Und damit die Grundlage für einen beispiellosen Siegesszug der Digitaltechnik sowohl in der Arbeitswelt als auch im Privatbereich legte? Ehemaliger 2 ergänzt sofort:"Der Computer ist heute im Smartphone und Tablet heute doch zum alltäglichen Gebrauchsgegenstand geworden". Ehemaliger 1: "Dass es aber jemals soweit kommen konnte, daran hat MS-DOS eine großen Anteil. Denn erst mit diesem Betriebssystem wurden den Computern unsere heutigen Massenmärkte erschlossen." Ehemaliger 2: "Früher hat es um die Betriebssystem-Frage CP/M oder DOS, Mac oder Windows geradezu Glaubenskriege gegeben". Ehemaliger 3: "Und in den Anfangsjahren auch Apple nicht zu vergessen. Denn das war quasi die andere Seite von MS-DOS, eine grafische Benutzeroberfläche, bei der sich PC-Kunden nicht mit den Bastellösungen von Microsoft herumplagen mussten." Ehemaliger 1: "Aber die Geschichte von MS-DOS zeigt, wie schnell sich die Dinge in einer digitalen Welt ändern können. Es ist also durchaus möglich, dass auch heute wieder irgendwo in einer Garage eine Idee entsteht, die alle bisherigen Geschäftsmodelle ins Wanken bringt. Für MS-DOS war die Geschichte 2001 mit der Einführung von Windows XP zu Ende." Ehemaliger 4: "Auch das World Wide Web ist 25 Jahre alt. Einst war das Ziel, ein einfaches, aber leistungsfähiges globales Informationssystem zu schaffen. Je mehr Entwickler sich auf HTML spezialisierten und je mehr Browser es gab, desto interessanter wurde der Informationsaustausch für Anbieter und Nutzer. Zwar ist das Internet für alle Nutzer mittlerweile selbstverständlich geworden, wird aber trotzdem als eher abstraktes Gebilde wahrgenommen. Nur die wenigsten fragen sich, wie eigentlich der Code dahinter funktioniert und wo er herkommt. Muss man auch nicht unbedingt wissen, denn waren Programmiersprachen früher nur etwas für Experten, kann sich heute jeder in kurzer Zeit selbst eine Homepage bauen." Ehemaliger 1: "Genau, deshalb steigt die Nutzung ebenso exponentiell wie die Zahl der Seitenbesuche, Videoabrufe oder die der versendeten E-Mails. Inzwischen gibt es mehr als eine Milliarde Websites. Amazon und Ebay revolutionieren das Einkaufen im Netz, Google die Suche und Facebook die Kommunikation."

Auch jeder, der sich einmal in einer Situation als Bewerber befindet, muss mit dem strategischen Gut „Wissen", will er Erfolg haben, zielgerichtet umgehen. Im Vergleich zu gut strukturierten Daten in den IT-Systemen werden Wissen und Erfahrungen von Personen in der Regel nicht explizit dargestellt. Genau diese Informationen sind aber für einen Personalentscheider von Bedeutung. Ihm geht es darum, in Köpfen gespeichertes Wissen für sein Unternehmen verwertbar zu machen. Zu unterscheiden ist zwischen explizitem Wissen, das sich anhand von Regeln abbilden lässt und implizitem Wissen, das sich aus Problemlösungskompetenz und Erfahrungsschatz des Bewerbers zusammensetzt. Auf der einen Seite dürfen Bewerber nicht die Entwicklungen bei der Verwendung von Intellektuellem Kapital versäumen. Vielmehr müssen sie alles daran setzen, um ihre Ressourcen

Talent, Wissen und Erfahrungen auch in dem Arbeitsumfeld von morgen zu etablieren. Auf der anderen Seite tragen auch die aufwendigsten Recruitingmaßnahmen nur ungenügend Früchte oder bleiben ganz wirkungslos, wenn personalsuchende Unternehmen nicht bereits intern die Voraussetzungen für eine systematische Identifizierung und Bewertung von Intellektuellem Kapital schaffen. Der Erfolg hängt entscheidend davon ab, die richtige Kraft an der richtigen Position einzusetzen.

Erst kürzlich sagte der Personalchef zu seinen Mitarbeitern: „Grundlage einer fast jeden Bewerbung ist der Rohstoff „Wissen": er ist der Kapitalstock des Bewerbers. Die charakteristischen Merkmale eines Bewerbers werden in seinem Intellektuellen Kapital abgebildet. Der kernige Marketingsatz des „Change Knowledge into Cash" findet hier seine Berechtigung. Aus Sicht des Unternehmens bei dem man sich bewerben will ist Wissen nicht nur ein weiterer Produktionsfaktor neben den klassischen Faktoren Arbeit, Kapital, Grund und Boden – es ist vielmehr heutzutage der bedeutendste Produktionsfaktor überhaupt. Information muss nicht bereits Wissen sein: Information und Wissen haben verschiedene Aspekte und dürfen nicht miteinander verwechselt werden. Vor der Wissensanwendung steht immer erst der notwendige Wissenserwerb. Eine Wissensvermittlung auf Vorrat von früher reicht heute bei weitem nicht mehr aus. Informationen alleine haben weder einen besonderen Wert noch einen Zweck an sich. Der Erfolg eines Bewerbers hängt davon ab, wie effizient er den Rohstoff Wissen zu nutzen weiß. D.h.: nur wenn es ihm gelingt, Daten zu Informationen und diese zu Wissen zu machen, hat er Aussicht auf nachhaltigen Erfolg seines Strebens".

Für den Senior Manager ist Sisyphus das Muster eines anscheinend sinnlosen Sich-Abmühens. Er denkt: „Man macht zwar Schritte vorwärts, fällt aber immer wieder in den Anfangszustand zurück. somit ist Sisyphus das Gegenbild zu allem Fortschrittsdenken." In seiner Erinnerung verlief ein Gespräch mit einem seiner ehemaligen Klassenkameraden in eine ähnliche Richtung. Dieser erklärte ihm seinerzeit: "Pisa kreiert pädagogische Einheitswährung: wenn Standorte heute miteinander mehr und mehr auch nach dem Faktor Bildung verglichen werden, sitzt jede der an einem Standort befindlichen Schulen mehr oder weniger direkt mit in diesem Boot. Denn immer sind gerade Schulen eine der wichtigsten Komponenten in einem Bildungsmonitor. D.h. Schulen entscheiden nicht nur darüber, wie es ihnen selbst ergeht, sondern ebenso mit darüber, welche nachhaltigen Perspektiven und Potenziale der gesamte sie tragende Standort auf die

Waagschale bringt. Hierfür wurde beispielsweise auf Ebene der Bundesländer ein spezieller Bildungsmonitor entwickelt: für den Bildungsmonitor werden keine eigenen Studien gemacht, sondern vorhandene Statistiken ausgewertet. Zum Beispiel: die Ergebnisse der Länder bei den Pisa- und Iglu-Studien, die Leistungen von Mittelstufen- und Grundschülern in den Bundesländern vergleichen. Losgelöst von nationalen und regionalen Bildungstraditionen wird mit Pisa so etwas wie eine pädagogische Währung kreiert".

Und dies alles vor dem Hintergrund von Facebook, Google oder Twitter, die im Netzwerk persönliche Nachrichten und Daten der Nutzer systematisch durchforsten. Hinter kostenlosen Angeboten wird umfangreiches Data-Profiling betrieben: Nutzer zahlen mit ihren Daten. Doch sind dies alles verkappte Zahlungen, von denen Nutzer nichts wissen und merken. Auf Bergen äußerlich recht wertlos erscheinender Daten hat die Digitalisierungsindustrie Firmen mit unglaublicher Markt- und Marketingmacht entstehen lassen. Es führt kein Weg an mehr Transparenz von Daten-Profiling und deren Algorithmen vorbei. Wenn die virtuelle Identität eines Individuums von Experten als bereits umfangreicher eingestuft wird als das Wissen, das die nächsten Angehörigen voneinander haben, muss man den Blick hierfür schärfen und eigenes Beurteilungsvermögen einsetzen und ausschöpfen.

Pisa also als eine pädagogische Währungseinheit? Der Senior Manager konnte dies damals nicht so recht glauben. Aber sein ehemaliger Klassenkamerad musste es eigentlich besser wissen. Er hatte zwar keine Beraterkarriere in der freien Wirtschaft vorzuweisen, dafür aber eine nicht minder erfolgreiche im Bildungswesen. Er fuhr daher unbeirrt fort: „Wie hinter der Einführung des Euro das politische Streben nach mehr wirtschaftlicher Gleichheit stand wird mit der Betonung von Pisa so etwas wie eine Gleichheit der Bildungskompetenzen angestrebt. Durch Pisa als pädagogisch vereinheitlichte Währung werden auf nationaler Ebene Anpassungsreaktionen vom Kindergarten bis hin zur Universität erzwungen. Wer nicht mitmacht, verliert international an Ansehen. Im immer härteren Kompetenzwettbewerb droht das humanistische Ideal des selbstverantwortlichen Individuums unterzugehen. Kreativität und Flexibilität stehen gegen outputorientierte Lehrpläne. Schulen werden zu wirtschaftsbezogenen Quasimärkten mit Merkmalen wie Konkurrenzstreben, Performance-kontrolle, Ertragskalkulationen, Marktkonformität. Im Vordergrund einer Kontrollbürokratie steht über allem die Nutzenoptimierung. Die Auswirkungen auf soziale

Kompetenz, solidarisches Verhalten, Urteilsvermögen, Wohlbefinden werden nirgendwo vermessen. Bleibt zu hoffen, dass die pädagogische Einheitswährung Pisa nicht zu gleichen Problemen führt wie die monetäre Einheitswährung Euro, mit der bereits ganze Staaten bis an den Rand des Abgrundes gelangten".

Der Senior Manager fand dies eine sehr interessante Meinung und überlegte sich bereits, ob und wie er diese in wissensbezogene Projekte seiner Beratungstätigkeit am besten einbauen könnte. Zur etwa gleichen Zeit beschleunigt der Consultant nach seinen ausführlichen und im morgendlichen Dunst oft abschweifenden Gedankenflügen sein Jogging-Tempo und wechselte gleichsam vom Trab zum Galopp. Um sich vor dem Büroalltag noch einmal richtig zu verausgaben und dadurch jene Euphorie des Laufens zu erreichen, in welcher der Läufer mit der an ihm vorbeiziehenden Welt zu einer Einheit verschmilzt. Mit gleichmäßig gewordenen Atemzügen hatte eine angenehme Leichtigkeit des Daseins von ihm Besitz ergriffen.

Intelligence Community oder Herrschaftswissen von Datenkraken?

Die Sekretärin des Senior Managers war nicht der Typ für belangloses Geschwätz. Ihre Aufgabe war es, die Tage ihres Chefs zu ordnen. Und sie löste diese Aufgabe mit einer Meisterschaft, die eines erfahrenen Stabsoffiziers würdig gewesen wäre. Nichts drang zu ihrem Chef vor ohne ihr Wissen und ihre Zustimmung. Gleichgültig, wie hektisch der Tag wurde, sie sorgte dafür, dass ihr Chef ungestört und zielgerichtet arbeiten konnte. Während sie selbst beherrscht und unerschütterlich blieb. Doch waren auch mehr private Gespräche ihr nicht völlig fremd. Beim morgendlichen Treff am Kaffeeautomaten plauderte und diskutierte sie schon einmal mit einigen regelmäßig dort anstehenden Junior-Consultants. Einen von diesen fragte sie:"Wer weiß was über wen? Wer überwacht wen und wie? Kluge Leute äußern die Befürchtung, das Internet befördere die moderne Gesellschaft wieder zur kleinstädtischen Gemeinschaft zurück. Deren Bürger keine Geheimnisse voreinander hätten und jeder alles von jedem weiß."

Der Consultant nutzte gerne die Gelegenheit zur einem Gespräch mit der Sekretärin seines Chefs, die er eigentlich schon etwas mehr als nur sympathisch fand.

Und antwortete prompt: „Das wäre schlimm. Doch weitaus schlimmer ist, wenn wenige alles von allen wissen oder zu wissen glauben: Machtmißbrauch und Manipulation wären Tür und Tor geöffnet. Gewiss wäre es ein Schock, wüsste man genau, wie viel Wissen über einen angehäuft wurde. Oder noch schlimmer, wie viel Fehldeutungen im Gewand von Informationen über einen vielleicht kursieren mögen. In der sogenannten „intelligence community" oder übersetzt „Wissensgesellschaft" scheint beispielsweise der Datenaustausch zwischen Behörden und Privatfirmen gewissermaßen als Drehtüreffekt zu funktionieren. Ein weites Feld ist aber auch das Laster massenhafter Preisgabe privater Informationen".

Nach Meinung der Sekretärin müssen Potenziale und Gefahren von Big Data identifiziert und gegeneinander gewichtet werden. Sie holt hierzu weiter aus: „Die Wege zu intelligenten Fabriken und smarten Büros verlangen nach Unmengen von Daten und gehen mit gravierenden Umbrüchen und massiven Veränderungen einher. Einen wirksamen Schutz vor Big Data gibt es wohl nicht. Also braucht es Wachsamkeit gegen die Gefahren des vielfachen Missbrauchs durch Abschöpfung personenbezogener, privater Informationen. Die technische Machbarkeit des lückenlosen Tracking von Bewegungen und Tätigkeiten muss auf das hinterfragt werden, was gewollt oder hinnehmbar sein soll".

Ein zweiter Consultant, der sich in dieses gar nicht so belanglose Gespräch einschaltet sagt: "Bequemlichkeit, Neigung zum Vertrauten und scheinbar Billigen sind wohlfeile Ausreden für massenhaft digitale Fußspuren mit Billigung des Mosaikhandwerks automatischer Steckbriefproduzenten. Ebenso schlimm die Alternativen: „Der Preis für die Rettung des Selbstherrschaftswissens wäre die Bereitschaft, das Leben eines Eremiten zu führen".

Und jetzt ihn ansprechend fragt die Sekretärin: "Was macht und welches Berufsbild hat eigentlich so ein Data Scientist?"

Im Kopf des Consultants schwirren manche Gedanken wirr durcheinander: „Wie Menschen mit der digitalen Welt interagieren – Datenanhäufungen zu Geld machen, Kompetenzenbündelung verschiedener Wissenschaften – Modelle von Online-Identitäten – Immenser Daten-Pool für Sozialwissenschaften, Informatiker"..

Die Sekretärin, noch nicht zufrieden, fragt weiter: "Muss man in Zeiten von Google, Facebook & Co. das Vertrauen in die Fähigkeiten des Einzelnen zu selbstbestimmten Handeln verlieren und sind Vorstellungen von Individualität, Autonomie bereits überholt?"

Selbst in einem solchen, eher belanglosen Gespräch mehr am Rande scheint ein Hauch des Projektes Wissen zu wehen. Denn seit soziale Befindlichkeiten zum Datenrohstoff einer neuen Industrie geworden sind, braucht man jemand der damit auch qualifiziert (im Sinne der Datensammler) umzugehen versteht, d.h. es werden spezifische Qualifikationen benötigt, die herausfinden, wie sich solche Daten zu Geld machen lassen. Vor dem geistigen Auge entsteht das Bild der allumfassenden sozialen Netzwerke als ein gigantisches Labor: Sozialwissenschaftlern erhoffen sich ungeahnte Möglichkeiten, aus einem schier immensen Pool von Daten zu schöpfen. Noch längst scheint nicht alles Wissen darüber ausgeschöpft, wie man aus angehäuften Datenmengen das meiste Geld (Einfluss, Macht u.a.) herausholen könnte".

An dieser Stelle kommen dann ein sogenannter Data Scientist oder auch gleich ganze Teams hiervon ins Spiel. Der Data Scientist sagte einmal in einem anderen Gespräch und Zusammenhang: "Wie mit einem Mikroskop werden verschiedenste Zusammenhänge, Sozialverhalten, Migrationsströme, Beziehungszyklen,

Verbreitungsmuster von Gerüchten, Mechanismen der Gemeinschaftsbildung oder was sonst noch so alles unter die Lupe genommen. Meine Ergebnisse als Data Scientist reichen also noch weit über Modelle von Online-Identitäten zwecks Entwicklung personenbezogener Produkte hinaus. Nicht umsonst werden hierfür Kompetenzen aus unterschiedlichen, bisher meist getrennt arbeitenden Wissenschaftszweigen zusammengeschaltet und gebündelt, beispielsweise Sozialwissenschaften mit Informatik, Analyse mit Anwendung."

Der Senior Manager ist bereits in gedanklicher Vorbereitung auf das für bald mit großer Wahrscheinlichkeit anstehende Projekt Wissen. In Gedanken lässt er eine Reihe von ihm bereits erfolgreich abgeschlossener Projekte noch einmal Revue passieren. Wie im Zeitraffer wechseln in seiner Erinnerung Eindrücke und Meilensteine von Projekten in unterschiedlichsten Firmen und Branchen: „Potenziale, seien es nun wissenschaftliche, produkttechnologische, logistische, kommunikative, personelle oder marktliche Potenziale, sind keine statischen, zeitpunktbezogenen sondern in der Langfristbetrachtung immer zeitraumbezogene, dynamische Größen. D.h. es werden gezielte Investitionen in die Entwicklung von Kernkompetenzen und die Qualifizierung der Mitarbeiter geplant. Dabei geht es insbesondere darum, die betriebliche Infrastruktur einschließlich der Informationssysteme so weiterzuentwickeln, dass die Umsetzung der Unternehmensstrategie am Markt gefördert wird: Synergiepotenziale, Umwandlung und Aggregation verschiedener geschäftsfeldspezifischer Erfolgspositionen zu einer gemeinsamen Potenzialposition des Unternehmens, Potenziale des Human Kapitals (Nutzung brachliegender Leistungs-/Kreativitätsressourcen von Mitarbeitern, Ausschöpfung von Mitarbeiterpotenzialen mit Einsatz von potenzialorientierten, flexiblen Anreizsystemen), Knowhow-Potenziale (gezielte Nutzung der internen Wissens- und Expertenbasis, gezielte Ausrichtung auf Lernkurven- und Erfahrungskurveneffekte, Verwertung interner Wissenspotenziale über Vergabe von Lizenzen), Kostensenkungs-Potenziale (technische Rationalisierung, Lean Production, Lean Marketing, Ertragsverbesserungsprogramme), Organisationspotenziale (Ausrichtung nach Geschäftsprozessen, Verkürzung der Durchlauf- und Reaktionszeiten, Kundenorientierung der Informationssysteme), Potenziale der Finanzressourcen (Möglichkeiten zur günstigen Kapitalbeschaffung, Optimierung des Cash Flows, Reaktionsmöglichkeiten auf Zins- und Wechselkursveränderungen, Optimierung der Investitionsalternativen), externe Humanpotenziale (Möglichkeit zur Rekrutierung externer Fachkräfte,

Anreizmodelle für qualifiziertes Verkaufspersonal, Bindung von kreativen F+E-Managern), Beschaffungspotenziale (Zugang zu restriktiven Rohstoffquellen, innovative Beschaffungskonzepte, Optimierung der Zulieferketten), Kommunikationspotenziale (Verständlichmachung eigener Wertvorstellungen und Unternehmensziele an eine breitere Öffentlichkeit, Erreichung der Zielgruppen mit den gewünschten Produktinformationen und Leistungsangeboten, Sicherstellung der externen Informationsversorgung), IT-Potenziale (Nutzung von Informationstechnologien entsprechend der spezifischen Technikposition des Unternehmens, Steuerung des IT-Einsatzes entsprechend der Wertschöpfungsaktivitäten), Restrukturierungspotenziale (Zusammenlegung/ Verlagerung von Produktionsstätten, Prozessorientierung der Logistikabläufe, Asset-Redeployment, Neuverwendung der Unternehmensaktiva, Neuakquisition von Vertriebskanälen)".

Der Consultant noch von seiner Studienzeit her voll von Idealen dachte bei sich: "Unsere große Beratungsfirma funktioniert doch im Prinzip so ähnlich wie bei einem Schneeballsystem. Gesichert wird das Wachstum durch immer neue Mandanten, höhere Honorarrechnungen und durch uns als das Fußvolk an der Basis. Wir sind nichts als lauter kleine Profitbringer, weil wir bis in die

Puppen schuften und für die Firma mehr an Honoraren scheffeln als wir an Gehalt kosten. Folglich sind die Partner immerwährend auf Ausschau nach neuem Nachschub und werben ständig neuen an. Dazu gehört, dass von den Unis die besten Kandidaten angeworben und auf ein Schnupperpraktikum eingeladen werden. Um ihnen dieses Kennenlernen einer Beratungspraxis zu versüßen werden sie in ihrem Probelauf auch zu Mittagessen in Feinschmeckerlokalen mitgenommen. Oder wie in einer königlichen Familie zu ähnlichen Zerstreuungen. Und es gibt auch so etwas wie einen internen Headhunter, der diesen Nachschub an karrieresüchtigen Einser-Absolventen logistisch durchtaktet: er jettet hierhin und dorthin und hat endlose Konferenzschaltungen mit interessanten Leuten in jeder nur denkbare Zeitzone der Welt. Dabei lässt er sich gleichzeitig vortragen, äußert seine sachkundige Meinung dazu, redigiert Gutachten, liest seine Post und sortiert neu eingehende Bewerbungsunterlagen. Irgendetwas liegt immer an und hält ihn in ständiger Bewegung.

Der Wissensmanager sagt: „Das Hauptmerkmal der Dinge, die uns umgeben, ist ihre Komplexität. der Grad der Komplexität wird durch die Zahl der möglichen Konfigurationen in einer Hierarchie von Wahrscheinlichkeiten ausgedrückt. Der Fortschritt der Erkenntnis wird auch in Zukunft durch eine stufenweise Entmystifizierung gekennzeichnet sein. Ein Mysterium begrenzt und schränkt ein, d.h. Entmystifizieren bedeutet auch bereichern. Fortschritt bedeutet: geleitet durch die Logik, in die Komplexität der Dinge einzudringen. Die Wissensbilanz ist ein Instrument, das bei der Ausrichtung der Ressourcen auf die Erreichung bestimmter Ziele helfen soll. Ein solches Instrument erlaubt es uns als Unternehmen, strategische Ziele zu erkennen und in Aktionen umzusetzen. Ein solches Planungssystem ermöglicht außerdem die langfristige Erfolgskontrolle der angewandten Strategie. Um eine Messlatte zu haben, muss unsere Firma jedoch erst ihre zu erreichenden Ziele noch genauer als bisher definieren und die dafür notwendigen Mittel und Maßnahmen festlegen. Die Performance wird dann über einen längeren Zeitraum an diesen Parametern gemessen, d.h. Daten werden gesammelt, analysiert und die Resultate in entscheidungsrelevanter Form präsentiert".

Der General Manager in seinem Büro spricht derweil zu sich selbst: „Warum soll ich mir noch was vormachen? Ich bin doch nichts weiter als ein beliebiges Atom in einem Superteilchenbeschleuniger namens Universum! Neben der Formulierung von Strategien als Umsatz-, Marktanteils- und Ertragsziele müssen auch Finanzierungsziele wie Cash-Flow-Relationen, maximaler

Verschuldungsgrad oder Kapitalumschlagswerte definiert werden. Die Finanzziele müssen flexibel an neue Gegebenheiten wie beispielsweise Beschäftigungsgrad, Zahlungsbedingungen, Preisänderungen u.a. angepasst werden. Man muss deshalb ein ausgewogenes Verhältnis zwischen den verschiedenen Zielprinzipien finden. Das Rentabilitätsziel bedeutet, soweit wie vertretbar (unter Umständen auch Nutzung von risikoreichen Leverage-Effekten), nur rentable Geschäfte zu machen. Das Liquiditätsziel hat als Finanzierungsgrundsatz bei der Gefährdung der Zahlungsfähigkeit absolute Priorität. Die Variabilität zielt auf Absicherung der Beweglichkeit (Elastizität, Dispositionsfreiheit) von Mittelherkunft und –verwendung. Das Finanzierungsprinzip der Sicherheit zielt auf Risikominimierung, Haftungsbeschränkung und Unabhängigkeit. Mit der Festlegung von Finanz- und Wachstumszielen ist die Aufgabe des strategischen Managements aber keineswegs schon abgeschlossen. Mit Hilfe von Performance- Kennziffern wie Marktanteile, Mitarbeiterfluktuation, Kundenzufriedenheit, Verspätungen in Produktion und Lieferung u.a.- lässt sich rechtzeitig erkennen, wo noch Lücken zu den Kernzielen meines Unternehmens bestehen. Die Wissensbilanz würde dabei eine Brücke zwischen rein finanzwirtschaftlicher Analyse, Intellektuellem Kapital und langfristigen Strategien schlagen. So könnte es beispielsweise sinnvoll sein, auch einmal auf schnelle Gewinne zu verzichten, wenn die Unternehmensstrategie Investitionen in anderen Bereichen erfordert."

Damit steht für ihn fest."Wenn ich auch noch für die nächste Zeit auf meinem Sessel bleiben möchte, was ich eigentlich unbedingt will, muss ich etwas unternehmen. Aber was? Vielleicht wäre dieses Projekt Wissen eine willkommene Gelegenheit, nicht nur etwas für mich selbst, sondern auch für mein Ansehen als Leiter dieses Unternehmens zu tun. Also steht meine Entscheidung fest, auch wenn sie vielleicht nicht ganz billig wird: das Projekt Wissen muss angegangen und möglichst schnell unter meiner Regie umgesetzt werden".

Auch der Personalchef hat ein ähnliches Projekt im Sinn und überlegt: „Wirtschaftswissen statt Schulzeitverkürzung – Berufsorientierung und ökonomische Bildung. G8 – Abiturienten, die noch nicht volljährig sind und als Bewerber ihren eigenen Arbeitsvertrag daher nicht selbst unterschreiben dürfen: das passt nicht zusammen. Für uns ohnehin eher unwichtig: ob jemand sein Abitur nun in acht oder neun Jahren gemacht hat, die Verkürzung der Gymnasialzeit ist nicht unbedingt ein Wettbewerbsvorteil im Stellengerangel. Wichtiger als Schulzeitverkürzung sind bei einem Bewerber doch Teamfähigkeit, Fähigkeit zum selbständigen Arbeiten,

Eigenständigkeit, Berufsorientierung, ordentliches Auftreten, höfliche Umgangsformen, einigermaßen gepflegter Kleidungsstil, Leistungsbereitschaft, Zuverlässigkeit. Die in alten Zeugnissen an oberster Stelle aufgeführten Kopfnoten (Fleiß, Betragen, Aufmerksamkeit…..) haben jedenfalls bei mir, in welcher Form auch immer, nach wie vor einen hohen Stellenwert. Wichtig für einen Bewerber ist ebenso ein realistischer Blick auf die Arbeitswelt mit entsprechender Berufsorientierung. Dazu gehört nicht zuletzt auch das Denken in Kategorien der Wirtschaft, nach Möglichkeit unterstützt und gefördert durch vorbereitende Werksexkursionen oder Praxisprojekte. Am grundlegenden Wirtschaftswissen (Volkswirtschaft, Betriebswirtschaft, Finanzthemen) hapert es leider immer noch in breiten Bevölkerungsschichten. Nach meiner Meinung könnten Schulen besser sein, wenn man sie selbständiger und freier arbeiten ließe: u.a. mit eigenem Personalmanagement, eigenem Budget und untereinander im stärkeren Wettbewerb stehend. Zu den Hauptpunkten, die sich Unternehmen besonders von Schulen wünschen, zählen nach einer Umfrage der IHK Hessen: mehr Berufs- und Studienorientierung, Förderung der Ausbildungsreife, Förderung von Mathematik/ Naturwissenschaften, Reform der Lehrerbildung und eben auch ganz wichtig die ökonomische Bildung".

Algorithmengläubigkeit und virtuelle Profile - es sind die nichtfinanziellen Performancetreiber

Identität und Internet – das „Unbewertbare" bewerten – unbegrenzte Biegsamkeit und Augenblicksanpassung. Der General Manager, der nicht zuletzt aus ganz persönlichen Gründen das Projekt Wissen schneller voranzutreiben gedenkt, hat einige Führungskräfte seiner Firma zu einer zwanglosen Besprechung in sein Büro geladen. Man hat es sich in der Besprechungsecke auf bequemen Sesseln gemütlich gemacht.

Das Haar der Sekretärin war von einem nüchternen Blond und in Schulterlänge abgeschnitten. Ihre Figur wirkte fest unter dem eleganten Kostüm. Ihre blauen Augen funkelten und taxierten alles und jeden aus vorsichtigem Abstand. Sie strahlte eine ruhige, unerschütterliche Selbstbeherrschung aus. Eher wie eine Führungspersönlichkeit (was sie eigentlich ja auch war) als wie eine Sekretärin. Vermutlich wusste sie von den internen Vorgängen in der Firma weit mehr als ihr Chef selbst.

Der Personalchef, der über seine internen Horchposten bereits von den Absichten des Chefs hatte läuten hören, kann seinerseits dessen wohl zu erwartenden Vorstoß in der Sache von Projekt Wissen nur gutheißen. Denn er sieht erhebliche Synergiepotenziale und Schnittmengen mit dem bei ihm bereits in Arbeit befindlichen Instrument einer Personalbilanz. Zu den anderen sagt er: „Mit dem Instrument meiner Personalbilanz kann ich nicht nur das „Was-ist", sondern auch das „Was-sein-könnte" (Potenziale, Perspektiven) besser durchleuchten. Bei der vielfältigen, in meiner Abteilung häufig anstehenden Problematik einer Beurteilung von Personen spielen „weiche", oft als nicht bewertbar eingestufte Einflussfaktoren eine immer wichtigere Rolle. Personalauswahl oder Managerbewertung wären nur einige aus einer ganzen Reihe möglicher Beispiele. Über meine Personalbilanz können „Intangibles" einer transparent nachvollziehbaren und einheitlich durchgängigen Bewertungssystematik zugeführt werden".

Der General Manager hat interessiert zugehört und bittet ihn, fortzufahren. Der Personalchef erläutert nach einer kurzen Pause, um mehr Aufmerksamkeit auf seine Person zu ziehen: "In einem spezifischen Cluster können alle Einflussfaktoren gebündelt werden, die untrennbar mit der Person als solcher verbunden sind. Das heßt, persönliche Eigenschaften die mit einer Person kommen und gehen. Diese Faktoren sind weder direkt noch indirekt übertragbar und sind in aller Regel auch nur von der Person selbst anwendbar und nutzbar. Auch die Person selbst als Träger dieser Eigenschaften kann diese vielleicht nicht einmal selbst zu jedem Zeitpunkt und unbegrenzt abrufen. Mit dem viele (oder bereits alle?) Bereiche des Lebens durchdringenden Medium des Internet wird jede Person gleichzeitig auch zum Verwalter ihres eigenen Lebenslaufs und zum Gestalter eines identitätsbezogenen Möglichkeitsraumes. Für die Entwicklung der Identität einer Person im Internet gibt es weder starre Handlungsmuster noch vorgegebene Strukturen. Ohne Rollenfestlegung lassen sich die Möglichkeiten des Mediums durch weitgehende Flexibilität der agierenden Personen am besten nutzen".

Inzwischen versucht der Manager einmal nicht daran zu denken, dass er in einer knappen Stunde schon wieder den nächsten Termin hat und gesteht seinem Tennispartner, dass es sich ausgebrannt fühle: „Bei mir darf im Augenblick beruflich nichts schiefgehen, meine Karriere steht am Wendepunkt, das heißt in meinem Job, sie steht auf des Messers Schneide. Wenn mein Handy nicht alle paar Minuten klingelt, werde ich bereits unruhig und denke, irgendetwas Wichtiges könnte an mir vorbeilaufen. Dinge entwickeln sich ohne mein Zutun. Die Belastungen summieren sich langsam, und man geht noch gut mit ihnen um und glaubt, dass man alles im Griff hat. Trotzdem beschleicht mich immer öfter das unbestimmte Gefühl, dass dem vielleicht doch nicht so ist. Denn wenn der Körper erst einmal schlagartig signalisiert, dass er nicht mehr kann, ist doch das Kind meist schon in den Brunnen gefallen. Und immer dieser innere Zwang, zu jeder Zeit die maximale Leistung erbringen und gut funktionieren zu müssen. Der Tennispartner mustert ihn mit sorgenvoller, anteilnehmender Miene: „Wann hast Du überhaupt zum letzten Mal richtig Urlaub gemacht? Ohne Handy, Laptop und diesen ganzen technischen Schnickschnack. Ohne ständige Präsenz und Erreichbarkeit?" Der Manager denkt kurz nach: "Eigentlich so richtig nie. Seit man ständig erreichbar ist und sein muss. Wenn ich mit meiner Frau in die Ferien gefahren bin, habe ich mein Büro auf mobil geschaltet und quasi immer mitgenommen, d.h. auch im Urlaub immer nahtlos weiter gearbeitet." Der Tennispartner: "So etwas habe ich mir schon gedacht. Die Digitalwirtschaft hat uns zwar eine Menge Annehmlichkeiten beschert, aber das alles hat auch dazu geführt, dass wir praktisch keinen Ort mehr finden, an dem wir uns ungestört zurückziehen können, an dem wir alles auch einmal loslassen, an dem wir uns einmal nur auf uns selbst und den Augenblick besinnen können. Pausenlos checken wir bis in die späten Abendstunden E-Mails, und am frühen Morgen machen wir ohne jegliche Anlaufzeit sofort in der gleichen Weise weiter. Wir tauchen nicht mehr weg, kommen nicht mehr zur Ruhe. Vielleicht sollte man versuchen, für eine gewisse Zeit einfach hinter undurchdringlichen Klostermauern zu verschwinden, quasi in der Mitte von Nirgendwo".

Der IT-Manager ist ein Verfechter des Grundsatzes vom proaktiven Denken und Handeln und schaltet sich in die im Büro bereits laufende Gesprächsrunde ein: "Es gibt also eine Reihe gewichtiger Gründe für eine ausführliche Beschäftigung mit möglichst allen personenbezogenen Einfluss- und Identitätsfaktoren, deren detaillierter Beschreibung und Gewichtung. Einer dieser Gründe ist darin zu sehen, dass sich heutzutage niemand mehr sicher sein kann, seine einmal erreichte Stellung auch für alle Zukunft weiter zu behalten. Besonders wir als mitten im Arbeitsleben stehende Menschen sehen uns doch heute mit Entwicklungen konfrontiert, deren Auswirkungen wir vor nicht allzu ferner Zeit so noch kaum kannten. Hierauf nur zu reagieren und sich dabei das Heft des Handelns allmählich aus der Hand nehmen zu lassen, dürfte für die Zukunft kein Erfolgsmodell sein. Es gilt, vielmehr selbst proaktiv zu denken".

Für den Wissensmanager geht aber vor allem eine gewisse Nachhaltigkeit vor: "Mit einem im Internet angelegten Profil möchte eine Person ihre Identität meistens so ausrichten, dass sie aus dem großen Einerlei herausragt. Es kann jedoch Gefahren bergen, die eigene Identität im Internet laufend an wechselnde

Anforderungen des Augenblicks anzupassen. Wenn alle nur noch Suchmaschinenoptimierung betreiben und ihre Profile regelmäßig verändern und anreichern, um sich vielleicht geschmeidiger subtilen Algorithmen anzupassen, könnte es leicht sein, dass sich die Identität auf diesem Wege auch destabilisiert. Ein unbegrenzt biegsames und anpassungsfähiges Profil verliert seine Identität, wird allzu leicht manipulierbar und könnte in einem Mischmasch multipler Web-Identitäten unbestimmter Herkunft leicht verlorengehen".

In den Augen des Personalchefs geht es vor allem um das mit einer Personalbilanz verfügbare Potential: "Wenn Bewerberfaktoren mit dem Anspruch auf Vollständigkeit identifiziert und mit höchstmöglichem Informationsgehalt präsent gemacht werden sollen, so geschieht dies nicht allein zum Zweck eigener Erkenntnisgewinne. Ein noch wichtigerer Sinn und Zweck liegt darin, sich möglichst gut gerüstet in die Arena der Vergleichbarkeit von marktbezogenen Sachverhalten zu begeben. Um im Wettbewerb des Arbeitsmarktes zu bestehen, sollte man das Mögliche vorbereiten und unternehmen, um überhaupt als Person wahrgenommen zu werden und auf dem „Radarschirm" von uns Entscheidern zu erscheinen".

Der General Manager ist in seinen Gedanken derweil noch bei seiner allmorgendlichen Parkplatzsuche, von der er sich als Bad Homburger Pendler besonders betroffen sieht. Das Bahnhofsareal wurde grundlegend umgebaut und neu gestaltet. Er denkt sich: "Wenn die Verwaltungsspitze Bad Homburgs meint, der Standort befinde sich in einer Umbauphase der bisher größten städtebaulichen Entwicklung seit dem Bau des Stadtentrees oder dem Neubau des Kurhauses, so hat dies zwangsweise Auswirkungen auf die Infrastruktur. Erreichbarkeit, Verflechtung der Verkehrsverbindungen und damit auch die örtliche Parkplatzsituation. Denn alles dies zählt zur Kategorie der wichtigen Standortfaktoren. Im Umkreis des Bad Homburger Bahnhofes scheint es nicht die Regel, sondern eine absolute Ausnahmesituation sein, ein Auto noch im Freien auf einem Parkplatz abstellen zu können. Dazu ist absehbar, dass innerhalb der Stadt in Zukunft noch eine Reihe weiterer Abstellmöglichkeiten für Autos entfallen wird. Im Stadtgebiet ist eine Reihe von Neubauvorhaben geplant. Insgesamt gesehen, so fürchtet er, dürfte sich die Parkplatzsituation nicht besser, sondern eher noch angespannter darstellen, das bereits kostspielige Parken dürfte sich zukünftig noch weiter verteuern, Autofahrer auf der Suche nach einem Parkplatz könnten eher noch häufiger zu sichten sein. Denn Bad Homburg zählt etwa

12.000 Auspendler und deutlich über 23.000 Einpendler".

Doch jetzt bleibt ihm nichts anderes übrig, als sich voll auf das diskutierte Themengebiet zu konzentrieren. Und dabei muss er sich eingestehen, dass er schließlich selbst doch das größte Interesse daran haben sollte. Zu den anderen sagt er dann auch gleich: "Kapital, meine Herren, ist nicht gleich Kapital: das materielle Kapital steht in der Bilanz. Darüber hinaus sind aber auch Wissen, Prozesse, Beziehungen etc. auch Kapital, das in der Regel aber nicht in der Bilanz steht. In keiner Bilanz taucht auf, wenn eine nur schwer ersetzbare Spitzenkraft unser Unternehmen verlässt. Es geht damit um die Fähigkeit, mit internem und externem Wissen optimal umzugehen. Wie ich gehört habe, wird in manchen Unternehmen oft mehr als die Hälfte des vorhandenen Intellektuellen Kapitals nicht genutzt. Kaum zu glauben! Soweit soll es bei uns erst gar nicht kommen. Obwohl es gelegentlich Schwierigkeiten bei der Übertragung von Wissen an den Ort der Anwendung gibt, d.h. dorthin wo dieses Wissen benötigt wird. Grund ist nicht nur eine mangelnde Intransparenz kritischer Wissensbestände: oft konzentrieren sich diese zudem nur auf eine (zu) kleine Anzahl von Wissensträgern. Bislang gibt es nur vereinzelte Ansätze wie wir die immateriellen Ressourcen unseres Unternehmens eigentlich messen wollen".

Der Controller nickt zustimmend: „Die Behandlung allein der finanziellen Werttreiber genügt heute nicht mehr, um den Erfolg unseres Unternehmens sicherzustellen. D.h. die finanzielle Berichterstattung muss um das Intellektuelle Kapital erweitert werden (in internationalen Rechnungslegungsstandards wird als Anhang zum Geschäftsbericht eine strukturierte Darstellung auch immaterieller Vermögenswerte empfohlen). Oder anders ausgedrückt: die nichtfinanziellen Werttreiber sind wie ein Sockel (Vermögenswerte, die einen Beitrag zu unserem Unternehmenswert leisten und weder materielle Güter noch Finanzanlagen sind) unter der Wasseroberfläche, der oft den größeren Teil des Eisberges unserer Performance ausmacht".

Der Personalchef ergänzt im gleichen Atemzug: „Zudem erhalten Mitarbeiter über rein finanzielle Meßsysteme oft keine ausreichende Rückmeldung zu ihrem persönlichen Erfolgsbeitrag. Das Rechenwerk unseres Unternehmens sollte somit maßgeschneidert um nichtfinanzielle Werttreiber erweitert werden, um schneller und erfolgreicher auf Änderungen des Umfeldes reagieren zu können. Neben der systematischen Erfassung der relevanten nichtfinanziellen Werttreiber ist allerdings die Darstellung von Zusammenhängen anspruchsvoll, mit der ihre Auswirkungen auf Ergebnis und Unternehmenswert auch quantitativ nachvollziehbar gemacht werden sollen. Aber nur so lassen sich die wichtigsten Hebel zur Wertsteigerung erkennen, um unsere Ressourcen gezielt dorthin lenken zu können".

Währenddessen war der riesige Büroraum im Gebäude der Beratungsfirma mit einer Handvoll Beraterjunkies in Hemdsärmeln bevölkert, die hier für kurze Zeit Zwischenstation beim Wechsel der verschiedenen Projekte machten. Wie Zugvögel auf ihren jährlichen Nord-Süd-Routen, die sich auf Feldern zum Weiterflug sammelten und neue Kräfte schöpften. Und wie besessen vor ihren Laptops hingen, zwischendurch Platten mit Keksen leerräumten und ungenießbaren Kaffee aus dem Automaten kippten. Vorbei die Zeiten des Zigarettenqualms, des Alkohols. Und trotz allem Mineralwasser ein ungesunder Dunst über allem, überreizte Nerven, verstopfte Aterien, das Bild hinter der Fassade des ach so glamourösen Beraterlebens.

Der Senior Manager, trotzdem ein unermüdlicher Promoter, geradezu ein Enthusiast sagte: „Die wichtigsten Vermögenswerte eines Unternehmens, nämlich seine Mitarbeiter, sein Ruf und seine Kunden sind in keiner Bilanz enthalten. Alle fünf Jahre verdoppelt sich das Wissen der Menschheit. Dieser Sachverhalt wird ausgedrückt durch den Begriff der Halbwertzeit des Wissens. Leistungsfähige Mitarbeiter zeichnen sich dadurch aus, dass sie schnell lernen können: jeder einzelne für sich wie auch im Team. Das bedeutet für mich, dass es idealerweise eine Verknüpfung geben muss zwischen dem individuellen Lernen des einzelner Mitarbeiters und dem Lernen des Unternehmens. Mit einer Wissensbilanz kann dargestellt werden, wie man sich entsprechend seinem zur Verfügung stehenden Intellektuellen Kapital positioniert. Im Bilanzierungsbereich wird definiert, welche Bereiche mit der Wissensbilanz betrachtet werden sollen: mit der Wissensbilanz sollen alle immateriellen Kapitalien und Vermögenswerte betrachtet werden. Für das Projekt-Unternehmen als unser potenzieller Kunde geht es um Erlangung von Wettbewerbsvorsprüngen durch Wissensvorsprünge und Identifizierung von Intellektuellem Kapital mit Wissensbilanzen. Grundsätzlich vorteilhaft ist die Erfassung des Intellektuellen Kapitals (Wissen, Kreativität u.a.) vor allem deshalb, weil übliche Bilanzen nur die finanzielle und materielle Vergangenheit widerspiegeln. Zahlen vermitteln den Leuten offenbar ein stärkeres Gefühl der Sicherheit: also wartet jedermann mit ein paar Statistiken und Analysen auf, so sinnlos diese immer auch sein mögen."

Vor dem Projektstart: erst einmal die Ausgangslage klären

Multitasking ist Alltag: wer im Arbeitsleben mehrere Aufgaben gleichzeitig erledigen kann, für den ist das nicht nur schick: er vermeint auch demjenigen weit überlegen zu sein, der Aufgaben sequentiell nacheinander abarbeitet. Es gibt allerdings auch jene, die einer solchen These ernst widersprechen. So wissen Hirnforscher, dass echtes Multitasking dem Menschen überhaupt nicht möglich sei. Denn mit der Aufmerksamkeit verhalte es sich wie mit einem Flaschenhals: muss eine Entscheidung getroffen werden, so sind die zuständigen Nervenzellen beschäftigt und können im Moment keine zweite treffen. Was nur möglich ist: zwischen verschiedenen Aufgaben zu wechseln (der eine schneller, der andere langsamer): das erreichbare Wechseltempo ist auch eine Sache des Trainings. Wenn jemand gezwungen waren, sequentiell zu arbeiten (also eins nach dem anderen zu erledigen), erzielte er meist bessere Ergebnisse als unter Zwang multitaskende Vergleichspersonen. So verursacht Multitasking kognitive Kosten, um sich immer wieder erneut in die alte Aufgabe hineinzudenken, sich Details ins Gedächtnis zurückzurufen um darüber erneut nachzudenken, was man schon herausgefunden hatte. Personen, die sich einen eigenen Arbeitsplan basteln, reiben sich eher zwischen Aufgaben auf und werden dann effizienter, wenn ihnen jemand von außen vorgibt, nicht alles auf einmal zu erledigen.

Im Arbeitsleben kommt es nicht allein darauf an, einen Aufgabe gut zu erledigen: meist spielt auch die benötigte Zeit eine wichtige Rolle. Eine Statistik des Multitasking bringt es ans Licht: Paralleles statt sequentielles Arbeiten braucht durchschnittlich mehr Zeit. Beispiel: Aufgabe 1 dauert vier und Aufgabe 2 dauert acht Stunden. Werden sie sequentiell erledigt, ist man mit Aufgabe 1 nach vier Stunden fertig, mit Aufgabe 2 nach zwölf Stunden. Im Schnitt braucht man im sequentiellen Modus daher acht Stunden je Aufgabe ((4+12)/2). Wird dagegen kontinuierlich zwischen der Erledigung der beiden Aufgaben gewechselt, werden beide erst nach zwölf Stunden erledigt, d.h. im Multitasking-Modus werden im Durchschnitt zwölf Stunden je Aufgabe ((12+12)/2) benötigt. In vielen Fällen wäre man daher gut beraten, nicht immer gleich mit neuen Aufgaben zu beginnen, bevor man bereits begonnene Aufgaben noch nicht erledigt hat.

Die Führungscrew des potenziellen Kunden hatte die Beratungsfirma zu einem Vorgespräch eingeladen. Man wolle ein Projekt Wissen in Angriff nehmen und hierbei gegebenenfalls auf externe Expertise zugreifen können. Der Senior Manager hatte sich bereits schon im Vorfeld auf diese Möglichkeit vorbereitet und machte sich auf den Weg. Die Teilnehmer an der Gesprächsrunde wollten sich gar nicht erst lange mit einem sonst üblichen Vorgeplänkel aufhalten. Dies setzte allerdings eine Vertrautheit voraus, die es so vielleicht gar nicht gab. Es setzte auch voraus, dass man Profi war und sich auch als solcher verhielt. Und mit dem Rhythmus eines anspruchsvollen Projektes, mit komplizierten Sachverhalten vertraut war, selbst wenn dieses Projekt wie hier noch in den Anfängen steckte. Und man war auch dann noch immer aktiv, wenn dies für einfache Angestellte schon nicht mehr in Frage kam: beim Essen, abends, am Wochenende. Auch die restliche Zeit, die „außerbetriebliche", wird auf dem Tennis- oder Golfplatz mit oft hektischen Telefonaten, dem Kampf um lukrative Aufträge oder in Diskussionen über weitere Vorgehensweisen verbracht. Außerhalb jeder zeitlichen Ordnung: es gibt keine Werktage, keine Wochenenden. Es gibt nur kurze Stunden des Schlafs, aber kaum echte Ruhe. Die Normalität von Leuten, die einfach ihr Leben leben, fühlt sich für die Teilnehmer der Runde da schon fast wie ein Vorwurf an. Der schmerzt in den Augen, als wäre man aus einer Matineevorstellung hinaus ins grelle Sonnenlicht getreten. Und im Unbewussten wird das Denken schon von dem nächsten Termin überlagert.

Der Senior Manager will deshalb auch gleich auf den Punkt kommen und fragt an die Führungscrew gerichtet:

„Wie sehen die Ausgangslage und das Geschäftsumfeld aus? Das Geschäftsumfeld beschreibt u.a. Wettbewerber, technologische/ politische Rahmenbedingungen, soziales Umfeld sowie die einzubeziehende Wirtschafts- und Konjunkturlage. Mit Blick auf Möglichkeiten und Risiken im Geschäftsumfeld stellt sich für Ihr Unternehmen somit die Frage, wie es sich entsprechend seinem Intellektuellen Kapital positionieren will (z.B. Konzentration auf wertschöpfende Kernprozesse mit dem größten Kundennutzen). Solche Kernprozesse bilden die Wurzel der Wettbewerbsfähigkeit: darauf aufbauend können Kernleistungen entwickelt werden, die wiederum die Basis für Ihre Wettbewerbsstärke in bestimmten Geschäftsfeldern sein könnte. Es kommt darauf an, die Kernkompetenzen nicht nur zu analysieren und zu beschreiben, sondern aus diesen Ergebnissen auch Konsequenzen für das konkrete Geschäft zu ziehen. D.h. die Umsetzung des Geschäftsmodells muss nicht nur auf der strategischen, sondern auch auf der operativen Ebene gesichert werden. Der Geschäftserfolg hängt stärker denn je von der Fähigkeit ab, sich mit dynamischen Geschäftsprozessen schnell und flexibel auf neue Anforderungen aufgrund eines sich ändernden Geschäftsumfeldes reagieren zu können".

Auch innerhalb der Beratungsfirma zeigt man von verschiedenen Seiten wie den Steuerexperten und

Wirtschaftsprüfern unverhohlen Interesse an dem hoffentlich bald ins Haus stehenden Projekt Wissen, denn nicht umsonst hat man ein Gespür für zukünftige aus dieser Quelle vielleicht noch kräftig sprudelnde Honorarumsätze, geradezu eine Wohltat für die eigenen Boni. Der Consultant sagt zu seinen Kollegen: „Wenn das Projekt-Unternehmen Erfolg haben will, muss es seinen Markt richtig einschätzen können und auch die Stärken und Schwächen seiner Konkurrenten kennen, die Eindrücke und Meinungen potentieller Kunden, die sozialen und politischen Entwicklungen im Lande. Denn das Projekt-Unternehmen muss die Bedürfnisse seiner Kunden befriedigen und kann nicht nur einfach Produkte herstellen. Es ist damit unabdingbar, dass man sein Umfeld nicht nur genau beobachtet sondern auch versteht (das Umfeld fährt mit auf dem Karussell des Wandels)".

Der Kollege antwortet ihm: „D.h. das Projekt-Unternehmen kann sich nur über eine ständige und kreative Umfeldbeobachtung richtig im Markt positionieren. Sein Augenmerk muss es dabei insbesondere auf qualitative Aspekte legen (quantitative Analyse und Studien gibt es im Überfluss). Erst durch eine derartige Marktüberwachung erlangt das man das Wissen darüber, wie empfänglich die Kunden für Veränderungen und Neues sind und welche mentalen

Hindernisse gegebenenfalls erst noch überwunden werden müssen, man entwickelt ein besseres Gespür für Erwartungen der Kunden, deren Kenntnisstand und Informationsbedarf".

Im Besprechungsraum des Mandanten fährt der Senior Manager fort: „Vor Beginn eines solchen Projektes für eine Wissensbilanzierung sollte sich Ihr Unternehmen nochmals folgende grundsätzliche Fragen vorlegen: in welchem Geschäft sind wir tätig? agieren wir in einem etablierten Markt? auf welchen Gebieten sehen wir Stärken und Schwächen? wie schätzt nach unserer Meinung das Zielpublikum unsere Stärken und Schwächen ein? wer sind unsere Konkurrenten und was sind deren Stärken und Schwächen? welche Richtung wollen wir kurzfristig und langfristig überhaupt einschlagen? welches sind die Schlüsselfaktoren für unseren Erfolg? wie lange werden wir brauchen, um im Zielmarkt bzw. -segment unsere Strategien durchzusetzen? welche Trends sehen wir in unserem Zielmarkt und wie beurteilen wir diese? Mit dem Geschäftsumfeld werden grundsätzlich Bereiche wie beispielsweise Absatz- und Beschaffungsmärkte, Wettbewerber, technologische und politische Rahmenbedingungen, soziales Umfeld oder aktuelle Konjunkturlage beschrieben. Es geht um die Frage, welche Chancen und Risiken Ihr Unternehmen für sein Geschäft sieht. Bezüglich des Projektes könnten auch folgende Umfeldbedingungen von Bedeutung sein: globale Veränderungen, Umwälzungen, Anpassungsprozesse, Wandel von Produktions- zu Wissensstandorten, Wettbewerbsintensität nimmt ständig zu bis hin zum Ausscheidungs- und Verdrängungswettbewerb. In jedem Fall ist sicher: für seine Zukunft müssen Sie mit einem herausfordernden Geschäftsumfeld rechnen, das Ihnen auch kaum die Wahl lassen wird, erst einmal abzuwarten".

In Ergänzung zu diesen Fragen hatte der Senior Manager für den potenziellen Auftraggeber bereits eine Reihe weiterer Fragen in einer Art Checkliste erarbeitet: „Welche Chancen und Risiken beeinflussen das Geschäft? Welche aktuellen Entwicklungen im Geschäftsumfeld (z.B. neue Wettbewerber, neue Technologien, neue Gesetze) gibt es? Wie sieht der Markt für potentielle, zukünftige Mitarbeiter aus? Wie ist die wirtschaftliche Wettbewerbssituation? Welche Chancen gibt es, um sich am Markt zu verbessern? Welche Risiken liegen im Geschäftsumfeld, die das Geschäft negativ beeinflussen können? Wie sind die Absatzmärkte? Wie sind die Beschaffungsmärkte? Welche Wettbewerber gibt es? Wie sind die technologischen Rahmenbedingungen? Gibt es politische Rahmenbedingungen, die beachtet werden müssen? Wie sieht das soziale Umfeld am Standort des

Unternehmens aus? Wie ist die aktuelle Konjunkturlage allgemein/ der Branche? Vision: Was will das Unternehmen erreichen? Welche Position am Markt will das Unternehmen einnehmen? Welche übergeordneten, langfristigen Ziele sollen verfolgt werden? Gibt es eine explizite Unternehmensvision? Strategie: Welche Strategie wird verfolgt? Was hat das Unternehmen in der Vergangenheit stark gemacht? Welches Wissen wird konkret benötigt und ist unbedingt notwendig, um am Markt erfolgreich zu sein? Wie muss das Wissen in Bezug auf Kunden und Wettbewerbsfähigkeit entwickelt werden? Welche neuen Produkte oder Geschäftsfelder sollen in Zukunft auf-/ ausgebaut werden? Welche Bereiche sollen zurückgefahren/ abgeschafft werden? Gibt es Unterlagen bezüglich eines Leitbildes?"

Der Unternehmensplaner auf die gleich darauf folgende Frage: welche Vision hat das Unternehmen für sein Intellektuelles Kapital?: „Eine Vision soll doch immer eine veränderte Situation beschreiben, die stark von den augenblicklichen Gegebenheiten abweicht: sie soll weit mehr als nur eine Extrapolation der Gegenwart sein. Es wird eine neue Welt angestrebt, die Begeisterung auslösen sollte. Was die Vision vom Plan abhebt, ist immer auch ein Stück gewollte und herbeigesehnte Zukunft. Denn Geschäftserfolge sind kein Zufall. Sondern ambitionöse Ziele sind das Fundament, auf dem sich große Erfolge aufbauen lassen: am Anfang steht immer eine Vorstellung von der Zukunft. D.h. meistens wird mit einer solchen Vision etwas angestrebt, was heute noch Seltenheitswert hat und stark von den Intentionen der Mehrheit differenziert. Die Vision ist quasi der geistige Vorreiter des Management by Change. Insofern erfüllt die Wissensbilanzierung mit der Identifizierung und Bewertung des Intellektuellen Kapitals sicher die Kriterien einer konkreten Vision".

„Unsere Vision beschreibt die langfristigen Ziele unseres Unternehmens und ist die Grundlage für eine tragfähige Strategie. Es geht um die Frage, welche langfristigen Ziele von uns verfolgt werden und wie wir uns langfristig positionieren wollen. In unserem Fall wird unter anderem angestrebt, mit Hilfe der Wissensbilanzierung die Kommunikation mit dem Geschäftsumfeld zu intensivieren und zu verbessern. Der von uns hierbei erwartete Nutzen: Ermittlung des Stellenwertes immaterieller Ressourcen für den Geschäftserfolg (Priorisierung von Aktivitäten, Maßnahmen u.a.) und Konzentration auf den Kunden (bessere Ausrichtung auf die Wertschöpfung durch Wissen über Kundenbedürfnisse)".

Bevor Visionen in wirkungsvolle Strategien umgesetzt werden können, müssen die erforderlichen Voraussetzungen geschaffen werden, d.h.

beispielsweise: Analysen des Marktvolumens, der Zukunftschancen auf ausgewählten Zielmärkten, der Aktivitäten der Mitbewerber. Aus Projekten in der Vergangenheit lassen sich bereits aus den zugehörigen Dokumentationen einige Hinweise herauslesen: das Projekt-Unternehmen will sich zunächst vergewissern, wie es im Verhältnis zum Wettbewerb und zum eigenen bzw. potenziellen Kundenkreis steht. Erst wenn die eigenen Stärken und Schwächen bekannt sind und diese zu Mitbewerbern ins Verhältnis gesetzt wurden, entsteht eine ausreichend tragfähige Basis für die gezielte Entwicklung von Strategien. Von dem Projekt-Unternehmen werden folgende Grundsätze angestrebt: Konzentration der Kräfte, Ausbau von Stärken, Abbau von Schwächen, Ausschöpfen von Marktpotenzialen und -chancen, Existenz-/ Wachstumssicherung durch Innovationen (time-to-market), Abstimmung von Zielen und Mitteln, Forward-Marketing und Risikocontrolling, Ausnutzung von Koalitionsmöglichkeiten (Zusammenarbeit, Kooperationen), KISS (keep it simple and stupid), Beharrlichkeit, Nachhaltigkeit.

In einer kurzen Pause umringen die Projektmitglieder, soviel Theorie macht durstig, in Zweiergespräche vertieft den Kaffeeautomat. Member1: „Wer wie ich ist, der ist mein Freund; wer nicht wie ich ist, der ist mein Feind? Funktioniert das so? Member 2: „Stimmt genau, wer sich zumindest ähnlich ist, tickt gleich, hat gleiche Interessen, gleiche Werte und Vorlieben. Und fügt sich auch besser in unser Projektteam ein". Member 1: „ Ob man es glaubt oder nicht: Studien haben gezeigt, dass ein Kauf umso wahrscheinlicher wird, je ähnlicher sich Verkäufer und Käufer sind. Vermutlich ein Erbe aus Urzeiten, als die Zugehörigkeit zu einem Stamm noch lebenswichtig war". Member 3 klinkt sich in das Gespräch ein:"Vielleicht sollten wir unsere Kunden danach aussuchen, ob sie so sind und ticken wie wir?" Allgemeines Gelächter. „Menschen interagieren nun einmal mit Menschen, und nicht mit Brieftaschen oder Kontoauszügen!"Member 1:"Besonders wenn es um Geld, Investoren und solche Sachen geht, kann es nicht verkehrt sein, wenn die Verhandlungspartner gegenseitig über möglichst viele Informationen verfügen. Jede Verhandlung auf einer guten Vertrauensbasis kann davon nur profitieren".

Konkret auf das Projekt Wissen bezogen wurden für die Überarbeitung des Leitbildes zunächst nicht nur betriebswirtschaftliche Daten und Prozesse, sondern auch Einstellungen und typische Verhaltensmuster von Mitarbeitern und Führungskräften sowie Kommunikationsformen analysiert. Die zentrale Frage lautet nach wie vor: wie kann die Transformation von Potential in Leistung sichergestellt werden? Vor allem anderen kommt es dabei darauf an, Mitarbeiter fair zu behandeln: Verhalten und Leistungen der Mitarbeiter hängen stark davon ab, ob sie sich gerecht behandelt fühlen. Immer dann wenn Mitarbeiter das Gefühl haben, dass ihre Vorgesetzten fair mit ihnen umgehen, sinken meist auch Krankenstände, Fluktuation (gleichzeitig steigt die Bereitschaft, sich für das Unternehmen zu engagieren). Wenn sich das Projekt-Unternehmen nunmehr intensiv mit Fragen der Wissensbilanzierung auseinandersetzt und bereit ist, mit der Erstellung einer Bilanz für das Intellektuelle Kapital quasi Neuland zu betreten, so erfüllt es damit die oben skizzierten Vision-Grundsätze.

Es geht darum, nicht nur regulatorische Vorgaben (Grundsätze des Leitbildes gelten zunächst als "nur weiche" Verhaltensregeln) zu erstellen: es darf nicht vergessen werden, die eigenen Regeln auch zu verinnerlichen und in fundierte geschäftliche Praxis umzusetzen. Die gelebte Unternehmenskultur trägt entscheidend dazu bei, die in den Mitarbeitern des Unternehmens vorhandenen Potenziale an Kreativität, Zusammengehörigkeit, Kundenorientierung, Lernbereitschaft und Flexibilität zu aktivieren. Den Mitarbeitern soll das Leitbild von Anfang an begreiflich gemacht werden. Es soll vermieden werden, dass dem Leitbild zu wenig Beachtung geschenkt wird und der Eindruck entsteht, dass das Leitbild im Alltagsgeschäft keine Rolle spielt (Mitarbeiter meinen, dass Papier geduldig ist).

Das Leitbild muss zum aktiv gelebten (vor allem seitens der Führungskräfte mit Vorbildfunktion) Bestandteil der Unternehmenskultur werden, d.h. das Wertesystem muss im Unternehmen auch tatsächlich "gelebt" werden, ansonsten bleibt es im Wettbewerb eine stumpfe Waffe. Ein aktiv gelebtes Leitbild wirkt sich positiv nicht nur auf Geschäftsprozesse, sondern auch auf die Kosten- und Ertragsstruktur des Unternehmens aus: eine auf festen Wertvorstellungen ruhende Geschäftsstrategie gibt den Mitarbeitern das Gefühl, einen nützlichen Beitrag zum Geschäftserfolg zu leisten. Feste Wertvorstellungen zwingen zu einem stetigen Überdenken der Unternehmensziele, der Geschäftserwartungen und der Handlungsspielräume. In diesem Kontext wird das Leitbild zu einem hohen strategischen Gut und damit Orientierungsrahmen auch für das Projekt Wissen.

Vor seinem geistigen Auge geht der Senior Manager hierzu noch einmal einige Prüf- und Kontrollschritte durch. Systematisch betrachtet ließen sich nach seiner Erfahrung bei der Erstellung/ Wirkung eines Leitbildes immer wieder mehrere Fehlerkategorien ableiten. So neigt man leicht dazu, ein Leitbild zu ausführlich zu formulieren: bei dem Versuch, nichts Wichtiges unerwähnt zu lassen, entsteht der Eindruck der Beliebigkeit. U.a. leiden Leitbilder an mangelnder Kompaktheit, so dass sie wegen ihrer Ausführlichkeit nicht mehr konturenscharf wahrnehmbar sind. Neben der Tendenz zum "Zuviel-Gewollt" werden Leitbilder z.T. auch durch eine allgemeine Inhaltsleere geprägt. Man spürt, dass ein Leitbild im Kompromiss von zu vielen unterschiedlichen Meinungen und Interessen entstanden ist: wie oft auch in der Politik fehlt dem kleinsten gemeinsamen Nenner dann das scharfe, unverwechselbare Profil. Ein Leitbild sollte das in Worte fassen, was ein Unternehmen attraktiv, einzigartig und damit anfassbar macht. Mit einem zu unscharfen, allgemeinen Leitbild fehlt die unternehmensspezifische Ausprägung, d.h. derselbe Text könnte auch von dem Wettbewerber X oder Y stammen. Bei fehlendem Unternehmensbezug können abstrakt formulierte Leitlinien nicht dazu beitragen, Mitarbeitern, Kunden, Lieferanten u.a. die spezielle Kultur des Unternehmens verbindlich näher zu bringen. Bei sogenannten kalten Leitbildern (d.h. wie aus dem Lehrbuch abgeschrieben) ersetzen wunschgetränkte Theoriepapiere die Abbildung der tatsächlichen Zustände: es fehlt an Herzblut. Viele Leitbildtexte verharren im Allgemeinen und vermeiden das Bekenntnis zur Leistungskultur: Leitbilder sollen ja binden und zu mehr Leistungen inspirieren. Ein Leitbild verbessert die tägliche Lebenswelt im Unternehmen aber nur, wenn das Gedankengut auch wirklich im täglichen Handeln verankert wird. Merkmale eines sprachlich brillant formulierten Leitbildes sind u.a.: Kürze, Eindeutigkeit und Unverwechselbarkeit.

Der General Manager behielt jederzeit die Kontrolle über den Gesprächsverlauf und glänzte durch ein kaum merkliches Mienenspiel, eine leicht erhobene Hand, ein halbes Abwenden. Es war nicht genau zu definieren, was er und vor allem wem signalisieren wollte. Fast schien es, als könnte er manche der Ausführungen als indirekten Angriff auf eine ihm vielleicht unterstellte Unwissenheit auslegen. Als eine aufziehende Gewitterfront, die seinen ansonsten so sonnigen Tag bedrohte. „Sehr interessant, auf jeden Fall müssen wir in dieser Richtung weitermarschieren", brachte er lahm hervor. Dabei strich er um die auf dem Konferenztisch angebotenen Platten mit vielen leckeren Häppchen herum, konnten sich aber nicht entscheiden. Er griff nach einem Sandwich, bezwang sich, wählte einen Apfel. Knackig wie der vergiftete Apfel in Scheewittchen vertilgte er ihn dennoch und erklärte kauend: "Es ist immer das Ungewisse, d.h. die sogenannten „weichen" Faktoren, die Märkte vorantreiben. Statistische Daten vermitteln mit ihrer vorgegaukelten Sicherheit meist nur ein falsches Bild, d.h. wir müssen uns über den Weg der Wissensbilanz die Sensibilität für Veränderungen bewahren. Wenn wir uns einzig auf materielle Faktoren verlassen, werden wir träge und weniger sensibel gegenüber Marktveränderungen. Als wissensintensives Unternehmen setzen wir in dieser schnelllebigen Zeit daher für unsere Zukunft vor allem auf erfolgsrelevantes Wissen, d.h. immaterielle Vermögenswerte, über die i.d.R. wenige oder keine verlässliche Daten vorliegen. Das Gefühl für den Markt muss in einer Kombination aus Intuition und scharfem Gespür entwickelt werden (man muss den Markt erleben und einatmen). Um Business-Probleme und -Entscheidungen nicht einfach aus dem Bauch heraus anzugehen, müssen wir unsere zweifellos erheblichen immateriellen Ressourcen systematischer steuern und entwickeln. Bei solchen qualitativen Informationsprozessen muss man sich vor allem um Verhaltensweisen, Trends und Zusammenhänge kümmern"

Plötzlich geriet alles in Bewegung, Papiere wurden zusammengeräumt und man wurde sich schnell einig, sich auf einen nächsten Termin zu vertagen.

Sind alle auch wirklich fit für das Projekt?

Zeiten der Transformationen sind Zeiten des (kontrollierten) Übergangs, die an Führungskräfte wie Mitarbeiter gleichermaßen besondere Anforderungen stellen und viel (zusätzliches) Wissen verlangen. Technologischer Wandel (Digitalisierung, Internet der Dinge, Industrie 4.0, Vernetzung der Produktion, Online-Handel, Big Data u.a.) stellt sich die hierauf anpassenden Transformationen vor große Herausforderungen. Sowohl Industrie und Handel als auch Dienstleistungsbranchen werden hiervon erfasst. Es geht nicht nur um Weiterentwicklungen von Produkten, sondern um eine teilweise völlig neue Gestaltung ganzer Angebotspaletten und Organisationssysteme: die Digitalisierung verändert die Grundpfeiler von Wirtschaft und Gesellschaft. Die Veränderungsprozesse der Digitalisierung lassen sich nicht als abgeschlossenes Projekt handhaben, sondern müssen als immerwährende Aufgabe gesehen werden. Ein Transformationsmanager muss daher immer wachsam und sensibel für sein Umfeld sein und muss den richtigen Zeitpunkt zum Handeln bestimmen können: die Transformation vom analogen zum digitalen muss bewältigt werden. Von Nachteil wäre ein exzessiver Wandel, in dem sich Prozesse unkontrolliert überlagern: ein Transformationsmanager sollte (muss) genau wissen (erkennen), wie viel Wandel zumutbar und beherrschbar ist. Voraussetzungen für erfolgreichen Wandel sind u.a.: in jedem Fall die besten Leute halten, über ein ausreichendes Finanzpolster (falls nicht vorhanden, könnte dies allein schon für Schwierigkeiten sorgen) verfügen können. Es gibt wohl keinen Königsweg für die beste und sicherste Transformation: immer aber zählen Kompetenzen und Erfahrungen zu den Schlüsselfaktoren. Transformationen sind häufig auch mit Durststrecken verbunden: es kommt darauf an, diese personell, motivatorisch und finanziell durchzustehen.

Mittlerweile war für das Projekt Wissen der Vertrag über eine Zusammenarbeit zwischen Projekt-Unternehmen und Beratungsfirma geschlossen worden. Man konnte also an die Arbeit gehen. Die Erstellung einer Wissensbilanz ist kein einmaliger Vorgang, der sich lediglich auf eine kurze Momentaufnahme beschränkt. Vielmehr geht es um ständige Lernprozesse. Begonnen wird mit der Benennung des Projektleiters, der Zusammenstellung des Projektteams und einer Zeit- und Terminplanung. Es muss ein Projektleiter benannt werden, der die zeitlichen Kapazitäten hat, um das Wissensbilanz-Projekt optimal zu betreuen. Das interne Projektteam sollte einen Querschnitt des Unternehmens abbilden und ca. 3-5 Mitarbeiter umfassen. In einem ersten Schritt wird jetzt konkret die Ausgangssituation erfasst und dokumentiert (=Startpunkt der

Wissensbilanzierung: Chancen und Risiken im Geschäftsumfeld, aktuelle strategische Ausrichtung). Das Projekt läuft in folgenden Schritten ab: 1. Geschäftsmodell mit Einflussfaktoren beschreiben, 2. Intellektuelles Kapital definieren, 3. Intellektuelles Kapital bewerten, 4. Indikatoren erheben und zuordnen, 5. Wirkungszusammenhänge erfassen, 6. Wirkungsnetz analysieren, 7. Maßnahmen ableiten, 8. Wissensbilanz finalisieren.

Man stimmte sich ab, in einem Workshop mit dem Wissensbilanzteam möglichst vollständig alle Einflussfaktoren zu identifizieren, die irgendwie den Geschäftserfolg des Projekt-Unternehmens beeinflussen können. Die Faktoren und deren Wichtigkeit sollen diskutiert werden und dann eine Zusammenstellung aller relevanten Einflussfaktoren erarbeitet werden. Die wichtigsten Einflussfaktoren aus den Dimensionen des intellektuellen Kapitals, der Geschäftsprozesse und -erfolge sollen mit einer detaillierten Definition hinterlegt werden.

Der Senior Manager erarbeitet einen ersten Arbeitsplan: „Im Rahmen einer zielgerichteten Vorgehensweise sind zunächst Prozesse auszuwählen: Bestimmung der für die Umsetzung relevanten Prozesse, Konzentration auf die wichtigsten unter ihnen. Detaillierte Analyse der Prozesse (Analyse der in einzelnen Prozessschritten anfallenden Tätigkeiten und Nutzen, die sie dem Kunden oder Interessenten bieten, Identifizierung des für jeden Prozessschritt erforderlichen Wissens). Kennzahlen definieren: Bestimmung von Kennzahlen, die eine Steuerung der analysierten Prozesse ermöglichen, Bestimmung geeigneter Messmethoden für die entsprechenden Kennzahlen. Analyse von Verknüpfungen: welche Kennzahlen beeinflussen sich gegenseitig (Ursache-Wirkungs-Netzwerke). Festlegung von Verantwortlichkeiten für Beobachtung und Steuerung der Kennzahlen. Die Analyse der Verknüpfungen der Kennzahlen ergibt ein erkenntnisreiches Kausalnetz von Früh- bis hin zu darauf aufbauenden Spätindikatoren.

Aus den Analyseschritten werden Maßnahmen abgeleitet. Vorgehensweise: Konzentrieren auf die zuvor identifizierten Einflussfaktoren mit dem größten Entwicklungspotenzial. Ziel: Intellektuelles Kapital weiter entwickeln, um den Geschäftserfolg zu steigern. Die operative Umsetzung der Maßnahmen ist nicht mehr direkter Bestandteil der Wissensbilanz. Die Wissensbilanz hilft, die besten Maßnahmen zu planen, auf die richtigen Faktoren auszurichten und insbesondere den Maßnahmenerfolg in nachfolgenden Bilanzierungszyklen immer wieder zu überprüfen und mittels Indikatoren zu messen."

Auch der Consultant, den der Senior Manager aus dem Beraterpool seiner Firma in das Projekt beorderte war kein Freund von Langsamkeit. Ein schüchternes, abwägendes Leben Schritt für Schritt war nicht sein Ding. Er wollte sich nicht hinten anstellen wie ein Beamter, um mit den Jahren in kleinen Dosen dem Rampenlicht näher zu kommen. Skeptische Halbherzigkeit langweilt ihn, er liebte eher den Auftritt vor Publikum. Vor allem wollte er sich nicht in eine gefühlte (oder reale) Abhängigkeit von anderen begeben oder langsam hineinziehen lassen. Wissen ist Macht, sagte er sich. Und beschloss in einer Leistungsgesellschaft wie dieser auch danach zu handeln. Er kümmerte sich daher sofort um eine Abstimmung und Festlegung der Bilanzierungsbereiche. Um für das Projekt erst einmal eine solide Basis zu schaffen: "Für die erstmalige Erstellung einer Wissensbilanz muss bedacht werden, welche Teile der Organisation man hierfür auf den Prüfstand stellen sollte, d.h. es empfiehlt sich eine Wissensbilanz beispielsweise nach Standorten, Funktionen, Märkten, Prozessen u.a. zu unterscheiden, d.h. abzugrenzen. Nur wenn man seine Ressourcen fokussiert, wird man Geschäftserfolge nachhaltig realisieren. Die Definition des Spielfeldes selbst ist Bestandteil dieser Fokussierung."

Die detaillierte und umfassende Identifizierung von Intellektuellem Kapital ist ein Muss, weil übliche

Bilanzen nur die finanzielle/ materielle Vergangenheit widerspiegeln. Es geht um Erfolgssteigerung für wissensintensive Unternehmen durch Ausschöpfung immaterieller Vermögenswerte, über die in der Regel wenige oder keine verlässliche Daten vorliegen. Fitness-Check mit Sicht der Wissensbilanz von außen und innen: um für die Wissensbilanz einen optimalen Erstellungsprozess und Kosten-/ Nutzen-Effizienz zu gewährleisten ist vorab zu prüfen, ob einige Eignungs-Voraussetzungen gegeben sind. Es ist zu analysieren: welcher (messbare) Nutzen kann mit Hilfe der Wissensbilanz erzielt werden? Welche Ziele können/sollen mit der Wissensbilanz realisiert werden? Welche Erfolgsaussichten sind aus einem Projekt "Wissensbilanzierung" zu erwarten? Sind die notwendigen Voraussetzungen für ein erfolgreiches Wissensbilanz-Projekt erfüllt? An welchen Voraus-setzungen für die Wissensbilanzierung muss noch gearbeitet werden?

Zusammen mit dem General Manager des Projekt-Unternehmens geht der Senior Manager Schritt für Schritt eine Fitness-Checkliste durch: „Sind viele der Mitarbeiter des Unternehmens mit intellektuell anspruchsvollen Tätigkeiten beschäftigt? Hat sich das Unternehmen bereits früher mit Prozessmodellen, Balanced Scorecard o.ä. beschäftigt? Wird die Wissensbilanzierung durch die gesamte Führungsmannschaft gewollt und unterstützt? Ist Ihr Unternehmen bereit, Zeit und Ressourcen für die Wissensbilanzierung bereit zu stellen? Wird die Wissensbilanzierung auch bei Ihren Mitarbeitern als wichtiges Projekt gesehen? Können Mitarbeiter aus unterschiedlichen Bereichen des Unternehmens in die Wissensbilanzierung einbezogen werden? Kann man jederzeit offen und konstruktiv über alle Stärken und Schwächen diskutieren? Ist die Führungsmannschaft offen für Vorschläge und Veränderungen? Werden "weiche Faktoren" als wichtige Erfolgsfaktoren anerkannt? Wurden schon Zukunftsthemen angesprochen und bereits diskutiert? Liegt eine dokumentierte und kommunizierte Geschäftsstrategie vor? O.a. 11 Fragen müssen jeweils mit Ja (=1) oder Nein (=0) beantwortet werden. Dann werden diese Punkte summiert und durch die Anzahl Fragen (=11) dividiert. Das Ergebnis in % drückt die Chance für eine erfolgreiche Wissensbilanzierung aus".

Insgeheim wandern die Gedanken des General Manager gerade mal wieder in einen ganz andere Richtung: „Gewiss nicht die geringste oder schlechteste Errungenschaft des Bürgertums ist ein kultureller Gesellschaftsvertrag der da beinhaltet: schmeiße ich Dir keinen Dreck hin, schmeißt auch Du mir keinen hin. Erst eine solche Einigung des Ausgleichs machte mit zunehmender Verstädterung ein Zusammenleben erträglich. Es gibt zunehmend Leute, die einen solchen Gesellschaftsvertrag nicht mehr anerkennen. Durch achtloses Wegwerfen wird die Verantwortung für den eigenen Müll abgelegt. Trotz öffentlicher Mülleimer, Papierkörbe und Annahmestellen der Kommunen vermüllen Parks und Plätze nach Veranstaltungen. Verdrecken ist asozial. Ohne soziale Kontrolle geht daher nichts".

Es ist die Strategie, die den kritischen Weg bestimmt – ein modernes Märchen der Erleuchtung

Der General Manager schwankte, welchen Weg er nun wirklich einschlagen sollte. Die Entscheidung war heikel, denn es waren beide Wege ohne Umkehr. Er hätte eine Münze werfen können, so sehr hielt sich das Für und Wider die Waage. Aber eine solche mehr auf Zufall basierende Entscheidung ging wie jede Form von Wahrsagerei seinem unabhängigen Naturell zu sehr gegen den Strich, um sie ernsthaft in Erwägung zu ziehen. Er hatte das unbestimmte Gefühl, auf einer absehbaren Schiene direkt ins Nichts zu fahren. Er wollte abspringen und das Geheimnis seines beruflichen Erfolges, die Veränderungs- und Risikobereitschaft, auf das gesamte Projekt hin ausweiten. Nachdem ihm dies klar geworden war, fiel jeder selbstquälerische Zweifel von ihm ab. Er öffnete eine Flasche von seinem besten Wein und zelebrierte für sich ein Abendessen, innerlich jetzt ganz entspannt wie lange schon nicht mehr. Und während er ausgiebig aß und trank, zappte er sich seelenruhig und mit Spaß an der Zerstreuung durch die Fernsehprogramme.

Um die Materie etwas aufzulockern gibt der Senior Manager im Rahmen der nächsten Projektsitzung die kleine Geschichte eines modernen Märchens zum Besten: „Mit welchen Planungs- und Steuerungsinstrumenten können Sie Ihre Vertriebs-Performance verbessern? Auch hier beginnt der Planungsprozess mit der Analyse der aktuell zur Verfügung stehenden Ist-Informationen. Dies ist im Rahmen der Vertriebsplanung eine Bestandsaufnahme der aktuellen Kundenstruktur, der Produktpositionierung, der Marktdaten und der eigenen Vertriebspotentiale. Aus diesen Informationen können unter Einbeziehung der geschäftspolitischen Visionen und Ziele strategische Vertriebsziele entwickelt werden: diese sind anschließend in die operative Vertriebsplanung umzusetzen. Mit dem Instrumentarium der Vertriebsplanung soll der Verkauf unterstützt werden, um Trends frühzeitig zu erkennen, Produkte wettbewerbsgerecht zu positionieren, hohe Rentabilität und Deckungsbeiträge zu sichern sowie Erfolgs- und Gewinnpotentiale für die Zukunft aufzubauen. Darüber hinaus bilden Daten und Informationen aus dem Vertriebscontrolling die Basis für die strategische Ausrichtung des Gesamtunternehmens, nicht zuletzt auch durch ein Aufzeigen interessanter Märkte und Geschäftsfelder. Ein modernes Märchen der Erleuchtung in wenigen Schritten: Marktanteil sinkt drastisch. Verkäufer schlecht? Preis zu hoch? Brauchen wir mehr Verkäufer? Finanzchef blockt ab. Stillstand = Rückschritt! Wir denken zu wenig in Märkten. Die Konkurrenz schläft nicht. Wer sind unsere Kunden? Marketinglösung? Neue Ideen für die Entwicklung.

Vertrieb ist begeistert. Schulterschluss in Richtung Markt. Die Lösung: abteilungsübergreifendes Handeln. Eine Lösung, die auch dem Projekt Wissen gut zu Gesicht stehen würde".

Der Stratege ist froh, ebenfalls in das Projekt Wissen eingebunden zu sein und sagt: „Unter günstigen Verhältnissen kann jeder Erfolg haben. Unter widrigen Verhältnissen aber bestimmen unternehmerische Kompetenz und eine gute Strategie die Erfolgschancen. Eine Strategie ist immer dann gut, wenn mit einem solchen ganzheitlichen Konzept Wettbewerbsvorteile erarbeitet und gute bzw. überdurchschnittliche Renditen erwartet werden können. Eine gute Strategie muss Fragen beantworten wie: in welchem Markt sind wir? welche Märkte schließen wir aus? Eine gute Strategie muss herausfinden, ob der Markt Eintrittsbarrieren hat, die uns erlauben, das zu tun, was andere nicht können (in Märkten ohne Eintrittsbarrieren zählt allein die operative Effizienz). Die Strategie bestimmt den "kritischen Weg", d.h. die zeitliche Abfolge und Dauer von Tätigkeiten. Eine gute Strategie darf nicht durch "Personen der Negative" verzerrt werden, sondern muss durch Leadership vorgelebt werden (Strategy follows people, the right person leads to the right strategy). Eine gute Strategie ist zwar einfach, jedoch nicht so dass jeder Konkurrent sie sofort durchschauen kann.

Strategie ist niemals schematisches Handeln, sondern immer ein sehr komplexes und dynamisches Vorbereitetsein, um neue und unerwartete Potenziale nutzen oder schlecht kalkulierte Risiken abwenden zu können. Wenn man nicht weiß, wohin man geht, endet man leicht anderswo!"

Voraussetzung für den Geschäftserfolg sind klare Ziele und eine Strategie, mit deren Umsetzung die Chancen und Risiken des Branchen- und Wettbewerbsumfeldes mit den jeweiligen Stärken des Unternehmens kombiniert werden. Oberstes Ziel ist es, sich in einer sich verändernden Wirtschaftswelt zu behaupten, die Ressourcen der Wissensgesellschaft optimal zu nutzen sowie den Transfer von geistigem Kapital in marktfähige Produkte zu optimieren. Die Strategie beschreibt zukünftige Aktionen. Es geht um die Frage wie das Geschäft und Intellektuelle Kapital entwickelt werden müssen, um die Vision zu erreichen.

So hat denn der Stratege, den Blick immer vorausschauend in die Zukunft gerichtet, für das Projekt Wissen bereits die zugehörige Geschäftsstrategie des Projekt-Unternehmens formuliert:" 1. Wissensvorsprung gegenüber anderen erzielen, sichern und ausbauen. Dabei kommt es nicht nur darauf an, eine Wissensbilanz zu erarbeiten: diese soll auch in die Realität umgesetzt werden, indem aus den zu identifizierenden

Entwicklungspotenzialen konkrete Maßnahmen abgeleitet und umgesetzt werden. 2. Schnelligkeit, Flexibilität (Speed-Management): Im Geschäftsmodell unseres Unternehmens ist Schnelligkeit meistens gleichbedeutend mit Erfolg. Als sich entwickelndes Wissensunternehmen beginnen wir mit einer Vision und Konzeption und bewegen diese immer schneller und besser durch die Wertekette hindurch zum Kunden. Dabei wird ermittelt, wo in der Kette der Mehrwert am größten ist, um an genau dieser Stelle anzusetzen und entscheidende Wettbewerbsvorteile herauszuarbeiten. 4. Wir wollen die Gestaltungsfelder im Wissensmanagement als Motor für unser zukünftiges Wachstum einsetzen. Dies bedeutet "Turning Knowledge into Cash", d.h. dem bei uns direkt vorhandenen Wissen soll ein monetärer, materieller und informationsbezogener Austauschwert verliehen werden (Umwandlung von Wissen in Wertschöpfung). 5. Über den Weg zur Erstellung einer Wissensbilanz sollen Stärken potenziert und Schwächen eliminiert werden. Für uns gilt hierfür folgender Ziel-Katalog: 1. Produktqualität, 2. Effizienzsteigerung der Unternehmensführung, 3. Verbesserung der Mitarbeitermotivation, 4. Steigerung des Marktanteils, 5. Verringerung der Produktentwicklungszeit, 6. Verbesserung Kommunikation, 7. Verbesserung Lieferservice, 8. Verbesserung After-Sales-Service, 9. Verbesserung Liefertreue, 10. Flexibles Eingehen auf

Kundenwünsche, 11. Verbesserung Datentransfer mit Kunden/ Lieferanten, 12. Verbesserung Auftragsdurchlaufzeit.

Der Wissensmanager will hierbei aus seiner Sicht mögliche Gestaltungsfelder des Wissensmanagements ausloten: "Für das Wissensmanagement besteht die Hauptaufgabe darin, Wissen zu erzeugen, zu dokumentieren, auszutauschen und anzuwenden. Dabei geht es nicht nur darum, die in Datenbanken und anderen Medien vorliegenden Informationen zusammenzuführen. Ebenso wichtig ist es, die in den Köpfen unserer Mitarbeiter gespeicherten Informationen für den Informationsprozess verwertbar zu machen. Zu unterscheiden ist zwischen explizitem Wissen, das sich anhand von Regeln abbilden lässt und implizitem Wissen, das sich aus der Problemlösungskompetenz und dem Erfahrungsschatz der Mitarbeiter zusammensetzt. Unser Unternehmen möchte sich hierbei das intuitive Gefühl für Markttrends und -meinungen erhalten, d.h. wir wollen zwar Zahlen Beachtung schenken, wollen uns aber nicht von ihnen beherrschen lassen. Zu den Gestaltungsfeldern des Wissensmanagements zählen Wissensziele, Wissensidentifikation, Wissensbewertung und -messung, Wissenserwerb, Wissensentwicklung, Wissensspeicherung/ -bewahrung und Wissensnutzung und -verteilung.

Wissensziele: stimmen die Aktivitäten des Wissensmanagements auf die Gesamtziele des Unternehmens ab, u.a. durch Festlegung konkreter Ziele für alle Gestaltungsfelder. Um im Fähigkeitenwettbewerb bestehen zu können, müssen Kompetenzen aufgebaut und weiterentwickelt werden, Wissensvorsprünge müssen in konkrete Nutzungsstrategien umgesetzt werden."

Und erneut hat der Senior Manager noch weitere Fragen an das Unternehmen: „Welches Wissen ist heute und welches morgen entscheidend für Geschäftserfolge? Worin liegen Sinn und Notwendigkeit von Wissenszielen? Welches sind die besonderen Herausforderungen bei der Definition von Wissenszielen? Ist bekannt, wo und wie stark die Hebelfähigkeiten des vorhandenen Wissens angesetzt werden können? Werden die allgemeinen Unternehmensziele in strategische und operative Wissensziele übersetzt? Wird überprüft, inwieweit Wissensziele erreicht wurden?"

Der Wissensmanager im Projekt-Unternehmen arbeitet nebenberuflich auch am Wissenstransfer über Fachjournalismus. Es geht ihm darum, das Wichtige im Informationschaos herausarbeiten, Vorgänge einzuordnen und zu bewerten, um die Verbindung zwischen Sach- und Darstellungskompetenz. Ein erheblicher Teil seines Leserpublikums sucht nach fachlich fundierten Informationen zu Themenbereichen wie beispielsweise Wirtschaft, Finanzen, Umwelt, Wissenschaft oder Bildung. Die Themenliste ließe sich um ein Vielfaches verlängern. Dem Senior Manager erklärt er:" Sprachliche und bildliche Darstellungskompetenz alleine sind hierfür nicht ausre-ichend. Es braucht dazu die sachlich-fachlichen Kompetenzen, um Vorgänge richtig einzuordnen und angemessen bewerten zu können. Es geht darum, das Wichtige im Informationschaos herauszuarbeiten. Fachjournalisten wird in diesem Umfeld so mancher Spagat abverlangt: die einen kultivieren die Nähe zum Publikum und dilettieren in wichtigen Sachfragen; die anderen sind in den Sachfragen meist durchaus kompetent, schaffen aber einen intensiven Bezug zur Publikumsperspektive nicht. Das Idealbild wird von einem qualifizierten Doppelbezug gezeichnet: hervorragende Sachkompetenz gekoppelt an eine attraktive Darstellungskompetenz. Ein guter Weg dorthin: regelmäßig über ein gut eingezäuntes Thema recherchieren und berichten."

Digitales Publizieren - thematisiert wird u.a. die Frage: Fachartikel in einer herkömmlichen Fachzeitschrift oder in einem Open-Access-Internetjournal publizieren (Vgl. FAZ 04/13 „Freibier für alle ! Aber wer schenkt aus?" Was macht eine Fachpublikation aus ? Es ist das richtige

Zusammenführen einzelner Wissens-Komponenten. Es kommt auf das Veredeln an, d.h. auf das gezielte Auswählen relevanter Daten. Auf das Identifizieren, Bewerten, Aufbereiten und Anreichern. Erst aus diesem Zusammenspiel entsteht ein Ergebnis mit werthaltiger Information. Gibt es eine Norm für eine optimale Text-Verweildauer? Es besteht die Gefahr, dass das Internet an seiner eigenen Informationsfülle erstickt. Mit öffentlich-rechtlichen Geldern produzierte Beiträge werden ins Netz gestellt, um bereits wenig später danach mit immensem, wiederum öffentlich-rechtlich finanziertem Aufwand wieder gelöscht zu werden (Vgl FAZ: Die Leere hinter dem Link). Besser sind also Themen mit Langfrist-Charakter, die auch noch nach ein oder mehr Jahren nicht in der Versenkung verschwinden müssen. Themen, bei denen es weniger auf brandheiße, quasi im Sekundentakt zu verbreitende "Neuigkeiten" oder Schlagzeilen an-kommt, sondern eher das über Zeiträume hinweg geduldige Beobachten samt qualifizierter Aufbereitung der gesammelten Informationen im Vordergrund steht. Auch langjährig bestehende Online-Texte können vor diesem Hintergrund noch ihre Berechtigung beanspruchen. Wie ein guter Wein entfalten sie ihre volle Reife erst mit der Zeit und werden trotz ihrer anfänglichen Unscheinbarkeit dann doch noch wahrgenommen. Denn wenn das Internet, wie oft plakatiert wird, nichts vergessen kann, so wäre eine der ersten Voraussetzungen hierfür, dass es auch am Rande der Hetzjagd nach "Frisch-Infos" liegende Dinge, überhaupt erst einmal auf- und wahrnehmen kann.

Der Senior Manager ist erfreut über einen solchen kompetenten Gesprächspartner und setzt darauf, dass dieser dem Projekt Wissen von der Auftraggeberseite her wertvolle Impulse vermitteln könnte und sagt zu ihm; „Bei der Wissensidentifikation geht es darum, intern bereits vorhandene Wissensbestände erst einmal zu erkennen und dann in systematisierter Form sicht- und greifbar darzustellen. Bisher nicht oder separat genutztes Wissen soll dem Unternehmen als Ganzes zugänglich gemacht werden, Mehrfachaufwand durch redundante Wissensentwicklung soll vermieden werden. In der heutigen Wirtschaftswelt herrscht kein Mangel an Wissen. Man steht vielmehr vor dem Problem, einen Überblick über das um einen herum anschwellende Wissen zu behalten. Wer im Wettbewerb erfolgreich agieren will, muss über vollständige Transparenz seiner vorhandenen Wissensbestände verfügen. Transparenz stellt sich nicht automatisch ein, sondern muss zielgerichtet und manchmal auch mühsam erarbeitet werden. Meine Fragen daher an das Unternehmen: ist transparent, welches Expertenwissen in welcher Form, bei wem und wo bereits im Unternehmen vorhanden ist? Welche Wissensbestände werden häufig genutzt und welche seltener?"

Der Wissensmanager: „Für ein erfolgreiches Wissensmanagement bin gerade ich auf praktikable Instrumente zur Wissensbewertung angewiesen. Insbesondere die Glaubwürdigkeit und Nachvollziehbarkeit einer zu erstellenden Wissensbilanz hängt ganz entscheidend von Angaben ab, die der zahlenorientierten Finanz- und Wirtschaftwelt vergleichbar sind. Das traditionelle Managementdenken konzentriert sich nach wie vor auf quantifizierbare Aussagen. Voraussetzung ist, dass das Netzwerk der Beziehungen zwischen einzelnen Komponenten des Intellektuellen Kapitals sinnvoll strukturiert wird, um darauf aufbauend dann geeignete Mess-Indikatoren ableiten zu können. Als Vorstufe zur direkten Quantifizierung bietet sich zunächst eine indirekte Bewertung an. Hierzu müssen zunächst die für unser Unternehmen überlebenswichtigen Kernprozesse definiert und beschrieben werden. Hierzu ergänzend müssen die Faktoren herausgefunden werden, die für den Geschäftserfolg von unmittelbar größter Wichtigkeit sind und hiermit in einem plausiblen Zusammenhang dargestellt werden können".

Der Senior Manager nickt beifällig: „In vielen Fällen wird man hierbei zu einer Mischung aus harten und weichen Indikatoren gelangen. Unter harten Indikatoren werden diejenigen verstanden, die sich eindeutig quantifizieren lassen (z.B. Anzahl neuer Kunden). Unter weichen Faktoren werden diejenigen verstanden, die auf einer qualitativen Basis gemessen werden (z.B. Kundenzufriedenheit)". Wobei der eigentliche Wissenserwerb alle Maßnahmen zur Beschaffung extern verfügbarer Wissensbestände (Beziehungen zu Kunden und Lieferanten, zu Kooperationspartnern, zu Konkurrenten u.a.). Ebenso zählt hierzu die Beauftragung von Experten oder die Beschaffung von Wissensprodukten (Datenbanken, Software, Studien u.a.). Ziel ist es, das Wissen der Umgebung intelligent in die eigene Geschäftstätigkeit und die eigenen Fähigkeiten einzubeziehen. Es gilt, Ihr internes Unternehmenswissen von außen um das Wissen der Finanzwelt, das Wissen der Kunden, das Wissen der Lieferanten, das Wissen der Öffentlichkeit oder das Wissen der Medien anzureichern. So beispielsweise besteht die Haupttätigkeit mancher Forschungs- und Entwicklungsabteilungen nicht in der Entwicklung neuer Verfahren und Produkte, sondern im intelligenten Erwerb externen Wissens (z.B. wenn sich immer mehr Pharmaunternehmen das Wissen von Biotechnologiefirmen einkaufen). Oder: Schlüsselkunden wissen als besonders intensive Nutzer häufig mehr über Stärken und Schwächen eines Produktes im täglichen Gebrauch als dessen eigentliche Entwickler selbst. Meine Fragen hierzu an Sie: welche externen Wissensquellen werden von dem Unternehmen bisher genutzt? Werden Leistungserstellungsprozesse auch als Prozesse der Wissensentwicklung gesteuert? Wo sind im Unternehmen die Zentren der Wissensentwicklung? Wird kontinuierlich versucht, implizites Wissen auch explizit sichtbar und bewusst zu machen? Wird im Unternehmen die individuelle Kreativität gefördert?"

Auch bei einem Treffen ehemaliger Klassenkameraden, deren schulischer Wissenserwerb bereits ein halbes Jahrhundert zurückliegt wird wie immer über dieses und jenes gesprochen, diskutiert und gelacht. Mit dem Rohstoff Wissen hat jeder der Anwesenden im Verlauf seines späteren Berufslebens dann auch so seine Erfahrung gemacht. Der Ehemalige 1 wirft in die lebhafte Diskussionsrunde ein: "Stellvertretend für manches andere ist das Beispiel des Kunsterziehers Walter Kromp, der unsere Klasse von der Sexta bis zur Prima künstlerisch „betreute". Wohl manche Kunstakademie hätte sich glücklich geschätzt, wenn sie einen solchen Mann in ihren Reihen gehabt hätte."

Ehemaliger 2 fährt fort: „Kromp war ein genauer Beobachter, der, ausgestattet mit einer geradezu jugendlichen Neugier, Situationen, Zu- und Umstände minutiös registrierte. Beobachten zu können als Voraussetzung und eine viel zu wenig geübte Tugend, in Situationen hineinhören, Stimmungen erlauschen, präzise erfassen und dann mit der eigenen Handschrift einer abstrahierenden Figürlichkeit in das jeweilige Medium umzusetzen, gelang ihm scheinbar mühelos. Doch stand dahinter oftmals ein langer Prozess der Umsetzung."

Ehemaliger 3: „Das erste Signal kommt immer vom Auge hat er einmal formuliert und so war das „Sehen" nicht nur Voraussetzung für seine künstlerische Arbeit, sondern war auch pädagogisches Anliegen. Zu den ersten Grunderfahrungen für uns Schüler in Kromps Kunstunterricht gehörte allemal, zu begreifen, dass beispielsweise Holz alles andere als braun ist, und dass Fenster mitnichten stets himmelblau daher leuchten."

Ehemaliger 4: „Genau, für seine eigene künstlerische Arbeit bedeutete dies, sich am besten vor Ort Eindrücke verschaffen. Zahlreiche Reisen in ferne Länder und die nicht touristische, sondern sinnenhafte Erfassung neuer, anderer Kulturen fand ihren Niederschlag auch in seinen Bildern. Eine Gesprächsrunde marokkanischer Männer oder ein zusammengekauerter alter Mann am Ufer des Heiligen Flusses ermöglichen dem Betrachter den

Zugang zu einer fremden Welt. Zu vermitteln, dass der Andere anders ist, weil er in einer anderen Kultur lebt, bedurfte es bei Walter Kromp nicht weitschweifiger soziologischer Erklärungen. Nicht allein intellektuell nämlich könne man die Welt begreifen, sondern auch oder gerade die Sinne hätten viel damit zu tun, hat er einmal gesagt."

Ehemaliger 1: "Der Erwerb von Wissen ist ebenso zu behandeln wie eine Investition im materiellen Vermögensbereich: beispielsweise können auch für Wissensinvestitionen unterschiedliche Amortisationszeiten berechnet werden. Durch den Ankauf von Wissensprodukten gelangt beispielsweise eine Firma aber nicht automatisch in den Besitz der hierzu gehörenden organisatorischen Fähigkeiten: dieses Potential muss vielmehr erst noch durch sinnvolle Integration in die bestehende Wissensbasis aktiviert werden. Wissensentwicklung: umfasst alle Maßnahmen zur Neuentwicklung von Fähigkeiten, Produkten oder Prozessen (z.B. Forschung und Entwicklung, Marktforschung)".

Ehemaliger 6 aus seiner Berufserfahrung als Unternehmensberater: "Der Großteil des Marktwertes heutiger Produkte und Dienstleistungen basiert auf deren Informationsgehalt. Wenn Informationen in naher Zukunft immer mehr systematisiert und ebenfalls zur allgemein verfügbaren Handelsware geworden sind, werden Wachstum und Marktwert von Produkten und Dienstleistungen immer mehr aus der Wissenskomponente herrühren. Ein Merkmal eines Wissensproduktes liegt darin, dass es immer intelligenter wird, je öfter man es anwendet".

Das Meeting zum Projekt Wissen befand sich unterdessen bereits in einem fortgeschrittenen Stadium. Der Senior Manager sagte: „Ihr Unternehmen sollte alle sich bietenden Chancen nutzen, um Produkte mit relativ einfachen Basisnutzen zu wissensintensiven Produkten aufzuwerten (diejenigen Unternehmen, die eine Wissensplattform zu nutzen wissen, werden wertvoller und stärker sein als andere, die nur auf Informationen basieren). Dabei sollte ermittelt werden, wo in der Kette der Mehrwert am größten ist, und an genau dieser Stelle die entscheidenden Wettbewerbsvorteile zu erkämpfen".

Hierzu der Wissensmanager: "Obwohl heute die Wissensmärkte nahezu unbegrenzt und Wissensprodukte (z.B. Software, Blaupausen u.a., in denen „gefrorenes" Wissen steckt) für jede nur denkbare Anforderung jederzeit verfügbar scheinen, dürfen wir niemals die eigenen Fähigkeiten zur Wissensentwicklung vernachlässigen oder gar verlieren. Denn dieses extern auf Märkten importierbare Wissen steht auch der

Konkurrenz offen und lässt sich daher ohne zusätzliche Eigenentwicklung umso schwerer in Wettbewerbsvorteile umsetzen. Nur Wissen, das wirklich neu und nicht jedermann zugänglich ist, schafft die Basis für innovative Produkte und eine wachsende Wertschöpfung".

Der Senior Manager ist sich mit ihm einig: „Im Mittelpunkt der Wissensentwicklung steht daher die Entwicklung neuer Ideen und besserer Fähigkeiten. Dieses Gestaltungsfeld des Wissensmanagement ist somit eng mit dem Innovationsmanagement gekoppelt. Niemand kann dazu gezwungen werden, einen genialen Einfall zu haben (auch nicht durch eine Verdoppelung von Forschungsbudgets). Der Prozess der Wissensentwicklung bewegt sich daher auch im kreativen Bereich und ist dementsprechend schwerer steuerbar, jedenfalls kaum planbar. Ideenmanagement: Ideen sind zu kostbar, um sie einfach wegzuwerfen. Selbst wenn sie im Moment nicht zu verwenden sind oder unsinnig erscheinen, könnten sie zu einem späteren Zeitpunkt noch einmal von Nutzen sein. Sie müssten ansonsten ein zweites Mal erfunden werden, sofern dies überhaupt möglich ist. Ideen geschehen eher, als dass man sie auf Knopfdruck produzieren kann: im Nachhinein kann man in den seltensten Fällen erklären, wie man zu einer guten Idee/ Problemlösung gelangt ist. Die Fähigkeit zur Produktion neuer Ideen und

Problemlösungen liegt in der Kreativitätseigenschaft begründet. Kreativität ist eine wichtige Eigenschaft auf dem Weg zur Produktion von Wissen".

Der Informationsmanger ergänzt: „Die Wissensspeicherung umfasst alle Maßnahmen zur Bewahrung der vorhandenen Wissensbestände. Neues, wertvolles Wissen entsteht oft im Rahmen von Projektarbeiten. Wir müssen deshalb auch gezielte Maßnahmen ergreifen, um das im Projektverlauf entstandene Wissen zu bewahren (Erfahrungssicherung)".

Von Suchmaschinen erzeugte Abhängigkeiten steigen exponentiell: die Google-Suchmaschine ist allein aufgrund ihres erdrückenden Marktanteils „alternativlos". Suchmaschinen, die süchtig und abhängig machen können, sollten transparent und kontrollierbar sein: also so ziemlich das Gegenteil von dem, was heute ist. Suchmaschinen bestimmen über Bekanntheitsgrad und online-Reichweiten von Wirtschaftssubjekten. Ganze Geschäftsmodelle hängen am Tropf von anonymen Algorithmen: werden diese geheimnisvoll verschleiert wann und wie auch immer verändert, ändern sich Traffic-Zahlen und Erfolgsfaktoren der Online-Welt. Gegen das auf Servern der Internet-Konzerne angehäufte Wissen über jeden digital oder auch nicht digital aktiven Bürger ist die einstige

Horrorvision von George Orwell der reinste Kindergeburtstag.

Der Senior Manager ergänzt seinen bisher schon ohnehin recht umfangreichen Fragenkatalog weiter: „Gibt es einen systematischen Entscheidungsprozess darüber, welches Wissen auf welchem Medium gespeichert wird? Umfasst die Wissensspeicherung Konzepte zum Wiederauffinden von Wissen? Werden durch Outsourcing unreflektiert Teile des organisatorischen Gedächtnisses gelöscht? Entstehen Wissenslücken, wenn Mitarbeiter das Unternehmen verlassen? Werden Projektergebnisse (lessons learned) systematisch für zukünftige Wiederverwendungen gesichert? Wird Erlebtes und Erfahrenes über den Augenblick hinaus bewahrt?„

Sicherung von Erfahrung braucht den Transfer von Wissen

Der Consultant hat sich mit einigen Teamplayern des Projekt-Unternehmens zu einem informellen Treffen im Park der Stadt verabredet. Gemeinsam wollen sie ihre Mittagspause für einen Meinungsaustausch einmal außerhalb ihrer Büros nutzen. Auch andere Bürger haben das Grün der Stadt (wieder) für sich entdeckt: es zieht sie magisch in einer der zahlreichen Parks der Stadt: Grünflächen sind in der Stadt zu zentralen Begegnungsstätten, öffentlichen Orten städtischen Lebens, avanciert. Der höhere Stellenwert für Grünflächen macht diese zum unverzichtbaren Teil der Stadtplanung, zum harten Standortfaktor. Wenn Grünflüchen von Bürgern der Stadt im starken Maß angenommen und somit hoher Beanspruchung ausgesetzt sind, steigen zwangsläufig der Aufwand für notwendige Pflege und die hierfür benötigten Budgets. So kann die Grünversorgung in Frankfurt auf beeindruckende Werte verweisen: 80 Prozent aller Bürger der Stadt können in einem Radius von 300 Metern eine 10.000 Quadratmeter große Grünfläche erreichen. Für Landschaftsarchitekten und Freiflächenplaner wäre dies geradezu ideal für weitere Projekte: wenn nicht eine stetig wachsende Einwohnerzahl nach neuen Wohnbauflächen verlangen würde und wenn potentielle Baugebiete sich nicht ausgerechnet über

Grünflächen, Wald, Kleingärten, Wiesen oder Auen erstrecken würden. Trotz aller Erfolge könnten Grünflächen unter diesem wachsenden Druck leicht in die Defensive geraten: Errungenschaften müssen vor Übergriffen geschützt, bisher Erreichtes bewahrt werden. Dazu zählen ebenso Kaltluftschneisen für frische Luft wie der Erhalt von Flora und Fauna. Ein „Knabbern am Grüngürtel" (Alleinstellungsmerkmal des Stadtgebietes) könnte sich zu einem Kampf um Flächen ausweiten. Nicht viele Großstädte können von sich behaupten, sie seien das größte Dorf im Lande: fast ein Viertel der Frankfurter Stadtfläche wird (noch) landwirtschaftlich bewirtschaftet. Kleingärten beanspruchen nach wie vor einen hohen Flächenverbrauch. Sonderkulturen wie die Kräuter der Grünen Soße sind weit über die Stadtgrenzen hinaus berühmt. Die Qualität einer Stadt, eines Standortes bemisst sich auch danach, wie viel an Freiraum sie dem mehr gestressten Bürger lässt, um seinem Bedürfnis „einmal rauskommen" nachzukommen.

Alles dies nutzt jetzt die kleine Besprechungsgruppe für sich, verbindet dabei das Angenehme mit dem Nützlichen. Der Consultant sagt mehr allgemein:"Der häufig plan- und ziellose Umgang mit Wissen und Fähigkeiten von Mitarbeitern vergeudet Ressourcen und führt zur Demotivation. Der Erfolg einer Firma hängt auch davon ab, wie effizient sie ihren Rohstoff Wissen nutzen kann. Die Organisation von gespeichertem Wissen ist die Basis für Innovationen aller Art."

Project Member 1 entgegnet: "Server, Datenautobahnen und Datenbanken ermöglichen den permanenten Zugriff auf Informationen. Informationen alleine haben aber weder einen besonderen Wert, noch einen Zweck an sich. Sie dienen lediglich als Mittel der Wissenserweiterung. Gleichzeitig aber muss dieses Wissen archiviert und nachvollziehbar kategorisiert werden (Wissen - das wertvollste, was unser Unternehmen besitzt)."

Project Menber 2: "Erst geschicktes Wissensmanagement macht es möglich, an die „skills" der Mitarbeiter heranzukommen. Immer mehr zeigt sich, dass eine der wichtigsten Grundlagen von Geschäfts- und Entwicklungsprozessen eine effektive Informationslogistik ist. Die Qualität unserer Unternehmensleistung basiert nicht nur auf betriebswirtschaftlichen oder sachlichen Daten, sondern ebenso auf Informationen über interne Abläufe, Strukturen, Erfahrungen, Bewertungen von Informationen, Verdichtungen, Vernetzungen. Wissen manifestiert sich in Kommunikationsnetzwerken, d.h. wer hat mit wem zur Lösung welcher Fragestellung kommuniziert. Vor der Wissensanwendung steht aber immer erst der notwendige Wissenserwerb. Wissensmanagement hat somit auch immer mit Ausbildung zu tun. Eine Wissensvermittlung auf Vorrat von früher reicht aber heute bei weitem nicht mehr aus".

Der Consultant: „Nicht selten haben nach meiner Erfahrung Unternehmen erkennen müssen, dass über Outsourcing-Maßnahmen auch wertvolles Wissen verloren ging, das kurze Zeit später über teure externe Beraterhonorare zurückgekauft werden musste. Was natürlich speziell für mein Business wieder auch von Vorteil ist. Im Zuge von Reorganisationen können aber wertvolle Teile des Unternehmens-Gedächtnis untergehen. Ein Grundsatz der Wissensbewahrung lautet, dass alte Erfahrungen nicht von neuem Wissen überschrieben und damit für immer gelöscht werden sollten. Auch aus juristischer Sicht kann die Bewahrung von Wissensdokumenten bedeutsam sein. Nachdem in einem ersten Schritt bewahrungswürdiges Wissen von weniger wichtigen Wissensbestandteilen getrennt wurde, muss in einem weiteren Schritt über eine organisatorisch angemessene Form der geeigneten Speicherungsformen und -techniken entschieden werden, d.h. wie das elektronische Gedächtnis des Unternehmens am besten zu digitalisieren ist.

Sie sollten immer daran denken, dass Wissen die einzige Ressource ist, die sich durch Gebrauch vermehren lässt.

Bezüglich Erfahrungswissen ist es wichtig, dass für den notwendigen Wissenstransfer Erfahrungsprofile der Mitarbeiter dokumentiert und gepflegt werden. Gespeichert werden Daten über die Expertise von Mitarbeitern, Universitäts- und Industriekontakten. Oft ist es hilfreich, Berichte vergangener Projekte zu durchforsten und zugänglich zu machen. Es geht um die Verknüpfung des internen methodischen Knowhows mit dem jeweiligen Anwendungsbereich: nur wer schnell und einfach auf Vorhandenes zurückgreifen kann, gewinnt Freiräume für kreative neue Lösungswege. Je besser es Ihrem Unternehmen gelingt, sein Wissen zu lokalisieren und gezielt einzusetzen, desto mehr kann es sich gegenüber seinen weniger wissensbewussten Konkurrenten absetzen. Das für Problemlösungen benötigte Wissen muss zur richtigen Zeit am richtigen Ort verfügbar sein. Meine Fragen an Sie: wird häufig Wissen geheim gehalten, weil damit Macht und Ansehen verbunden ist? Bleibt das wichtigste Wissen häufig auf einzelne Mitarbeiter beschränkt? Werden Techniken der Wissensmultiplikation eingesetzt? Werden Wissens- und Kompetenznetzwerke aufgebaut und genutzt?"

Project Member 3: „Der häufig plan- und ziellose Umgang mit Wissen und Fähigkeiten von Mitarbeitern vergeudet Ressourcen und führt zur Demotivation. Unser Erfolg hängt doch auch davon ab, wie effizient wir unseren Rohstoff Wissen nutzen können. Die

Organisation von gespeichertem Wissen ist die Basis für Innovationen aller Art. Server, Datenautobahnen und Datenbanken ermöglichen zwar den permanenten Zugriff auf Informationen. Informationen alleine aber haben weder einen besonderen Wert, noch einen Zweck an sich. Sie dienen lediglich als Mittel der Wissenserweiterung."

Der Consultant: „Wissen ist eben das wertvollste, was ein Unternehmen besitzt: immer mehr Unternehmen erkennen, dass eine der wichtigsten Grundlagen von Geschäfts- und Entwicklungsprozessen eine effektive Informationslogistik ist. Die Qualität der Unternehmensleistung basiert nicht nur auf betriebswirtschaftlichen oder sachlichen Daten, sondern ebenso auf Informationen über interne Abläufe, Strukturen, Erfahrungen, Bewertungen von Informationen, Verdichtungen, Vernetzungen etc. Wissen manifestiert sich dann in den Kommunikationsnetzwerken.

Verstellte Blickachsen einer Parkanlage unter Denkmalschutz. Dort, wo die Gesprächsrunde gerade, lebhaft untereinander diskutierend, unterwegs war. Im Frankfurter Westend liegt eine 29 Hektar große Parkanlage: der Grüneburgpark. Auf diesem Areal stehen etwa 2.600 Bäume. Einige davon sind mehr als 100 Jahre alt und stammen noch aus einer Zeit als die Rothschilds einen ersten Park um das Palais auf der „Grünen Burg" herum anlegen ließen. Später wurde diese Anlage vom Gartenkünstler Heinrich Siesmayer weiter erweitert. In den Nachkriegsjahren kam unter der Ägide der Stadt Frankfurt als Eigentümerin u.a. eine heute allseits beliebte, weitläufige Liegewiese hinzu. Bei der mittlerweile in die Jahre gekommenen denkmalgeschützten Parkanlage geht es manchmal auch um eine Grunderneuerung. Die Wege befinden sich in einem schlechten Zustand, in Teilen ist der Park im Laufe seiner Jahre zugewachsen. Historische Blickachsen sollten wieder herausgearbeitet, Solitärbäume freigestellt und wild gewachsenes Gehölz entfernt werden. Aber: wie eigentlich bei solchen Projekten immer üblich streiten sich hierüber Befürworter und Gegner. Die einen verfolgen einen Plan, nach dem im Park (zu) viele Bäume gefällt werden sollen. Die anderen kämpfen um jedes einzelne Gehölz der historischen Grünanlage. Bei der Sanierung des Parks soll nur geringfügig in die, teilweise auch wild gewachsene, Vegetation eingegriffen werden. Verhindert werden soll aber, dass der Park verbuscht. Nach Meinung von Standortakteuren sei damit die Pflege der historischen Gestalt in Gefahr. Ein solcher Denkmalschutz sei nicht mehr zeitgemäß. Für einen außenstehenden Betrachter scheint der Kern des Problems vor allem darin zu liegen: das Ansetzen von Motorsägen muss vor allem deshalb diskutiert werden, weil in den vielen Jahren zuvor der Park nicht kontinuierlich gepflegt worden sei. Bleibt somit zu fragen, ob dies in einer Metropole und Bankenstadt, in der Manager teilweise irrwitzige Boni einstreichen und Milliarden Euro bewegt werden, wirklich notwendig und angemessen ist. In jedem Fall stellt diese historische Parkanlage einen bedeutsamen Posten im Immateriellen Kapital des Standortes Frankfurt dar. Und nach dem Brexit eine nicht zu unterschätzende Anziehungskraft auf den erhofften Zuzug möglichst vieler Londoner Banker. Eine detaillierte Bewertung nur dieses Immateriellen Kapitals des Grüneburgparks würde die jährlich angemessenen Pflegekosten, einschließlich der notwendigen Sanierung, wohl um ein Vielfaches übersteigen.

Stetig um den Fortschritt des Projektes Wissen bemüht, fragt Project Member 1: "Ist unser Unternehmenswissen überhaupt messbar? Wenn der Wettbewerb immer weniger über Faktoren wie Kosten oder Finanzmittel gewonnen werden kann, müsste dann nicht nach anderen, tiefer liegenden, bisher noch nicht genutzten Faktoren gesucht werden (Wissen-Mining)? Mining heißt doch: Wie in einer Mine wird nach den immateriellen Vermögenswerten, d.h. dem Intellektuellen Kapital geschürft? Das Geschäftsumfeld wird unserer Firma wahrscheinlich immer mehr eine positive Grundhaltung zum Wandel abverlangen, d.h.: wenn wir uns nicht selbst der Zukunft stellen, werden es andere tun. Es wird sich dann schnell herausstellen, wer überlebensfähig ist und wer nicht. D.h. unser Unternehmen orientiert sich nicht nur an den finanziellen Ergebnissen, sondern auch an den Faktoren, welche zu diesen Ergebnissen führen: aus dem finanziellen Management wird ein Wissensmanagement, das die Schlüsselfaktoren für den Erfolg im Auge behält. Das Wissensmanagement muss jede Aufgabe innerhalb eines Prozesses mit dem nötigen Wissen über Kunden, Lieferanten, Konkurrenten und Produkte versorgen".

Der Consultant erläutert hierzu: „Schwierigkeiten ergeben sich immer dann, wenn es darum geht etwas zu bewerten, das man nicht mit dem Millimetermaß des Finanzcontrolling angehen kann. Nicht alles was gemessen wird, muss deshalb auch von Bedeutung sein; nicht alles was wichtig ist, muss deshalb auch zu messen sein. Leitfragen sind beispielsweise: herrscht eine ausgesprochen quantitativ-finanzorientierte Controlling-Kultur vor oder wurde bereits mit qualitativen Methoden oder Erfolgsmessung experimentiert? Sind bereits regelmäßig erhobene Daten oder ganze Meßsysteme verfügbar, die in Form einer Wissensbilanz aggregiert werden könnten? Welche wären hier im speziellen Fall die Aktiva und Passiva in einer Wissensbilanz? Es stimmt: die wichtige Frage lautet somit: sind Bewertungen von Wissen messbar? Die

Antwort ist: Ja, denn diese Werte sind fassbare, erfragbare Realitäten".

Man kann Skalen vorgeben und die Resultate somit auch quantifizierbar machen und damit letztlich auch einer mathematischen Behandlung zuführen. Oder: es wird eine Liste einzelner Werte vorgegeben und diese dann in der Reihenfolge ihrer Wichtigkeit geordnet. Auf einer anderen Skala kann gefragt werden, ob dieser oder jener Sachverhalt/ Wert für das Projekt-Unternehmen große oder nur geringe Bedeutung besitzt. Man kann auch eine Positiv-Negativ-Skala entwickeln, mit der nicht nur Zustimmung, sondern auch Ablehnung ermittelt werden kann.

Project-Member 3 ist überzeugt: "Alles was Menschen tun, kann von Menschen evaluiert, also auch gemessen werden! Im Bereich Marketing/ Werbung wurden vergleichbare Totschlagargumente wie "Wie wollen Sie denn die Wirkung eines Werbespots überhaupt messen ?" seit langem entschieden und als gelöst zu den Akten gelegt: die Diskussion endete mit einer totalen Niederlage aller Bewertungs- und Messgegner/ -kritiker (wer heute Werbung betreibt, evaluiert Spot- und Anzeigenwirkungen ebenso penibel wie selbstverständlich). Wer Transparenz scheut, hat meist nur geringes Vertrauen in sein intellektuelles Kapital und hat in einer immer mehr wissensorientierten

Wirtschaftswelt immer weniger Chancen. Indikatoren untermauern die Bewertung und machen diese auch für Externe wie unseren Consultant hier überprüfbar. Dort, wo beispielsweise heute das Marketingcontrolling monetäre Deckungsbeiträge und das Vertriebscontrolling mit Berechnungen von Kundenwert oder Auftragseffizienz bereits harte Währungen vorweisen können, muss nunmehr auch die zumeist noch unterentwickelte Wissensbilanz möglichst kurzfristig nachziehen. Die hierzu mittlerweile entwickelten Systeme sind in der Analyse und Steuerung effizient-operativer und effektiv-strategischer Wissensprozesse bereits recht praxistauglich".

Der Consultant: „Besser hätte ich das nicht erklären können. Erfahrungen zum Wissensmanagement zeigen, dass der Erfolg zu 80 Prozent von den sogenannten „soft factors", d.h. Unternehmenskultur, den gelebten Werten und Normen der Organisation abhängig ist und nur zu etwa 20 Prozent von den genutzten Informations- und Kommunikationstechniken. Im Vergleich zu gut strukturierten Daten werden Wissen und Erfahrungen von Mitarbeitern in der Regel nicht explizit dargestellt. Genau diese Informationen sind aber für das Wissensmanagement von Bedeutung. Schwach strukturierte Prozesse, deren Ablauf nicht genau vorhersehbar ist, werden meist nur einmal in der gleichen Form durchgeführt. Gerade hierfür spielt die

Erzeugung und Nutzung von Wissen die entscheidende Rolle. Beim Wissensmanagement geht es konkret nicht nur darum, die auf separaten Datenbanken und auf anderen Medien vorliegenden Informationen zusammenzuführen. Ebenso wichtig ist es, die in den Köpfen der Mitarbeiter gespeicherten Informationen für das Unternehmen verwertbar zu machen".

Project-Member 3:"Wir sollten dabei aber immer zwischen explizitem Wissen, das sich anhand von Regeln abbilden lässt und implizitem Wissen unterscheiden, das sich aus Problemlösungskompetenz und Erfahrungsschatz der Mitarbeiter zusammensetzt. D.h. zunächst muss das Wissen der einzelnen Mitarbeiter sowie unseres gesamten Unternehmens in einer Wissens-Landkarte zusammengefasst werden. Diese verzeichnet Wissensquellen und Wissenssenken: wo sitzen Experten zu welchen Themen, wo besteht Bedarf für welche Informationen. Wenn wir effizientes Wissensmanagement betreiben wollen, müssen wir sämtliche Prozesse im Unternehmen genau kennen. Dazu gehören die zur Durchführung einzelner Prozesse benötigten Informationen ebenso wie die an diesen Prozessen beteiligten Mitarbeiter".

Der Consultant zückt daraufhin eine weitere, seiner ohnehin schon zahlreichen Checklisten: Sie kennen Ihre Produkte, Märkte, Konkurrenten u.a. Welche

Vorstellung haben Sie von dem Wissen, das für Ihren Erfolg bestimmend ist? 2. Welche Faktoren bestimmen Ihre derzeitige Wettbewerbsposition stärker: Intellektuelles Kapital oder klassische Produktionsfaktoren? Welche Unternehmen sind in Ihrer Branche "Vor"-denker und welche "Nach"-denker? Zu welcher Kategorie zählen Sie sich? Wo entstehen in Ihrer Branche neue Technologien, Managementinnovationen? Welche anderen Branchen entwickeln Wissen, das für Ihr Geschäftsmodell gefährlich werden könnte? In welchen Branchen könnten Sie umgekehrt Ihr Wissen nutzbringend einsetzen? Gelingt in Ihrem Bereich/ Unternehmen die Umwandlung von Daten in sinnvolle Informationen oder ertrinken Sie stattdessen in einer Informationsflut? Besitzen Sie/Ihre Mitarbeiter die notwendigen Fähigkeiten, um das vorhandene Angebot an aufbereiteter Information sinnvoll zu nutzen? Gibt es eine bereits tragfähige Ausgangsbasis, die für zielgerichtetes Wissensmanagement genutzt werden kann?

Und dann plötzlich, der Consultant bricht die Diskussion ab und ruft in die Runde: „Jetzt sollten wir aber –Projekt Wissen hin, Projekt Wissen her- unserem ausgeprägten Streben nach der „Work-Life-Balance" als unserer Quelle für Wertschöpfung folgen. Dieser intelligenten Verzahnung von Berufs- und Privatleben. Denn was gibt es da alles, was auch für uns wichtig sein könnte: bedarfsspezifisch ausgestaltete Arbeitszeitmodelle, Flexibilisierung des Arbeitsortes, Bindung der Mitarbeiter an das Unternehmen wird erhöht, Attraktivität als Arbeitgeber wird gesteigert. Zusätzliche Freiräume für ehrenamtliches, politisches oder soziales Engagement. Work-Life-Balance umfasst u.a. Konzepte für lebenslanges Lernen, altersgerechte Arbeitsgestaltung, Gesundheitsprävention, die Kundenorientierung wird verbessert, Akzeptanz des Unternehmens steigt. Dauerhafter Erfolg hängt zuerst immer von uns Menschen ab. Als Mitarbeiter sind wir dann motivierter, engagierter und fühlen uns auch für den Erfolg verantwortlich. Und denkt daran: Work und Life sind keine Gegensätze, sondern zwei Seiten der gleichen Medaille! Aber trotz eines ausgeprägten Strebens nach der „Work-Life-Balance" muss man seine Arbeit machen und sich in Strukturen einpassen. Das gilt auch für uns Hochqualifizierte!"

Müde von zahlreichen Interviews am Tage betrat der Consultant abends die Hotelhalle. Die Bar gleich nebenan ist einer dieser speziellen Treffpunkte nach Feierabend, wo Sekretärinnen oder sonstige weibliche Angestellte aufkreuzen und selbst nicht so genau wissen, ob sie auf Bekanntschaften oder Abenteuer aus sind oder vielleicht auch auf ein anderes, natürlich besseres

Leben als ihr derzeitiges. Um sich von Junggesellen oder Ehegatten, die diese Bar in Dreierreihen zu belagern schienen, im Flirtmodus ansprechen zu lassen. Und um auf Komplimente zu hoffen, von denen sie noch am nächsten Tag bei der Arbeit zehren können. Doch dem Consultant waren diese ewig gleiche unverbindliche Hotelgeplauder über, er wollte dies nicht mehr. Wie in seiner Jugenderinnerung: eine Kinoleinwand wird dunkel, die Tonspur läuft aus, die aufflammende Beleuchtung blendet die Augen. Während der Film im Inneren noch weiterzulaufen scheint, tritt man hinaus auf die Straße und wird wieder von der Realität eingefangen. Sein Entschluss stand fest, seinen Weg zukünftig in eine andere Richtung zu gehen. Er spürte das deutlicher denn je. Was Neues am Horizont. Was anderes, eine schöne neue Welt, keine Umkehr. Und fühlte, dass unterwegs in Richtung auf etwas war, was in seinem bisherigen Leben noch keinen Ausdruck gefunden hatte.

Das vernetzte Zusammenwirken von Business Intelligence in der Endlosschleife

Der Senior Consulter war bereits am frühen Morgen zu einem Gespräch im Büro des Partners der Consultingfirma geladen. Auch dessen Sekretärin war bereits anwesend. Zwei Tässchen Espresso standen unberührt vor ihnen auf dem Besprechungstisch mit der kleinen Sitzgruppe. Der Partner zeigte seiner Sekretärin an, dass er nicht gestört werden wollte. Er hatte Anweisung gegeben, alle Telefonate abzufangen: "Ich habe Wichtiges mit dem jungen Consulter hier zu besprechen", hatte er seiner Sekretärin erklärt. Der Partner hielt seinem Consulter einen Vortrag, in dem er das Aussterben des Generalisten mit umfassenden Wissen beklagte: "Spezialisierung ist heute alles", sagte er verächtlich. "Auf ihren Spezialgebieten sind die Leute zwar brillant. Aber wehe sie müssen diese Komfortzone einmal verlassen und müssen Entscheidungen außerhalb des ihnen heimelig vertrauten Gebietes treffen oder eine zusammenhängende Strategie entwickeln. Dann geraten sie leicht in Panik." Dem Consulter fest in die Augen blickend kam er auf den Punkt und sagte: „Ich würde Sie in meinem Bereich gerne als meinen Vertreter in Sachen ganzheitliches Denken sehen. Würden Sie sich eine solche Aufgabe zutrauen? By the way wäre es bestimmt nicht die schlechteste Ausgangsposition für einen weiteren Karrieresprung nach oben".

Der Senior Consultant nutzt diese Gelegenheit gleich, wenn schon denn schon, um seine Qualifikation und Persönlichkeit durch einige wissensintensive Anmerkungen in ein gutes Licht zu rücken und sagt: " Es werden ja immer mehr geschäftlich relevante Daten produziert und analysiert. Mögliche Gefahr: Auswertungen immer größerer Datenmengen bringen nur abnehmende Zusatzerkenntnisse und verwässern eine bereits mühsam erarbeitete Wissensessenz. Die unablässige Suche nach immer mehr Informationen versperrt den Blick für das, was wirklich wichtig ist. Oft ist weniger mehr. Bei der einseitigen Ausrichtung auf „harte" Key Performance Indikatoren (KPI), gerät nur allzu leicht das eigentliche Management der „weichen", qualitativen Erfolgsfaktoren in den Hintergrund. Die Jagd nach immer mehr Information ist manchmal nur der Vorwand, Entscheidungen aufzuschieben. Man gerät in eine Endlosschleife".

Damit hatte er das Interesse des Partners geweckt, der auch sofort auf eines seiner Lieblingsthemen ansprang: "Der Informationsflut droht eine Informationsverschmutzung im immer undurchsichtigeren Informationsdschungel. Ein Zuviel an Informationsmenge suggeriert leicht eine Sicherheit, die es so gar nicht gibt, nicht geben kann. Auch wenn bereits die relevanten Fakten auf dem Tisch liegen und man bereits in einem Wust der Irrelevanz unterzugehen droht: die Informationssammler ruhen nicht. Denn: für eine Vielzahl von Entscheidungen werden zunehmend erfolgskritische Informationen eingefordert. Im digitalen Zeitalter müssen wir daher immer mehr in der Lage sein, unterschiedliche Datenquellen zeitnah zu analysieren und strategisch nutzbar zu machen".

Der Consultant betont eifrig: "Mit dem Recht auf Wissen geht das Recht auf Nichtwissen einher. In einer heute als wissensbasiert betrachteten Welt mag dies wie ein Echo aus einer alten Zeit klingen. Aus einer Zeit, in der noch nicht fast jedem die Möglichkeit offen stand, vom Baum des Wissens zu profitieren. Eine Erkenntnis hieraus: die exponentiell steigenden Möglichkeiten und Gelegenheiten des Wissenserwerbs bedürfen Maßstab und Orientierung. Unterstützung könnte das System und Instrument strukturierter und transparent nachvollziehbarer Wissensbilanzen bieten. D.h. Identifizierung und Bewertung von Intellektuellem Kapital".

Damit stand auch hier wieder das Projekt Wissen im Raum, das auch in der übrigen Berater-Mannschaft bereits von Zeit zu Zeit mehr oder weniger intensiv diskutiert wird. Und wie auf ein Stichwort kam nun auch der Senior Manager hinzu und ergriff sogleich das Wort:

„Von uns wird ja gerade untersucht, welchen Stellenwert bestimmte Prozesse für den Unternehmenserfolg haben, welche Prozesse besonders risikoanfällig und welche eher stabilisierend wirken. Wichtigste Frage: was sind überhaupt die zentralen Prozesse, über die ein Erfolg unseres Mandanten sichergestellt werden kann?"

Die Prozesse erstrecken sich von der Produktentwicklung über Beschaffung und Logistik bis hin zur Vermarktung einschließlich der hiermit verbundenen Serviceleistungen. D.h. Prozesse sind die unabdingbare Voraussetzung für die Umsetzung der zuvor entwickelten Strategien. Im Blickpunkt stehen dabei wertschöpfende Prozesse, die für den Kunden einen Mehrwert kreieren.

Dazu hat nunmehr auch der Partner einen gediegenen Fragenkatalog: "Welche zentralen wertschöpfenden Prozesse beeinflussen den Geschäftserfolg? Welches sind die zentralen Produkte/-gruppen oder Dienstleistungen, mit denen das Geld verdient wird? Welche Hauptprozesse sind notwendig, um die Produkte/ Leistungen zu erstellen, zu vermarkten? Welches sind die wichtigsten Prozess-Kennzahlen? Welche Prozesse verursachen die größten Schwierigkeiten? Welche Prozesse führen zu Engpässen oder Wartezeiten? Welche Prozesse verursachen

Reklamationen? Welche Prozesse wirken sich am stärksten auf die Kundenzufriedenheit aus? Welche Prozesse haben das größte Einsparpotential? Welche Prozesse bieten die größte Chance, erfolgreich geändert zu werden? Welche Prozesse sind repräsentativ für weitere Prozesse? Welche Prozesse ermöglichen das größte Verbesserungspotential bei weiteren Prozessen? Wer ist der interne oder externe Kunde eines bestimmten Prozesses? Welche Parameter sind für den Kunden des Prozesses am wichtigsten (Zeit, Kosten, Qualität)? Welches Ergebnis liefert der Prozess? Was am Prozess funktioniert gut, was eher schlecht? Wie lange dauert der Prozess (oder einige Prozessschritte)? Welche Kosten verursacht der Prozess?"

Der Senior Manager ist durchaus dankbar für diese Anregungen und erklärt: „Unser Mandant will sein Geschäft mit Hilfe der Wissensbilanz einer strategischen Analyse unterziehen und hierauf aufbauend unterschiedliche Szenarien der Unternehmensentwicklung erarbeiten. Von den Ergebnissen können dann Hinweise über Chancen zur Wertsteigerung des Unternehmens sowie für weiterführende Maßnahmen abgeleitet werden. Das Unternehmen muss deshalb seine spezifischen Geschäftsprozesse herausarbeiten. Dabei werden für das Gesamtunternehmen die Prozesse in Hauptprozesse und Teilprozesse unterteilt. Es müssen die kritischen Erfolgsfaktoren identifiziert werden: wo tauchen Probleme auf? wie sieht der Kunde die Leistungsfähigkeit (beispielsweise hinsichtlich Qualität, Kosten)? wo bestehen gegenüber dem Wettbewerb offenkundige Leistungslücken? in welchen Bereichen sind die Durchlauf- und Prozesszeiten besonders hoch? in welchen Bereichen ist der Ressourceneinsatz besonders hoch/besonders gestiegen? Damit können wir dann diejenigen Prozesse ermitteln, für die jeweils die höchsten Verbesserungspotenziale zu erwarten sind".

Der Partner sieht, dass seine Anregungen auf fruchtbaren Boden gefallen sind und meint zufrieden: „Ja, wir leben in einer Zeit der externen Vergabe ganzer Geschäftsprozesse (Business Process Outsourcing = BPO): aufgrund des Wettbewerbsdrucks versucht man durch Ausgliederung von Geschäftsprozessen vor allem Kosten zu senken. Nachdem in der Vergangenheit meist administrative Prozesse (z.B. Gehaltsabrechnung) ausgelagert wurden, verlagert sich aufgrund heute verfügbarer Techniken das Gewicht nunmehr hin zur externen Vergabe auch umfangreicher und komplexer Prozesse. Die IT ermöglicht den Zugriff auf Personal in Niedriglohnländern. Somit kommt auch jeder Ablauf, der weder Kernprozess ist noch zur Differenzierung im Markt beiträgt in Frage. Für ein Funktionieren von BPO ist Voraussetzung, dass alle Abläufe (einschl. der Resultate und Schnittstellen) verstanden werden, d.h.

unausgereifte Prozesse eignen sich nicht für BPO. Der Outsourcing-Anbieter kann entweder die alten Prozesse übernehmen oder möglicherweise an neue aufsetzen, da er vielleicht aufgrund seiner breiten Kundenbasis über bessere, effizientere, standardisierte Prozesse verfügt. Die IT ermöglicht nicht nur Ausgliederungen von Geschäftsprozessen, sondern ist auch die Voraussetzung hierfür. Und: die Optimierung von Geschäftsprozessen erfordert ein flexibles Prozessmanagement, indem die Prozess-Performance zu prüfen ist und Prozessverbesserungen umzusetzen sind. Die Evolution der zu optimierenden Geschäftsprozesse muss inhaltlich durch gesicherte, umfassende Prozessinformationen gelenkt werden. Diese Prozessinformationen müssen die Ist-Situation im Unternehmen derart detailliert und genau abbilden, dass Analysen zur Prüfung der Prozess-Performance ermöglicht werden".

Doch insgeheim ist er bereits zu dem Schluss gelangt, dass es damit nun auch reiche und er auch mit allen seinen Erfahrungen nicht etwa in das Projekt hineinregieren sollte. Vielleicht würde er demnächst mit dem General Manager des Projekt-Unternehmens einmal unter vier Augen über solche Dinge diskutieren. Natürlich mit dem ihm allzeit präsenten Hintergedanken, dabei vielleicht den Grundstock für einen weiteren Auftrag legen zu können. Aktuell planen ihn mit Blick auf seine Kinder ganz andere Sorgen. Vor seinem inneren Auge klinkt er sich daher aus den hier aktuellen Fragen aus und denkt sich:" Seit der Umstellung von G9 auf G8 gilt immer häufiger: alles kehrt marsch, marsch. Zweifel sind angebracht, ob dies wirklich alles nur zum Wohle der Betroffenen – gemeint sind diese selbst und nicht deren Eltern – geschieht. Da gibt es Wahlfreiheit zwischen G8 und G9 oder die Möglichkeit, auch einmal eine Klasse überspringen zu dürfen. Doch andere Arbeitgeber zeigen sich unzufrieden, denn: Schulabgänger würden den gelernten Stoff nicht beherrschen, Schulabgänger könnten ihr Wissen nicht richtig anwenden, Abiturienten hätten noch eine gewisse geistige Unreife und Defizite im Sozialverhalten, Abiturienten würden nicht mehr dieselbe Reife mitbringen, wie es vor der G8-Einführung der Fall war."

Auf seiner Stirn machen sich Sorgenfalten breit, von denen die anderen irrigerweise annehmen, sie würden ihrem Projekt Wissen gelten. Vielmehr mahnt ein innere Stimme des Partners: "Trotz allen guten Willens der Akteure sind dies unüberhörbare Warnzeichen. Zwar wird allgemein anerkannt, dass es besser sei, früher in den Beruf einzusteigen, als später in Rente zu gehen. Stattdessen wird erwartet, dass sich viele G8-Abiturienten erst einmal ein Jahr Auszeit gönnen, um noch an Lebenserfahrung und Kompetenz zu gewinnen.

Unabhängig von allen Reparaturversuchen gilt jedoch wie eh und je: wichtigste Erfolgsfaktoren sind Entschlackung der Lehrpläne und das Qualitätsniveau von Unterricht und Lehrern".

Seinem inneren Gedankenfluss folgend erinnert er sich leicht seufzend noch sehr genau an seine eigene Leistungsbremse, den Schulstress: "Bildungsexperten schlagen Alarm: Schüler geraten unter einen immer stärkeren Leistungsdruck. Konzentrationsschwäche, Ängste, Schulstress, Kopfschmerzen, Bauchschmerzen oder Appetitlosigkeit sind nun wirklich keine zu vernachlässigenden Einzelfälle, sondern treten zumindest von Zeit zu Zeit bei immer mehr Schülern auf. Die bereits höhere Belastung wegen G8 nehme weiter zu, wenn dann noch ein Erwartungsdruck der Eltern hinzukomme. Wie war das eigentlich rückblickend damals zu meinen Abi-Zeiten? Aus heutiger Sicht viele Jahre danach spricht vieles dafür, dass ohne das „Beiwerk" sogenannter „weicher" Fächer jene sogenannten „harten" Fächer überhaupt nicht zu meistern gewesen wären. Man halte sich einmal jene Stress- und Horror-Vision vor Augen, bei der man Tag für Tag geschlagene sechs Stunden immer nur jeweils dem Lehrstoff von Mathematik, Physik, Chemie und Biologie ausgesetzt gewesen wäre. Vielleicht noch jeden zweiten Tag mit einer saftigen Prüfung garniert. Sollte man etwa einen Leistungsabfall durch Ergotherapie oder Nachhilfe abpuffern? Nein, solche Maßnahmen sollten im äußersten Notfall, aber nicht im Normalfall zur Anwendung kommen. Wenn man aber den publizierten Hilferufen folgt, scheinen heute Anforderungen an die Funktionsfähigkeit von Schülern höher als an Führungskräfte auf höchster Ebene gesteckt zu sein. Gut, dass ich dass schon lange hinter mir habe. Schüler brauchen doch keinen übervollen Terminkalender, sondern Auszeiten: einfach mal Lust und Laune haben dürfen, einfach mal frei sein. Zu meinen Zeiten machten nicht viel mehr als zehn Prozent ein Abitur: heute dagegen ist für viele Eltern ein Abitur das Mindestmaß. Und das bei gleichzeitig zunehmender Stoffmenge und weniger freier Zeit. Und auch nur als Vorstufe zu weiteren, vielleicht noch härteren Prüfungsgängen und Bewährungsproben (Ängsten). Und unter ständiger Beobachtung besorgter Eltern, für die Leistungsnachweise ihrer Kinder so etwas wie die Legitimation ihrer Erziehung sind. Manche meiner Bekannten engagieren sich noch bis in Klassenarbeiten hinein: für Selbstregulation bleibt kaum noch freie Zeit. „Weiche" Lernfächer unterstützen Lernkompetenzen. Oder anders: die sogenannten „harten" Lernfächer sind nur möglich, wenn dazwischen auch einmal andere Gehirnregionen angesprochen werden, d.h. ein Schüler vielleicht auch einmal Seele baumeln lassen kann.

Musische Bildung mag vielleicht nicht den Leistungsgrad in Sprachen und Naturwissenschaften signifikant verbessern, dürfte in vielen Fällen aber zur inneren Zufriedenheit (was waren das für tolle Zeiten, als ich noch in der Schüler-Band den Schlagzeuger gegeben habe) und Ausgeglichenheit beitragen und somit ein wichtiger Verbündeter gegen das bereits im Schulalltag mögliche Burn-out-Syndrom sein. Zwar sollten bereits Schüler lernen, mit Stresserfahrungen umzugehen: nicht für die Schule, für das Leben lernen wir. Umso wichtiger: auf Überforderungssignale achten und diese nicht zum Dauerzustand werden lassen."

Der Senior Manager, der nur vermuten konnte, dass sich der Partner innerlich längst vom aktuellen Projekt abgekoppelt hatte fährt davon aber unberührt unbeirrt fort: „Über den tatsächlichen Prozessablauf müssen gesicherte Informationen aufgezeichnet werden (beispielsweise zu Häufigkeiten, Durchlaufzeiten, Beteiligten, Rückfragen, Ausnahmen, Terminüberschreitungen u.a.). Die Auswertbarkeit von laufenden Geschäftsprozessen muss gewährleistet sein, differenzierte Zeit- und Kosteninformationen (beispielsweise Liegezeiten, Dauer von Geschäftsprozessen u.a.) müssen verfügbar sein. Diese Informationen und darauf aufbauende Analysen bilden die Entscheidungsgrundlagen, um etwaige Prozessänderungen oder ein Prozess-Redesign auf betriebswirtschaftlicher Ebene zu initiieren bzw. Alternativen für diese zu erarbeiten und zu bewerten".

Sein Senior Consultant fordert Geschäftsprozessorientierung statt Funktionsperfektionierung: „Das Prozessmanagement hat zum Ziel, entlang der gesamten Wertschöpfungskette bisher noch nicht ausgeschöpfte Potenziale, die bisher auch nicht durch Automation oder hierarchische Neugliederung erschlossen werden konnten, für den Unternehmenserfolg nutzbar zu machen, d.h.: anstatt Funktionsperfektion (d.h. nicht die perfekte Ausgestaltung einer Funktion) steht die Geschäftsprozessorientierung (d.h. der horizontale Fluss der Wertschöpfung) im Vordergrund. Dabei geben die strategischen Ziele des Projekt-Unternehmens an, welche Prozesse welche Leistung haben müssen, um die Finanz- und Kundenziele zu erreichen".

Der Senior Manager ergänzt ihn: „Die Reduzierung der Prozesskomplexität korreliert direkt mit der Prozessqualität. Beispielsweise kann bereits in einem Frühstadium des Produktentstehungsprozesses durch Design- und Konstruktionsänderungen die Komplexität positiv verändert werden. Geschäftsprozesse können effizienzsteigernd optimiert werden durch Minimierung der Ablaufzeiten, Minimierung der eingebundenen organisatorischen Einheiten, Minimierung der Liegezeiten, Weglassen von Ablaufschritten, parallele Durchführung von Ablaufschritten, Optimierung einzelner Ablaufschritte, Integration angrenzender Geschäftsprozesse, Vermeiden von Schnittstellen, Reduzieren von Medienbrüchen, übergreifende Bereitstellung von Informationen, Nutzung von Synergiepotenzialen, Bündelung von Abläufen, Standardisierungen, Verbesserung von Kommunikation.

Agil ist das neue Zauberwort: wer junges, qualifiziertes Personal sucht, muss dafür weite Wege gehen. Die sogenannte Millennial-Generation wünscht sich kleine Teams und Freiheiten bei der Gestaltung der Arbeit. Wenn aber die begehrten Talente erst einmal auf der Gehaltsliste stehen, fehlt es oft an klaren (und richtigen) Vorstellungen, wie mit ihnen weiter zu verfahren ist. Viele der akademischen Berufseinsteiger fühlen sich nämlich mit ihren ersten Tätigkeiten unterfordert und sind der Meinung, Dinge erledigen zu müssen, für die es eigentlich kein Studium gebraucht hätte. Sie verlangen nach Erklärungen zu Sinn und Zweck ihrer Tätigkeiten. Eine um sich greifende neue Strategie könnte hier Abhilfe schaffen. Denn diese heißt Kopieren geht über Studieren: Unternehmen wollen künftig mehr wie lockere Start-ups agieren und rufen den Kulturwandel aus. Also weg mit starren Abteilungsgrenzen: im Sinne einer Schwarmintelligenz soll sich jeder mit jedem vernetzen. Mitarbeiter sollen nicht nur enge Abteilungsziele verfolgen, sondern zum Wohl des Ganzen eingesetzt werden. In disruptiven Zeiten der Digitalwirtschaft müsse man flexibel sein (werden) und wie ein Startup neugierig der Zukunft entgegen fiebern. Zu bestimmten Themen und Aufgaben sollen sich Mitarbeiter daher zu Schwärmen organisieren und autonom, unabhängig von Abteilungsgrenzen agieren. Niemand soll mehr warten müssen, bis der eigene Chef sich mit seinem Pendant aus der anderen Abteilung geeinigt hat, ob man hier oder da dies oder jenes tun können darf. Nur die zu lösende Aufgabe zählt (als Ganzes). Die Mitarbeiter sollen zukünftig mehr in sich häufig ändernden Projektteams arbeiten. Hierfür am besten geeignet sind hochmotivierte und kompetente Leute, die sich in einer Netzwerkstruktur gut zurechtfinden können. Agil ist das neue Zauberwort. Zukunft darf nicht mehr nur die Fortsetzung der Vergangenheit mit anderen Mitteln sein. Teams sollen nicht mehr gezwungen sein, ihre neuen Produkte erst durch unzählige Testzyklen laufen zu lassen. Entwicklungen sollen so schnell es nur irgend geht auf den Markt kommen, notfalls nachgebessert werden, wenn in der Alltagspraxis Fehler auftauchen. Die Devise: mehr Mut zu Versuch und Irrtum. Gesetzt wird auf das Prinzip „fail fast" – wenn schon scheitern, dann aber bitte schnell!

Kosten-, Qualitäts- und Zeitoptimierung: grundsätzlich können Prozesse über die sich gegenseitig beeinflussenden Größen Qualität, Kosten und Zeit optimiert werden. Die Prozessoptimierung setzt sich daher aus den Bausteinen Prozesskostenmanagement, Prozessqualitätsmanagement und Prozesszeitmanagement zusammen. So fängt die Prozessoptimierung bereits mit der Forschung und Entwicklung an, denn: die Produktarchitektur bestimmt direkt auch die Kosten der Beschaffung. Für die kontinuierliche Verbesserung von bestehenden Prozessen bzw. einen fehlerfreien Prozessablauf sollten in erster Linie die Erkenntnisse des Total Quality Managements als Basis herangezogen werden. Als kritische Größen des Erfolges müssen deshalb neben Umsätzen, Kosten und Deckungsbeiträgen auch Faktoren wie Zeit und Qualität gemessen werden. Grundsätzlich gilt ein Prozess dann als beherrschbar, wenn er auch messbar ist. Nur was mess- und damit steuerbar ist, lässt sich auch verbessern.

Der Consultant: „Messgrößen, die sich auf die Qualität der Unternehmensleistung beziehen: Cycle time (TCT) = Zeit zwischen Beginn und Ende eines betrieblichen Prozesses, dynamische Durchlaufzeit = Summe der Aktivitäten im Prozess (AIP) : aktuelle Prozessgeschwindigkeit. First Passed Yield (FPY) = Aufträge in % die beim ersten Durchgang korrekte Ergebnisse aufweisen bzw. erfüllt sind (Qualitätskennzahl über den jeweils gemessenen Prozess, d.h. Wiederholungsprozesse einschl. Rückfragen werden als grundsätzlich prozesshemmend angesehen). On time delivery (OTD) = Aufträge in %, die pro Zeiteinheit pünktlich ausgeliefert wurden (Qualitätskennzahl zur Messung der Kundenzufriedenheit)".

Der Senior Manager: „Je früher desto günstiger für die Qualität. Damit sich unser Mandant prozessbasierte Qualitätsvorteile verschaffen kann, müssen folgende Schritte durchgeführt werden: Sichtbarmachung der internen Qualitätsanforderungen durch Zerlegung eines Prozesses in Teilprozesse und Aktivitäten, möglichst genaue Ermittlung der Kundenanforderungen durch umfassende Marktforschung und intensive Kommunikation des Unternehmens mit seinen Kunden, Umsetzung der ermittelten Kundenbedürfnisse in konkrete Prozessanforderungen, Umsetzung der Kundenanforderungen in Produktspezifikationen, Transformation der Produktspezifikationen in Prozess-Spezifikationen. Je früher mit Prozessverbesserungen begonnen wird, desto günstiger wirken sich diese auf die Qualität aus. Je stärker sich Produkte und Leistungen von verschiedenen Wettbewerbern angleichen, desto mehr verbleibt dem Unternehmen nur noch die Zeit als von ihm selbst beeinflussbare Optimierungsgröße, um über diesen differenzierenden Wettbewerbsfaktor noch Wettbewerbsvorteile erzielen zu können. Über die Optimierung der Prozessdauer können u.a. folgende Vorteile erzielt werden: Reduzierung der Ware in Arbeit, Reduzierung der Bestände an Roh-, Hilfs- und Betriebsstoffen, Qualitätserhöhung durch kürzere Regelkreise, schnellere Reaktion auf Kundenwünsche, höhere Transparenz der Abläufe, geringere Abwicklungskosten, höhere Termintreue".

Prozesskostenmanagement: es geht um die Optimierung der Kosten entlang des gesamten Prozesses (d.h. auch über alle Schnittstellen hinweg). Voraussetzung für die Kostentransparenz der Wertketten ist ein entsprechend aufgebautes Prozesskostenrechnungssystem. Dies ist somit nicht nur einfach ein anderes Kostenrechnungsverfahren (z.B. in den Gemeinkostenbereichen, um die Prozesse transparent zu machen), sondern ist in erster Linie überhaupt erst einmal „das" Basisinstrument des Managements zur erfolgreichen Prozessoptimierung. Dabei muss das Prozesskostenmanagement eng mit dem Target Costing zusammenwirken, d.h.: durch die Marktforschung ist der Preis zu ermitteln, zu dem die Kunden bereit sind, für ein Produkt oder eine Dienstleistung zu zahlen. Anschließend wird der vom Management geplante Gewinn (= Target Margin) von diesem so ermittelten Zielpreis abgezogen. Als Ergebnis lassen sich so die vom

Markt erlaubten Kosten (= allowable Costs) als Zielkosten ableiten und dann auf einzelne Prozessleistungen, wie „Kundenangebot erstellen", „Auftrag abwickeln" oder „Serviceleistung erbringen" hin aufspalten. Ermittlung von Hauptkostensenkungsquellen von Vorgängerprodukten: aufwendige, vom Kunden nicht honorierte Produktfunktionen? zu teure Entwicklungskosten? zu hohe Fertigungstiefe (sind Zulieferer günstiger)? zu hohe Qualitätskosten (Ausschuss, Nacharbeit, Prüfkosten)? zu komplexe Beschaffungs-, Fertigungsplanungs-, Fertigungssteuerungs- und Logistikprozesse?

Unabhängig von gedanklichen Abschweifungen befinden sich alle in der Runde auf der gleichen Wellenlänge, nämlich der von Management- und Kommunikationsprozessen mit Wissensbilanzen. Dabei sind einzelne Komponenten der Wissensbilanz zunächst nichts grundlegend Neues. Die eigentlich neue Managementmethode auf der Basis von Wissensbilanzen entfaltet sich erst aus der Verknüpfung verschiedener Management- und Planungsperspektiven sowie aus der Fähigkeit zur Ingangsetzung und Förderung von strategischen Kommunikationsprozessen. Dies drückt sich aus:in der Darstellung des Unternehmens, wie hierbei die ganze Komplexität des Betriebsgeschehens erfasst und transparent auf die entscheidungsrelevanten Aspekte komprimiert wird, wie Visionen und die daraus abgeleiteten strategischen Ziele messbar gemacht werden und wie diese strategischen Ziele kommuniziert und im Unternehmensalltag des Budgets verankert werden.

Der Partner bemerkt abschließend: „Probleme bei der Umsetzung von Strategien können nicht zuletzt auch dadurch entstehen, dass eine Strategie so unklar formuliert ist, dass die für die Umsetzung Verantwortlichen nicht immer genau wissen, was überhaupt umgesetzt werden soll. Damit eine Strategie die durch sie erwünschten und erhofften Veränderungen aber überhaupt auslösen kann, muss sie auch nachvollziehbar an diejenigen kommuniziert werden, die sie umsetzen müssen. Eine geeignete Kommunikationsplattform hierfür könnte also eine Wissensbilanz sein wie Ihr sie für unseren Kunden entwickeln sollt!"

Der Partner beendet die Sitzung und dankt den anderen für das informative Gespräch. Als diese gegangen sind, denkt er kurz nach, wie viele seiner teuren Partnerstunden er dabei dem Projektbudget wohl belasten könnte. Vielleicht sollte er in diesem Zusammenhang auch mal wieder einen Artikel schreiben, um seinen Namen (gemeint ist natürlich seine Kompetenz) auch bei seinen Partner-Kollegen wieder einmal etwas ins Gespräch zu bringen. Schon immer fordert er Themen mit Langfrist-Charakter anstelle der Leere hinter dem Link: „Es besteht die Gefahr, dass das Internet an seiner eigenen Informationsfülle erstickt. Die Informationsverschmutzung schreitet voran. Als unbekannter Autor ertrinkt man darin und hat kaum eine Chance, in diesem wuchernden Monster von Homepages überhaupt noch wahrgenommen zu werden. Mit öffentlich-rechtlichen Geldern produzierte Beiträge werden ins Netz gestellt, um bereits wenig später danach mit immensem, wiederum öffentlich-rechtlich finanziertem Aufwand wieder gelöscht zu werden. Ein von kaum jemandem wahrzunehmender Autor hat auf der anderen Seite jedoch den Vorteil, dass er schon aufgrund der Natur seiner one-man-show jenen Viel-Personen-Redaktionen hinsichtlich Umfang und Aktualität seiner Beiträge von Beginn an nicht das Wasser reichen kann. Was mir bleibt, sind also Themen mit Langfrist-Charakter, die auch noch nach ein oder mehr Jahren nicht in der Versenkung verschwinden müssen. Bei denen es weniger auf brandheiße, quasi im Sekundentakt zu verbreitende "Neuigkeiten" oder Schlagzeilen ankommt, sondern eher das über Zeiträume hinweg geduldige Beobachten samt qualifizierter Aufbereitung der gesammelten Informationen im Vordergrund steht. D.h. erarbeitete Inhalte in gedruckter Form besser als lediglich online zu kommunizieren sind. Auch langjährig bestehende Online-Texte können vor diesem Hintergrund noch ihre Berechtigung beanspruchen. Wie ein guter Wein entfalten sie ihre volle Reife erst mit der Zeit und werden trotz ihrer anfänglichen Unscheinbarkeit dann doch noch wahrgenommen. Denn wenn das Internet, wie oft plakatiert wird, angeblich nichts vergessen kann, so wäre eine der ersten Voraussetzungen hierfür, dass es auch am Rande der Hetzjagd nach "Frisch-Infos" liegende Dinge, überhaupt erst einmal auf- und wahrnehmen kann. Für einen Autor gedruckter Texte können Online-Texte allenfalls als Beiwerk und Anpassung an das wohl Zeitgemäße dienen. Sie sollten sich deshalb auch an dem eher gemächlicheren Rhythmus von Druckpublikationen ausrichten. Ich als Autor von Gedrucktem kann für mich verbuchen: ich muss und will nicht mit Online-Beiträgen konkurrieren. In der Gewissheit, dass alle meine Gedanken und Analysen in Ruhe nachzulesen sind und die ISBN-Nummer meiner Druckwerke das Ablaufdatum der meisten Online-Werke überleben dürfte."

Die Bereitschaft, Regeln zu ändern und der Mut, zu einem fragilen Wissen zu stehen

Nach dem ganzen Stress der vielen Projekt-Meetings ging der Senior Manager laufen und setzte sich danach auf eine Bank am Fluss. Der mit der Schneeschmelze sein angestammtes Bett verlassen hatte und über die Ufer getreten war, die Wiesen um ihn herum aufgeweicht hatte. Bei allen seinen Einsätzen im In- und Ausland ist ihm der Fluss in seinem Gedächtnis immer gegenwärtig geblieben. Denn selten war er der Natur so oft nahe gewesen, wie bei seinen langen Läufen entlang an diesem Fluss. Er wohnte an diesem Fluss, saß oft an seinem Ufer, lernte mit der Zeit auch seine Stimmungen kennen. Es gab Momente, da konnte er sich in eine Halbtrance versetzen und sich vorstellen, dass die Strömung des Flusses auch gleichzeitig die vielen in seinem Kopf schwirrenden Gedanken mit sich nahm, seine Sorge mit sich flussabwärts trug. Er hatte sich vorher noch nie groß Gedanken über solche mystischen Kräfte eines Flusses gemacht. Doch in diesem Augenblick wurde ihm bewusst, dass er von Zeit zu Zeit im Geist an seine alten Stammplätze zurückkehrte. Vor allem immer dann, wenn er einmal der Hektik der ewigen Projekte entfliehen und zur Ruhe kommen wollte.

Das Projektteam aus externen Beratern und internen Mitarbeitern des Projekt-Unternehmens trifft sich zu einer weiteren Besprechungsrunde. Alle sind sich einig, den Faktor "Information" immer als eine Holschuld zu betrachten. Manche Manager arbeiten vielleicht noch mit umfangreichen Stäben und greifen nur in Ausnahmefälle selbst auf die sogenannten Executive-Informationssysteme (EIS) zurück. Die Begründung, dass Manager den Faktor „Information" nach wie vor als Bring- und nicht als Holschuld einschätzen oder aber ihre Entscheidungskriterien und damit ihre Informationsbedürfnisse nicht offenlegen wollten, ist kaum zutreffend. Mögliche Erklärung sind u.U. konzeptionelle Defizite, beispielsweise: dass die Potentiale, die Informationsbedürfnisse des Managements umfassend und flexibel abzudecken, viel zu hoch angesetzt werden: Dass die Potentiale, das Management wirkungsvoll zu unterstützen, bessere Entscheidungen schneller zu treffen, viel zu hoch angesetzt werden. Dass die Vorstellung vom „vernetzten Manager" oder „gläsernen Unternehmen" in der Realität als überzogen erscheint. Dass in rein technikorientierten Ansätzen zu wenig berücksichtigt wird, dass sich die Informationsbedürfnisse des Leiters eines kleinen Unternehmens und des Vorstandsvorsitzenden eines Großkonzerns in wesentlichen Punkten unterscheiden und teilweise sogar widersprechen. Dass die Einbindung externer - teilweise „weicher"- Umfelddaten zu wenig herausgestellt und auch betriebswirtschaftlich unterstützt wird:

Nicht wenige fühlen, das alles, was in zahllosen Rechnern an Daten wahrgenommen und verarbeitet wird, nicht ausreichen wird, um für die Welt, in der wir uns bewegen, benötigtes Entscheidungswissen zu erzeugen. Der Versuch, fehlendes Wissen, durch Berücksichtigung von immer mehr Informationen zu kompensieren, führt in eine Endlosschleife. Was nötig ist: sich Grenzen des Wissens einzugestehen und sich nicht mit immer mehr Informationen über dessen Fehlen hinwegzutäuschen. Es braucht Personen, die den Mut haben, ohne Rechthaberei zu ihrem fragilen Wissen zu stehen. Die Projektmitglieder zählen sich selbst ohne Einschränkungen hierzu.

Zu Beginn möchte der General Manage noch einige Anmerkungen zum Leitbild seiner Firma machen, da er dieses auch in der Projekt Wissen angemessen einbezogen sehen will: "Unser Leitbild soll Fragen beantworten wie beispielsweise: Wie wollen wir sein? Wie soll man uns sehen? Warum gibt es uns? Welchen Nutzen stiften wir? Was ist das Herzstück unseres Unternehmens, aus dem wertschaffende Leistungen erwachsen können? Welche Werte sind es wert, von uns gelebt zu werden? Wonach sollen/ müssen unsere Mitarbeiter ihr Handeln ausrichten? Worauf können sich unsere Kunden verlassen? Unser Leitbild muss ein möglichst realitätstreues Abbild des Lebens in unserem

Unternehmen sein. Von den Leitlinien muss die Botschaft ausgehen: "So sind wir!" (und nicht die Botschaft: "so wollen wir sein"). Das Leitbild soll so formuliert sein, dass sich der Anspruch daraus in tägliches Handeln umsetzen lässt. Für den Mitarbeiterbereich haben wir folgendes Werte-Leitbild entwickelt: Loyalität, Ehrlichkeit, Verlässlichkeit, Einsatzbereitschaft, Teamgeist, Respektieren anderer Meinungen, Austauschen von Wissen, Lernbereitschaft, Geben von Hilfestellungen und Feedback".

Der Unternehmensplaner hat eine Liste zu einigen Strategiepunkten und prognostizierten Veränderungen vorbereitet: „Worauf müssen wir uns als Unternehmen einstellen und achten? Wie sehr wird unser Unternehmen von den zukünftig zu erwartenden Veränderungen betroffen? Markt-Informationssystem: Welche Marktinformationen werden von uns benötigt, um die heutige/ zukünftige Situation fundiert analysieren zu können? Welche Chancen oder Gefahren bestehen für unsere Produkte? Beschreibung von Szenarien: Wie werden für uns die Handlungsspielräume am Ende des Planungshorizontes aussehen? Stärken und Schwächen: Welche Stärken können wir einsetzen/ ausbauen? Welche Schwächen müssen wir abbauen? Ertragspotenziale: In welchen Produkt-/ Markt- Kombinationen sind wir tätig? Wie gut sind diese Märkte? Wie gut ist unsere Position? Strategische Geschäftseinheiten:

Welche Einheiten bearbeiten die Ertragspotenziale? Welche Ziele sollen die SGE´s auf welche Weise erreichen? Wachstum: Welche Wachstumsstrategie verfolgen wir? Unsere Voraussetzungen: Können wir das überhaupt? Was müssen wir zunächst sicherstellen, um unsere Strategien auch umsetzen zu können? Wie wird die Balance zwischen Wünsch- und Machbarem hergestellt? Maßnahmen-Katalog: Mit welchen Schritten und Maßnahmen wollen wir unsere Strategien umsetzen und hinsichtlich ihrer Erfüllung kontrollieren?"

Der General Manager nochmals, weil es ihm wichtig (noch mehr als sein aktueller Incentive-Plan) ist: „Die Er- / Überarbeitung des Leitbildes soll dazu beitragen, uns und anderen die eigene Identität deutlicher zu machen und damit eine bestimmte Leistungskultur zu fördern. Gleichzeitig soll eine tiefgreifende emotionale Bindung der Mitarbeiter an unsere Firma hergestellt werden. Klar und verständlich in der Sprache, dazu kurz und übersichtlich verfasst sollen die Leitlinien unseres Unternehmens als Fahrplan für konkretes Handeln genutzt werden. Auch wenn das Leitbild nicht der richtige Platz für große Visionen ist, müssen von ihm trotzdem konkrete Botschaften vermittelt werden. In dem Leitbild sollen Allgemeinplätze vermieden werden, aus denen sich die Einzigartigkeit und die spezifischen Werte unseres Unternehmens nur schwer ableiten lassen. Wenn ein Leitbild zu bloßen Prospektformaten abgewertet wird, ist es eher eine Last als eine Hilfe. Häufig werden echte Inhalte durch Floskeln und Binsenwahrheiten ersetzt. Manchmal wird, wie ich meine, auch der Kern eines Leitbildes verfehlt. Wir müssen uns der Disziplin unterwerfen, nur drei bis maximal fünf Werte verbindlich festzuschreiben. Ein Mehr ist in der Praxis für die Zielgruppen kaum zu verarbeiten. Was nicht einprägsam ist, wird in der betrieblichen Praxis zumeist auch nicht gelebt".

Der Unternehmensplaner: „Die Vereinbarung strategischer Ziele ist das Kernelement unserer strategischen Planung, welche wiederum die Grundlage für alle operativen Umsetzungsaktivitäten bildet. U.a. geht es auch darum, wie das Intellektuelle Kapital entwickelt werden muss. Für das Geschäftsumfeld erkannte Möglichkeiten und Risiken müssen zur Vision und Strategie in Bezug gesetzt werden. Die Geschäftsstrategie muss beschreiben, wie künftig am Markt, an welchen Standorten mit welchen Produkten und Dienstleistungen agiert werden soll, welche Investitionen sowie Maßnahmen zu Forschung und Entwicklung hierfür vorgesehen sind. Im Hinblick auf die hieraus abzuleitende Wissensstrategie des Intellektuellen Kapitals geht es um Fragen wie beispielsweise: welches spezifische Wissen, d.h. intellektuelle Kapital wird zur konkreten Umsetzung der Geschäftsstrategie benötigt? Welches intellektuelle

Kapital hat uns in der Vergangenheit stark gemacht, was davon ist einzigartig und sichert uns Wettbewerbsvorteile?

Der Senior Manager erklärt: „Erfolgreiche Unternehmen haben nach meiner Erfahrung ein mitreißendes Leitbild, das ihren Platz und ihre Identität in der Zukunft zeigt. Denn erst die Begeisterungsfähigkeit der Mitarbeiter, ihre Leidenschaft für die Produkte, ihr Engagement für das Unternehmen (nicht nur als Brötchengeber) sind die wirklichen Erfolgsgrundlagen. Das Leitbild sollte immer Aussagen zum Unternehmenszweck, zentralen Werten, Aktivitätsfeldern und Zielen des Unternehmens enthalten. Unterstützt werden soll dadurch u.a. ein kollektiv koordiniertes Handeln (für die Mitarbeiter eine Art Kompass, der ihr Verhalten koordiniert). Darüber hinaus dient das Leitbild auch als Kommunikationsinstrument nach außen und soll gegenüber externen Gruppen (Kunden, Geschäftspartnern u.a.) verdeutlichen, warum eben gerade dieses Unternehmen attraktiv ist. Strategien haben immer die Planung der Zukunft zum Inhalt, müssen gleichzeitig aber auch sowohl Stabilität als auch Wandlungsfähigkeit Ihres Unternehmens absichern. Die Vision beschreibt langfristige Ziele und ist Grundlage für tragfähige Strategien (z.B. Marktführer in einem Produktsegment, Qualitäts-, Kostenführerschaft u.a.). Die Strategie beschreibt zukünftige Aktionen, beispielsweise: a)

Geschäftsstrategie (z.B. Ausbau Angebotsbreite, Ausbau Leistungstiefe) oder b) Wissensstrategie (z.B. Führungskompetenz einsetzen, Innovationskompetenz weiter ausbauen. Im Mittelpunkt stehen Markt- und Wettbewerbsstrategien. Es geht darum Ertragspotenziale zu erkennen und Unternehmenswachstum zu sichern. Strategisches Denken ist somit auch immer ein gesamthaftes, zielorientiertes und langfristiges Denken. Strategisches Denken bezieht sich auf unterschiedliche Ausgangssituationen und unterschiedliche Ziele. D.h.: Strategisches Denken ist Denken in Alternativen mit jeweiligem Berechnen der Folgen. Im Gegensatz zur operativen Planung (Produktions-, Finanz-, Kosten-, Personal-, Verkaufs-, Werbeplan) beschäftigt sich strategische Planung mit Märkten, Produkten und Mitteleinsatz".

Eine gute Strategie und ihre konsequente Umsetzung sind Voraussetzung für den langfristigen Erfolg des Projekt-Unternehmens. Die geeignete Strategie und das hieraus abgeleitete Geschäftsmodell sind abhängig von der Wettbewerbsumgebung, d.h.: nur wenn die Strategie für die jeweiligen Marktbedingungen geeignet ist, wird sie für das Projekt-Unternehmen auch zum Erfolg führen. Die Wahl der besten Strategie muss vor dem Design der Prozesse erfolgen: nur dann können Struktur und Prozesse auch zielgerichtet aufgebaut werden. Für die Berater stehen nach wie vor als Fragen im Raum: Orientiert sich das Projekt-Unternehmen an einem Leitbild? Lässt sich das Projekt-Unternehmen von einem Leitbild auch wirklich leiten? Ist das Leitbild auf die Zukunft ausgerichtet? Reduziert das Leitbild Komplexität? Schafft das Leitbild Orientierung und hilft Umfeldereignisse einzuordnen? Ist das Leitbild motivierend, erstrebenswert und Begeisterung weckend? Decken sich bei dem Leitbild Anspruch und Wirklichkeit? Gibt es ein Gefühl kollektiver Verantwortung? Konzentriert sich das Leitbild auf das Mögliche und Machbare (vermeidet das Utopische). Ist das Leitbild konkret genug, um auch handlungsleitend wirken zu können?

Der Marketingcontroller ist sich bewusst, dass sein Unternehmen den Wandel und die Innovation als Verbündete für sich und nicht als Hindernis gegen sich arbeiten lassen will. Je größer hierbei die Innovationskraft ist, desto flexibler kann neuen Anforderungen begegnet werden. Im Blickpunkt steht die Anpassungsfähigkeit an neue Entwicklungen (im Markt, beim Kunden). Hinsichtlich der Innovationsprozesse geht es um Fragen wie beispielsweise: welche Vorteile werden Kunden aus unseren Produkten von morgen noch gewinnen? oder: wie können wir der Konkurrenz durch Innovation zuvorkommen? irgendwann hat er das Gefühl, wie in einem rollenden Computerauto zu sitzen und er denkt sich: „James Bond ade: hinter dem Überwachten steht heute wohl kaum noch ein realer Spion. Denn: jeder wird überwacht. Aber: nicht deshalb, weil er etwa so interessant wäre. Sondern: weil es genug Speicherkapazitäten gibt, um diese mit Informationen über jeden anfüllen zu können. Für irgendwas oder irgendwie: könnte es ja einmal zu gebrauchen sein. Gefangen im Netz: es gibt wohl keine Möglichkeit, vernetzte Rechenleistungen in einer Welt so zu betreiben, dass hierüber keine Daten anfallen. Niemand wäre bereit auf den (vermeintlichen) Komfort von Internet und vernetztem Rechnen zu verzichten. Konsequenz: jeder Einzelne ist jenen ausgeliefert, die alle diese anonymisierten und aggregierten (Meta-)Daten auslesen und verknüpfen. Immer mehr wird auch sein Auto zum Computer, längst gehört es zum Internet der Dinge. Auf der einen Seite schützt die Digitaltechnologie beispielsweise vor Gefahren wie Aquaplaning, Sekundenschlaf oder Beulen beim Einparken. Auf der anderen Seite werden auch hier wieder alle möglichen Daten abgesaugt. Denn neue Autos verfügen heute bereits über Bordcomputer und ein ausgebautes internes Netzwerk. Was alles möglich ist zeigt für ihn ein Hacker-Angriff, digital in ein Auto einzubrechen: Studenten in China soll es gelungen sein, Sicherheitsbarrieren einen Elektroautos zu durchbrechen, Türen und Schiebedach bei voller Fahrt zu öffnen, Lampen einzuschalten und Hupen zu betätigen. Für eine Einflussnahme von außen bieten sich als Einfallstore für Angriffe vor allem Sensoren für Fahrassistenzsysteme an: zentrale Fahrfunktionen wie Bremsen, Gasgeben und Lenken könnten vielleicht folgen. Manipulationen und Kontrollverluste solcher Art (bei voller Fahrt) sind ein Albtraum: Cyber-Angriffe auf rollende Computer-Autos.

Zu den anderen, die diese Gedanken hoffentlich nicht mitlesen konnten, erwähnt er dann er ein möglichst umzusetzendes proaktives Change Management: „Der Schlüsselfaktor für ein Change Management ist die Bereitschaft zur Veränderung von Spielregeln. Dazu kommt die Qualität der Umsetzung durch eine gezielte Entwicklung der inneren Schlagkraft unseres Unternehmens in Menschen bzw. deren Fähigkeiten und abgeleitet daraus in Strukturen, Systeme und Prozesse. Es genügt eben nicht, nur besser zu sein. Vielmehr müssen die Grundrichtungen „Konzept" und „Verwirklichung" mit dem festen Willen zur positiven Veränderung (nicht nur Verbesserung!) gezielt verfolgt und mit gestalterischem Denken genutzt werden. Fragen hierzu sind beispielsweise: wie werden unsere Leistungen am Markt abgenommen und welche Vertriebsressourcen werden hierfür gebraucht? Können wir die Leistungen in dem vom Markt gewünschten Umfang (Kapazitäten, Engpässe u.a.) erbringen?

Lohnt es sich, in den betreffenden Geschäftsfeldern Leistungen anzubieten und wird dadurch unser Erfolg auch längerfristig gefördert?"

Der Senior Manager ergänzt sofort: "Im Verlauf eines Produktlebenszyklus verändern sich der Wert bzw. das Kosten-/ Nutzenverhältnis einer Leistung für den Kunden, die Mitteil- und Demonstrierbarkeit des Wertes, die Komplexität des Produktes, der Standardisierungsgrad, die Kompatibilität eines Produktes sowie auch viele andere ökonomisch und technisch relevanten Merkmale. Aus diesen Veränderungen folgt, dass insbesondere für kurze Produktlebenszyklen wegen des zusätzlich zu berücksichtigenden Zeitfaktors entsprechend dynamische Prozesse in Gang gesetzt werden müssen. Ihr Unternehmen steht vor der Frage, welche Innovationsrichtung es einschlagen soll: welchen zusätzlichen Wert bringt eine geplante Innovation dem Kunden? Was bringt sie Ihrem Unternehmen (erzielbarer Preis, Kundentreue u.a.)? wie macht man den Kunden auf den größeren Wert aufmerksam, den die Innovation ihm bieten kann?"

Der Marketingmanager nennt mögliche Ansätze für das Herausfinden neuer Produkte: „Unbefriedigte Bedürfnisse, Nachteile bestehender Produkte, Lücken in einem sonst gut bedienten Markt, Übertragung erfolgreicher

Konzepte aus anderen Märkten. Dabei kann man realistisch nicht erwarten, dass jemand seine Meinung über etwas äußert, das noch gar nicht existiert. Der Innovator kann auch nicht auf die Konkurrenz schauen, denn er will sich ja gerade sicher sein, dass es außer ihm zunächst niemand anderen in dem Rennen gibt. Erfolgsrezepte: a) Herangehensweisen nutzen, die vorher noch kein anderer ausprobiert hat, b) Analogien zu anderen Produkten, Branchen oder Märkten darstellen, c) Kundenwert anbieten, den sonst niemand bietet, d) Art und Weise, wie man es bisher immer gemacht hat, überdenken und in Frage stellen, e) nach möglichen Anwendungen suchen und mögliche Anwendungsprobleme lösen".

Ganz tief drin in seinem Inneren ertappt er sich aber manchmal selbst bei Überlegungen, die in eine ganz andere Richtung zeigen, die er vielleicht besser nicht in einer Runde wie dieser offen aussprechen sollte. Wenn er sich fragt, ob es wirklich immer mehr und mehr und immer neuere und neuere Produkte braucht, um Menschen glücklich oder zumindest zufriedener zu machen. Oder ob Wachstum um jeden Preis der einzig mögliche Weg sein muss, oder es vielleicht doch auch mehr Wachstum auf immaterielle Art geben sollte. Angenommen, jemand habe an seinem Auto innerhalb kurzer Zeit mehrmals einen (kleinen oder größeren)

Blechschaden zu verkraften (z.B. beim Einparken, bei einem Anrempler mit der Straßenlaterne, Kinder mit dem Fahrrad) und musste daraufhin mehrfach die Werkstatt zur Beseitigung von Beulen und Lackschäden aufsuchen. Sein Konto wurde dabei leicht um einige tausend Euro leichter, sein Wagen sieht nach der Reparatur zwar genauso aus wie zuvor (wenn er großes Glück hatte), das Bruttoinlandsprodukt (Summe der in einer Volkswirtschaft produzierten Waren) aber wuchs um seine Schadenssumme. Ein anderer dagegen recherchiert in der digitalen Welt nach von ihm zusätzlich benötigtem Wissen (Gesundheitsvorsorge, Hotelzimmer, Geschäftsreise und, und, und), für das er früher viel Zeit und Geld hätte aufwenden müssen. Das Bruttoinlandsprodukt steigt durch diesen Wissenszuwachs um keinen Cent oder Euro. Diese Art der Messung von Wachstum produziert den Anschein von Wohlfahrtseffekten wo keine sind und könnte auch ein Grund dafür sein, dass Deutschland in Politikerreden immer wieder als non plus ultra der Wirtschaftskraft definiert wird, von der ein gemeiner Bürger in seinem Alltagsleben aber manchmal nur wenig zu spüren vermeint.

Der Senior Manager, der von solchen Gedanken eines Projektteilnehmers nichts ahnt (obwohl er dessen Zweifel durchaus geteilt hätte), stellt klar: „Das Wissen um empirisch nachweisbare Innovations-Erfolgsfaktoren muss für Ihr Unternehmen zum "Pflichtfach" werden. Es muss ein zutreffendes Bild von dem entwickelt werden, was Innovation fördern kann und was sie lähmt und behindert. Die Wissensbilanzierung leistet einen wesentlichen Beitrag, die entscheidenden Wirkfaktoren zu erfassen und diese in eine beschreibbare, berechenbare Relation zu bringen. Fehler in Innovationsprojekten werden als Lern-Chance behandelt, es soll systematisch aus diesen Fehlern gelernt werden (z.b. durch Projekt-Review, Lessons-Learned). Durch Innovationsindikatoren erhalten Sie einen Gesamteindruck der vorhandenen Entwicklungspotentiale. Diese können ggf. mit einer selbst gewählten Vergleichsgruppe systematisch verglichen werden".

Um den Strukturwandel zu meistern und auch morgen noch erfolgreich zu sein wird es immer öfter notwendig, sich möglichst frühzeitig nach neuen Wegen umzuschauen. Unabhängig, ob ein Unternehmen nun groß oder klein ist, sollte es das kreative Potenzial auf die Marktanforderungen lenken, die von seinen Zielgruppen, sich ändernden Technologien u.ä. ausgehen. Doch neue Ideen sind teuer: bis sie kommerziell zu nutzen sind, verstreichen oft Jahre, ebenso bis zur Amortisation. Hinzu kommt, dass es keine Garantie für wirtschaftlichen Erfolg gibt. Nut ca. 2,5 %

aller neuen Ideen, ca. 15 % aller Entwicklungsprojekte setzen sich später auch im Markt durch. Die zentralen Arbeitsschritte bei der Produktfindung: Problemdefinition, Informationsbeschaffung, Kreativitätstechniken, Ideensammlung, Wertanalyse, Ideenauswertung, Absicherung von Produktideen, Markteinführung. Innovation entsteht nicht einfach aus dem Nichts. Obwohl es heute eine Vielzahl von Instrumenten und Methoden zur Innovationsproduktion verfügbar sind gilt, dass deren steigender Anzahl und Vielfalt keine dementsprechend steigende Innovationsrate gegenüber steht. Schlussfolgerung: eine Garantie für den sicheren Innovationserfolg gibt es nicht, im Mittelpunkt aller Erfolgschancen steht nach wie vor die individuelle Kreativität.

Marketingprozesse sind durch ein hohes Maß an Komplexität gekennzeichnet. Das Marketingcontrolling muss daher die Instrumente immer so ausrichten, dass sie ein Gleichgewicht zwischen einerseits dem Denkbaren und andererseits dem Machbaren herstellen: methodisch durchdachte und daher in sich stimmige und abstimmfähige Wissensbilanzen können hierbei wertvolle Dienste leisten. Ziel ist das Aufzeigen von möglichen Verbindungen zwischen Marketingcontrolling-Sachverhalten und Wissensbilanzen. Hierbei ist Kapital nicht gleich Kapital: das materielle Kapital steht in der Bilanz. Darüber hinaus sind aber auch Wissen, Prozesse, Beziehungen etc. auch Kapital, das in der Regel aber nicht in der Bilanz steht. Es geht damit um die Fähigkeit, mit internem und externem Wissen optimal umzugehen. In manchen Situationen wird oft mehr als die Hälfte des vorhandenen Intellektuellen Kapitals nicht genutzt: auch gibt es gelegentlich Schwierigkeiten bei der Übertragung von Wissen an den Ort der Anwendung, d.h. dorthin wo dieses Wissen benötigt wird.

Der Marketingmanager erklärt: „Mit dem Ziel die Kundengewinnung, die Kundenbindung und demzufolge die Kundenrentabilität nachhaltig zu verbessern müssen alle Informationen über Märkte und Kunden kontinuierlich und systematisch ausgewertet werden. Es müssen also auch Informationen darüber verfügbar sein, wie wir unsere Marktchancen früher erkennen und schneller reagieren können und wie wir aufgrund präziserer Informationen individueller auf Kunden und deren Wünsche eingehen können. D.h.: wer heute im Wettbewerb bestehen will, muss immer mehr und immer besser über seine Kunden Bescheid wissen, er muss das Wissen und Verstehen aller Transaktionen die den Kontakt eines Kunden mit dem Unternehmen repräsentieren ständig weiter verbessern. Nur wem es gelingt, ein vollständiges Bild vom Kunden zu entwickeln und dieses auch in der zugrunde liegenden Informationsverarbeitung berücksichtigt, hat morgen im Markt die Nase vorn. Je mehr wir über unsere Kunden wissen, desto effektiver können wir auf der Basis dieses Wissens Strategien und Marketingaktivitäten planen und steuern, die der Erwartungshaltung der jeweiligen Kundensegmente entsprechen und zur dauerhaften Bindung an unser Unternehmen beitragen".

Die fossilen Brennstoffe als Treibstoff des 20 Jahrhunderts sind von Daten der Nutzerprofile als Treibstoff des 21. Jahrhunderts übertroffen worden. Durch dem Normalbürger weitgehend unbekannte „Digitalautoritäten" werden Menschen zunehmend transparenter, fremdbestimmter und manipulierbarer. In der FAZ wird von Google gar als einer „weltmarktbeherrschenden Großbank der Verhaltenswährung" gesprochen: für die Fiktion von der Gratis-Kultur im Internet hätten wir alle einen hohen (zu hohen ?) Preis mit der „Berechenbarkeit und kommerziellen Verwertbarkeit unseres Verhaltens" zu entrichten. Aber wenn sich die digitalen Zwänge der ungebremsten Abgreiferei persönlicher Daten schon nicht mehr rückgängig oder gar überhaupt unmöglich machen lassen, so sollte jeder das Recht haben zu wissen, was man an Daten von ihm gesammelt hat und für welche passenden und unpassenden Gelegenheiten auswertet.

Der Senior Manager meint, dass Kunden binden manchmal besser sein kann als Kunden finden: "Offensive Strategien zur Gewinnung von Neukunden sind teuer, Defensivstrategien zur Bindung treuer Käufer versprechen bei gleichem Mitteleinsatz mehr an Wirkungen. Bis zu 70 % Umsatz setzen sich oftmals aus Wiederholungskäufen zusammen. D.h. Kundenbindung geht vor Kundenfindung: in Form konsequenter Stammkundenbindung, Verbesserung der Service-Qualität, Aufbau von Wechselbarrieren, Einführung von Kunden-Feedback-Systemen. Es kostet etwa fünf- bis zehnmal so viel, einen neuen Kunden zu gewinnen als einen alten Kunden dauerhaft an sich zu binden. Statistisch gesehen kann jede ernsthafte Störung der Kundenbeziehung zum Verlust von 3-15 weiteren potenziellen Käufern führen. Fazit: Stabile Kundenbindungen sind eine Barriere und der beste Schutz gegen das Vordringen aggressiver Konkurrenten".

Hierzu erklärt der Marketingmanager: „Kunden, die über längere Zeit nicht mehr aktiv waren oder die bestehende Vertragsverhältnisse gekündigt haben, stellen für uns nach wie vor ein interessantes Potenzial dar: Für mich ist Reaktivieren inaktiv gewordener Kunden wesentlich kostengünstiger als das Gewinnen neuer Kunden. Mit Hilfe von Data Mining Verfahren können wir aus den Inaktivbeständen diejenigen Kunden ermitteln, die in ihrem Profil dem der guten, aktiven Kunden am besten entsprechen. Stärkere Kundenbindung bedeutet für uns gleichzeitig mehr Sicherheit. D.h. weniger Risiko, dass der Kunde beim geringsten Anlass zur Unzufriedenheit gleich zu einem anderen Anbieter wechselt. Höhere Kundenbindung bedeutet gleichzeitig auch bessere Kenntnisse der Kundenbedürfnisse und -wünsche, daraus folgend wiederum geringere Risiken bei Produktinnovationen. Ein weiterer positiver, empirisch nachweisbarer, nahezu linearer Zusammenhang besteht zwischen der Bindung und der Referenzbereitschaft von Kunden. Von den Champions (Marktführern) kann man lernen: die größte Stärke eines Unternehmens sind die Beziehungen zu seinen Kunden".

Der Consultant ergänzt: „Die Vertriebsplanung muss bis auf die Ebene der Vertriebsmitarbeiter, z.B. als Absatz-, Deckungsbeitrag oder Umsatzvorgaben, herunter gebrochen werden. Die strategiekonforme Ausrichtung des Außendienstes muss durch erfolgsabhängige Vergütungssysteme sowie Gebiets- und Key Account Managementinstrumente begleitet werden. Weitere Prozesselemente: Kundenqualifizierung, Kunden- akquisition, Kontaktanbahnung, Informations- und Angebotsgespräche, Angebotserstellung/ -verhandlung, Vertragsabschluss, Generierung noch nicht realisierter Verkaufspotenziale, Ausschöpfung eventueller Cross- selling-Potenziale. Vertrieb planen und steuern, Kunden qualifizieren, Kunden akquirieren, Aktionen planen und durchführen, Kunden entwickeln, Vertriebsdaten pflegen, Auftragsabwicklung (d.h. Auftragsabwicklung planen und steuern, Aufträge bearbeiten, Fakturierung/ Zahlung, Retouren/ Reklamationen bearbeiten), Distribution (d.h. Distribution planen und steuern, Warehouse-Abwicklung, Versand/ Auslieferung, Transport/ Abwicklung) und Kundenbetreuung (d.h. Kundenbetreuung planen und steuern, Kundenbetreuungskonzepte entwickeln, Kunden betreuen, Services bieten, Kunden zurückgewinnen)".

Beim Customer Relationship Management liegt der Fokus auf 1. Kundengewinnung: Info-Datenbanken integrieren, interne und externe Informationen; Kenntnis darüber gewinnen, wann ein Kunde Kontakt aufnehmen wird und welchen Vertriebskanal der Kunde bevorzugt; Wahrscheinlichkeit für erfolgreiche Neugewinnung von Kunden; Kundenkontakte identifizieren und bewerten; erfolgversprechende Kommunikation erkennen und identifizieren. 2. Kundenbindung: Kaufpräferenzen verstehen lernen; Identifizieren von Produkten, die von Kunden (warum?) nicht gekauft werden; Wahrscheinlichkeit für Kundenabwanderung identifizieren; Veränderungen im Kaufverhalten erkennen und bewerten. 3. Kundenprofitabilität/ -potenzial: profitabelste Kundensegmente erkennen und bewerten; Kaufwahrscheinlichkeiten identifizieren (Up-Selling, Cross-Selling); Marketingbudget optimal den Werbemaßnahmen zuordnen

Da es letztlich auch um seinen Umsatz- und Gewinnbonus geht, schaltet sich auch der General Manager nochmals in das Gespräch ein: "Der Bedarf an kundenorientierter Informationsverarbeitung ist in solchen Märkten am höchsten, in denen die Intensität des Wettbewerbs hoch, gleichzeitig aber die Produktdifferenzierungsoptionen gering sind. Da unter solchen Marktsituationen die Auswahlalternativen für die Kunden groß sind, ist damit einhergehend auch für die Kundenbindung nur ein geringes Maß zu erwarten. Nur ein kontinuierliches Monitoring des sich dynamisch ändernden Umfeldes kann Unsicherheiten und Risiken dieser Art reduzieren helfen. Die Prozesse, die unser Unternehmen in die Lage versetzen, aus Kundeninformationen langfristige und profitable Kundenbeziehungen zu entwickeln, gliedern sich nach verschiedenen Phasen wie Erkenntnis-Gewinnung (Knowledge Discovery), Marktplanung (Market Planning), Kunden Interaktion (Customer Interaction) oder Analyse und Verbesserung (Analysis and Refinement). Für uns steht dabei im Mittelpunkt, dem richtigen Kunden zum richtigen Zeitpunkt ein auf seine individuellen Bedürfnisse abgestimmtes Informations- und Leistungsangebot anbieten zu können".

Der Marketingmanger fühlt sich einmal mehr direkt angesprochen und sagt: "Zur Prozessgruppe Market gehören die Geschäftsprozesse Marketing (d.h. Marketing planen und steuern, Marktforschung betreiben, Mitwirken an der Produktentwicklung, Vermarktungskonzepte erstellen, Mitwirken an der Produkteinführung, Sortimente und Produkte pflegen, Produkte ausphasen. Marketingprozess heißt: Erstellung der jährlichen und mittelfristigen Marketingplanung. Unterjährig werden insbesondere Produktvermarktungen, Aktionen und Werbekampagnen inhaltlich und finanziell geprüft sowie an geänderten Absatz- und Ergebnis-Forecasts neu ausgerichtet. Es muss geplant werden, zu welchen Preisen wir unsere Produkte anbieten wollen. Wir müssen uns fragen: verfügen wir im Marketingcontrolling zur erfolgreichen Umsetzung unserer Ziele auch wirklich über die dazu benötigten steuerungsrelevanten Informationen? Werden diese präzise und übersichtlich aus den zahlreichen Unternehmensdaten herausgearbeitet? Verfahren wie beispielsweise Data Mining liefern die Grundlagen für differenzierte Marktkorbanalysen, Absatzplanung und -prognosen, Zielgruppen- und Kundenanalysen, Produktmanagement und Preisplanung. Die verschiedenen Abfragetechniken und Analyseverfahren werden miteinander verknüpft. Zu diesen Verfahren gehören Entscheidungsbäume, verschiedene statistische Auswertungen, grafische Darstellungsmethoden".

Der Consultant sagt hierzu: „Es ist fast so wie im Schach. Man macht wohlüberlegt seine Züge und anfangs entwickelt sich auch alles nach Plan. Aber plötzlich, man weiß nicht, wieso und woher, ist eine zweischneidige Stellung entstanden, die völlig anderes ist als gedacht oder geplant. In den Tiefen seines Inneren weiß man immer, das die Situation auf dem Brett nie die alleinige Schuld des Gegners sein kann. Verliert man, denkt man, man war gehandicapt oder einfach nur unaufmerksam. Gewinnt man, denkt man, dass dies nur der eigenen Qualität und Herrlichkeit zu verdanken ist. Doch wer matt gesetzt wird, ist am Ende selber schuld. Die Variante, die dahin führte, hat jeder selbst schon lange vorher auf eigene Verantwortung gewählt". Und direkt an die Anwesenden gerichtet: „Gibt es ein entscheidungsunterstützendes Markt-Informationssystem? Damit könnten sowohl Qualität als auch Aussagekraft von Marktdaten verbessert werden. Da die operativen Datenbestände vergangenheitsorientiert sind, können sie allenfalls statische Prognosen auf zukunftsorientierte Szenarien unterstützen. Umgangen wird diese Restriktion durch Korrelation externer Datenpools wie beispielsweise Adressen, demographische Daten oder Verbraucherstatistiken mit operativen, unternehmensinternen Datenbeständen.

Analog zum Zwischenlager der Produktion mit der Einlagerung von Halbzeugen, die nicht selbst produziert, sondern von Zulieferern gekauft wurden, muss auch die interne Informationsverarbeitung durch externe Daten ergänzt werden können. Durch entsprechende Korrelation mit den aggregierten operativen Daten kann ein erhebliches Informationsmehrwert-Potenzial mit den daraus generierbaren Wettbewerbsvorteilen erschlossen werden. Beispielsweise: Analyse von Trends, Beurteilung des Erfolgs einer Marketingaktion, Überwachung von kritischen Erfolgsfaktoren".

Diese Argumentation unterstützend und weiter ergänzend fragt der Senior Manager: „Wird eine unter Umständen nach innen gewendete Sichtperspektive konsequent zu einer ganzheitlichen Sicht mit Blick auf den Wandel von Märkten, Zielgruppen und Bedarfshaltungen von Kunden erweitert? Denn mit dem Information-Driven-Marketingcontrolling lernt Ihr Unternehmen vor allem die Gesamtheit aller potenziellen Kunden systematisch kennen, ihre Eigenschaften und besonderen Merkmale, ihre Bedürfnisse, Gewohnheiten und ihre Wünsche. Mit diesem Wissen lassen sich strategische Marketingentscheidungen zielgenauer und kostengünstiger treffen, d.h. der Customer-Value besser steuern. Im System können die Daten multivariat verknüpft werden, d.h. miteinander verglichen und mit qualifizierten Zusatzinformationen angereichert werden. Mit Hilfe von kundenspezifischen Bewertungsziffern können -beispielsweise zur Neukundengewinnung, zur Kundenaktivierung oder -reaktivierung- die besten Zielgruppen selektiert und die hierfür entsprechenden Maßnahmen eingeleitet werden. Ebenso lässt sich Ihr strategisches Marketingcontrolling durch Anwendungen wie z.B. Marktpotenzialanalysen, Marktdurchdringungsanalysen, Standortbewertungen, Vertriebsgebietsoptimierungen oder die Bestimmung von Vetriebsgebiet-Reichweiten unterstützen."

Der Marketingmanager: „Somit sind also Marketingprozesse immer auch durch ein hohes Maß an Komplexität gekennzeichnet. Die Gestaltung der einzelnen Prozesse muss ich daran messen können, inwieweit sie dazu beitragen können, relevante Markt-, Kunden- und Ressourcenpotenziale auszuschöpfen. Die Gefahr, dass man an den Marktrealitäten vorbei steuert besteht doch immer dann, wenn die Reaktionszeiten zu lang und das Informationsinstrumentarium zu sehr auf die Fortschreibung der Vergangenheit statt auf die Beherrschung der Zukunft ausgerichtet ist. In der heutigen Wirtschaftswelt ist die Entwicklung und Analyse von Voraussagen und Plänen von vitaler Bedeutung. Sollen für Planungen über die

Abteilungsebene hinaus Produkte, Vertrieb, Märkte, Länder und anderes miteinander verknüpft werden, sind hierfür geeignete Instrumente erforderlich".

Der General Manager, der in seinem privaten Bereich eher einen Investmentstil pflegt, der bei Finanzexperten unter dem Namen „Risk-Parity" (zu Deutsch: Risikogleichheit) läuft. Er sagt: "Die Idee dahinter ist, dass man an den Märkten so viele Spekulationen eingeht, wie man es gerade für aussichtsreich hält. Wichtig bei all diesen Wetten ist nur, dass sie möglichst unabhängig voneinander sind, d.h. meine Investments unter keinen Umständen alle gleichzeitig an Wert verlieren dürfen. Die Finanzleute nennen dies „negative Korrelation". Fatal daran ist nur, dass dieses klassische Konzept seit der Finanzkrise nicht mehr so gut klappt, da die Korrelationen zugenommen haben. Deshalb tüftele ich zumindest in meinem Privatbereich daran, Fehler auszumerzen und eine Risikomischung zu finden, die in möglichst jedem denkbaren Szenario noch funktioniert."

Geschäftlich heißt für ihn Planen daher vorausschauen und Prognosen entwickeln: „Je genauer diese Prognosen sind, desto erfolgreicher werden die daraus abgeleiteten Schlüsse und damit unser Geschäft sein. Informationen alleine haben aber weder einen besonderen Wert, noch einen Zweck an sich, d.h. unser Erfolg hängt davon ab, wie effizient das Marketingcontrolling diesen Rohstoff zu nutzen versteht. Das Marketingcontrolling interessiert mehr das Morgen und Übermorgen als das gestern Gewesene. Ursprünglich versorgten sich die Leute dabei vorwiegend mit Zahlen aus dem Rechnungswesen, speziell solchen der Kostenrechnung. Heute müssen die Instrumente breiter, u.a. durch Einbeziehung von Risiko-, Frühwarn-, Kunden-, Konkurrenz- und Marktinformationen, eingesetzt werden. Dabei müssen die entscheidungsrelevanten Informationen über verschiedene Hierarchieebenen hinweg so verdichtet werden können, dass eine Koordination von Einzel- und Gesamtzielen ermöglicht wird. Also alles in allem: die planungsrelevanten Daten müssen zu einem umfassenden Gesamtsystem gebündelt werden".

Dafür gab es von allen Beteiligten Beifall. Man vertagte sich mit dem wohltuenden Gedanken, ein gutes Stück vorangekommen zu sein.

Philosophie des Vertrauens auf eigene Stärken

In der Stadt klettern während der Mittagszeit im Sommer die Temperaturen öfter weit über die 30-, teil bis über die 40-Grad-Marke und geben eine Ahnung von dem, was auf die Bewohner durch den Klimawandel zukommt. Forscher sagen: in Zukunft werden es wohl bis zu 30 solcher extrem heißen Tage sein. Schon lange setzen sich Lokalpolitiker, Planer und Wissenschaftler damit auseinander, dass Städte während des Sommers weit stärker aufheizen als das Umland und die Städte zu Hitzeinseln werden. Das Problem wird umso dringender, da Städte gerade eine Wachstumsphase durchleben: das Häusermeer breitet sich aus, Straßen werden gebaut, Flächen werden versiegelt. Die Speichermasse für Hitze nimmt zu, während vielerorts weiter Grün verschwindet. Während vor den Toren der Stadt auch an einem heißen Sommertag gegen Mitternacht die Temperatur auf 17-18 Grad sinkt, bleibt sie in der dicht bebauten Innenstadt um die zehn (wenn nicht mehr) Grad höher. So bekannt wie die Probleme sind auch die Lösungen, um dem Aufheizen entgegenzuwirken: mehr Grün, mehr Wasserflächen, keine Frischluftschneisen verbauen. Um die kühle Luft aus dem Umland wenigstens bis in die Außenbezirke der Stadt zu leiten. Nachverdichtung um jeden Preis geht nicht. Obwohl die Stadt angesichts des Zustroms immer stärker unter Druck stehen: auf nächtlichen Frischluftschneisen wie alten Gleisfeldern wachsen stattdessen Wohnklötze, in den Hinterhöfen der Altbauviertel entstehen Mehrfamilienhäuser. Die Frage stellt sich: wie viel Dichte verträgt das Klima?

Der Sitzungs- und oft auch Arbeitsraum der Projektgruppe Wissen war nahezu perfekt gegen die Hitze außen abgeschirmt. Nur durch ein leises Brummen machte sich ab und zu die Klimaanlage mit ihrer Arbeit bemerkbar. Man hatte sich heute die Aufgabe gestellt, das Zusammenwirken von materiellen und immateriellen Ressourcen für den Geschäftserfolg in den zugrunde liegenden Wirkungszusammenhängen zu untersuchen.

Der Senior Manager fragt die versammelte Runde zur Einleitung: „ Was ist Erfolg?" Und gibt sich gleich selbst die Antwort: „Erfolgreich ist doch ein Unternehmen dann, wenn es langfristig auch unter schwierigen Rahmenbedingungen so rentabel ist, dass es sich im Wettbewerb behaupten kann. Die Erfolgsfaktorenanalyse dient dem Zweck, zentrale Einflussgrößen für den Gesamterfolg des Unternehmens ausfindig zu machen. Wir sollten deshalb systematisch nach Schlüsselfaktoren suchen, die die Erfolgsperspektiven unserer Strategien maßgeblich beeinflussen. Aussagekräftige Ergebnisse können aus Erfahrungswissen abgeleitet und zur Problemerkennung und -analyse im Rahmen der Unternehmensplanung eingesetzt werden. Beispielsweise können grundsätzlich das Marktwachstum, der absolute und relative Marktanteil, das Marketing sowie die Forschungs- und Entwicklungsintensität, der Diversifikations- und Spezialisierungsgrad und die Investitionsintensität als kritische Größen definiert werden. Dabei stehen "harte" Faktoren wie Strategie, Struktur und Systeme in einem engen Zusammenhang mit "weichen" Faktoren wie Identität, Image, Spezialkenntnissen oder Leistungsmotivation".

Der General Manager ist sich sicher, dass erfolgreiches Führungsverhalten häufig durch ambitionöse Ziele und Visionen gekennzeichnet ist, durch eine Philosophie des Vertrauens auf eigene Stärken: „Geschäftserfolge fallen niemals aus dem Nichts eben so mal vom Himmel. Dauerhafte Geschäftserfolge stellen sich auch kaum dadurch ein, dass einfach so darauf losgearbeitet wird. Zwar habe auch ich kein allgemeingültiges Patentrezept für Geschäftserfolge. Trotzdem lassen sich aus der Beobachtung erfolgreicher Unternehmen, wenn man genauer hinschaut, so etwas wie immanent innewohnende Gesetzmäßigkeiten herleiten, die in ihrer logische Konsequenz immer wieder auf die eigentlichen Ursachen für Geschäftserfolge hinweisen".

Der Senior Manager räuspert sich vernehmlich: "Eine Verneinung von Erfolgsgesetzen würde ja automatisch bedeuten, dass alle Erfolge immer nur auf purem Zufall beruhen würden. Und wozu wäre sonst die vielgerühmte Managementerfahrung gut, wenn aus ihr nicht auch Regeln des Erfolgs abgeleitet werden könnten. Ein wirklicher Erfolgsfaktor muss allerdings auch den Nachweis erbringen, dass er den Erfolg begünstigt oder andersherum, dass ein Nichtbefolgen der Erfolgsfaktor-Empfehlung die Erfolgswahrscheinlichkeit vermindert. Es kommt darauf an, die für den Erfolg wirksamen Stellhebel zu identifizieren und falls notwendig umzulegen. Ihr Unternehmen sollte alles daransetzen, diese Erfolgs-Stellhebel geschickter als die Wettbewerber zu nutzen, u.a. durch Erreichen einer besseren Marktposition, das richtige Produkt- und Leistungsportfolio. Darüber hinaus sollte die Wertschöpfungsstrategie intelligent auf Positionierung und Portfolio abgestimmt werden, d.h. Sie könnten sich noch stärker als bisher als Problemlöser für Ihre Kunden positionieren, d.h. als "Trendscout" mit ausgeklügelten Analysemethoden auch künftige Kundenwünsche identifizieren. Das hierbei generierte Wissen fließt sowohl in aktuelle Produkte/ Dienstleistungen als auch in die mittelfristige Angebotsplanung. Als weiterer Erfolgs-Stellhebel könnte eine konsequente Innovationsstrategie (verstärkte Nutzung neuer Techniken) sowie Wertschöpfungsstrategie verfolgt werden, um Aufträge schnell, flexibel und termingerecht erfüllen zu können".

Der General Manager kommt zu dem Schluss, dass sich im Zeitablauf immer wieder neue Erfolgsfaktoren der Unternehmensführung heraus kristallisieren; „So ist heute Flexibilität wichtiger als Größe: Aufgrund neuer Techniken und Geschäftsmodelle wie Outsourcing und Partnerschaften mit Spezialisten ist unser Unternehmen besser steuer- und kontrollierbar und kann sich besser dem Markt und Kostengefüge anpassen. Innovationsfähigkeit ist wichtiger als Marktführerschaft: viele Marktführer neigen dazu, sich auf bewährten Erfolgsrezepten auszuruhen. Andere dagegen beobachten in dieser Zeit vielversprechende Nischen, unterschätzen nichts und geben auch zunächst kleineren Entwicklungen eine Chance und probieren auch Neues aus. Der Kunde ist König: niemals sollten wir vergessen, wer für unsere Produkte und Dienstleistungen das Geld bezahlt. Gute Qualität und überdurchschnittlicher Service bringen nicht nur treue Stammkunden, sondern auch Wachstum und Gewinn".

Der Senior Manager betont fordernd, vor allem das Umfeld im Auge zu behalten: „Die wirtschaftliche Welt dreht sich schneller als je zuvor. Um hiervon nicht überrascht zu werden, muss ein erfolgreiches Unternehmen seine Mitbewerber immer im Auge behalten und sich an Marktveränderungen schnell anpassen können. Der Blick nach außen ist immer wichtiger als der nach innen auf interne Umstrukturierungen und Rationalisierungen. Somit liegt es in der Natur der Sache, dass sich auch oder gerade die Wissensbilanz in ihrem Bestreben nach Identifizierung des Intellektuellen Kapitals und somit Sichtbarmachung von weichen Faktoren intensiv mit den Fragen und Ursachen für Geschäftserfolge auseinandersetzt, beispielsweise: a) durch Einsatz immaterieller Ressourcen (Image, Kundenbindung)oder b) durch Einsatz materieller Ressourcen (Ertrag, Wachstum). Es geht um: Erfassung der Wechselwirkung zwischen einzelnen Arten des Intellektuellen Kapitals, Identifizierung des Stellenwertes/ Ausprägung einzelner Faktoren des Intellektuellen Kapitals, Zusammenwirkungen von Geschäftsprozessen und immateriellen Ressourcen. Gutes Management bedeutet: viele kleine Dinge etwas besser tun als die Konkurrenz. Die Summe kleiner Überlegenheiten ist langfristig meist erfolgreicher als nur eine einzige große Sache supergut zu erledigen".

Für den General Manager ist auch die Veränderungskompetenz ein wichtiger Erfolgsfaktor: „Der immer stärker werdende Wettbewerbsdruck zwingt auch viele andere Unternehmen und somit nicht zuletzt auch unsere direkten Konkurrenten, ihre

Geschäftsprozesse durchgängiger und flexibler zu gestalten. Denn die traditionelle Arbeitsteilung behindert mit ihren funktionsorientierten Organisationsstrukturen oft den effizienteren Ablauf dieser Geschäftsprozesse. Das heißt. die tatsächliche Bearbeitung von Vorgängen nimmt oft nur einen geringen Bruchteil ihrer Gesamt-Durchlaufzeit in Anspruch. Da immer wieder Vorgänge nur an irgendeiner Stelle im Unternehmen herumliegen und auf ihre Weiterbearbeitung warten. Notwendige Veränderungsmaßnahmen verlaufen mehrdimensional und müssen auf mehreren Ebenen gleichzeitig ansetzen. Beispielsweise führt, wie wir selbst aus Erfahrung wissen, die Einführung einer neuen Software nicht zu einem reinen Austausch von Programmen, sondern ebenso zu nachhaltigen Veränderungen in den eingesetzten Methoden, Verfahren und Prozessen. Veränderungen gelingen nur als integrierter Prozess, d.h. für jeden Veränderungsprozess müssen wir zuvor die kritischen Erfolgsfaktoren ermitteln und diese dann systematisch planen und vor allem auch umsetzen".

Allerdings: das Risiko ist überall. Aus Vorsicht lassen etwa Eltern ihre Kinder manchmal sicherheitshalber gar nicht mehr auf die Straße. Denn dort tummeln sich zu viele Drängler und Vollidioten. Sogar im deutschen Wald ist man nicht mehr sicher: dort lauern Herden wildgewordener Mountainbiker und Jogger, die sich für einen günstigen Krankenkassentarif abrackern und gnadenlos niedermähen, was sich ihnen in den Weg stellt. Einige typische Merkmale für Geschäftserfolge sind: a) sich auf Gebiete konzentrieren, in denen man bereits stark ist oder b) gründlich vorausplanen, bevor man Projekte in Angriff nimmt oder c) in den Erfolg investieren, indem man gute Projekte voll und ganz unterstützt oder e) schwache Projekte frühzeitig erkennen und beenden oder f) Hindernisse beseitigen, damit gute Ideen nicht immer wieder blockiert werden.

Project-Member 2 philosophiert zwischenzeitlich vor seinem inneren Auge über die Magie des Aufräumens. Er konstatiert im Geiste: „Gegenstände, die keine Erfüllung bringen, werden weggeschmissen. Alles andere bekommt einen festen Platz. Dabei nehme ich jeden Gegenstand einzeln in die Hand und spreche mit ihm und frage mich dabei, ob er mich glücklich (oder zumindest zufrieden) macht. Wenn nicht. Weg damit! Es geht um die Entrümpelung meines Ichs, denn in der Masse der Dinge gibt es (fast) alles und von allem (dem meisten) zu viel. Unvermeidlich, dass viele Gegenstände eben doch mit vielen Erinnerungen verknüpft sind. Das Ausmisten erfordert also einen sorgsamen Umgang mit den Dingen. Denn auch Wegschmeißen muss nicht immer der Schlüssel zum Glück sein. Wer gewährleistet mir eigentlich, dass mein bisheriges kreatives Chaos nicht doch Erfüllung bringen kann? Denn das Leben ist doch wie eine Reise, jedes in meiner Wohnung angehäufte Stück erzählt mir eine (meine) Geschichte. Mit der Entmenschlichung meiner Wohnung werde ich deshalb noch etwas warten".

Der Unternehmensplaner weist darauf hin: „Fundament des Markterfolges ist in der Praxis die Qualität unserer Unternehmensplanung. Schlüsselfaktoren hierbei sind sowohl die Perspektive von außen nach innen als auch die Bereitschaft zur Veränderung von Spielregeln. Dazu kommt die Qualität der Umsetzung durch eine gezielte Entwicklung der inneren Schlagkraft unseres Unternehmens in Menschen beziehungsweise deren Fähigkeiten und abgeleitet daraus in Strukturen, Systeme und Prozesse. Es genügt eben nicht, nur besser zu sein. Vielmehr müssen die Grundrichtung, Konzept und Verwirklichung mit dem festen Willen zur positiven Veränderung (nicht nur Verbesserung!) gezielt verfolgt und mit unternehmerischem Denken genutzt werden. Grundlegende strategische Fragen an meine Planung sind beispielsweise: wie werden unsere Leistungen am Markt abgenommen und welche Vertriebsressourcen werden hierfür gebraucht? können wir die Leistungen in dem vom Markt gewünschten Umfang (Kapazitäten, Engpässe) erbringen? lohnt es sich, in den betreffenden Geschäftsfeldern Leistungen anzubieten und wird dadurch unser Erfolg auch längerfristig gefördert? Zu den grundlegenden Methoden, um die Beantwortung derartiger Frage zu unterstützen, zählen die Marktforschung allgemein, Marktsegmentierungsverfahren, Branchenanalysen, Stärken-/ Schwächenanalysen, Konkurrenzanalysen, Marktanalysen, Szenarioanalysen, Produkt-Lebenszyklusanalysen oder Marktnischenanalysen.

Der Senior Manager ergänzt: „Somit sind grundsätzlich Pläne, die auf mehr oder weniger unkritischer Fortschreibung von Vorperiodenergebnissen, auf mit Erfahrung oder Gefühl entwickelten Schätzungen von Marktvolumen/ -preisen/ -kosten oder auf Aggregationen ungeprüfter Teilpläne untergeordneter Unternehmenseinheiten basieren, als Instrumente für eine effiziente Unternehmenssteuerung nicht geeignet. Die Aufmerksamkeit der Marketingplanung sollte deshalb sowohl auf das Umfeld und die differenzierten Kundenbedürfnisse als auch auf die finanziellen, personellen und sachlichen Marketingressourcen Ihres Unternehmens gerichtet sein".

Der General Manager macht deutlich, dass er in Zukunft noch stärker darauf zu achten gedenkt, den Erfolgsfaktor Image und Bekanntheitsgrad nicht aus den Augen zu verlieren. Er fragt: "Wie ist unser Image bei denjenigen, die unser Unternehmen bereits kennen? wie wird unser Leistungsprofil gesehen, wie die Leistungsprofile unserer

Konkurrenz? wo ergeben sich beim direkten Vergleich Diskrepanzen? was sind die Gründe hierfür, welches sind die Auswirkungen? nach welchen wesentlichen Kriterien wählen die Kunden ihre Lieferanten beziehungsweise Produkte aus? wie wird unser Unternehmen in diesen Kriterien im Vergleich zur Konkurrenz bewertet? wo liegen derzeit und zukünftig welche Erwartungen der Marktpartner bei uns selbst und wo bei der Konkurrenz? wie werden diese Erwartungen erfüllt?"

Der Marketingmanager kämpft darum, ein Image der Qualität aufzubauen: „Wenn sich jemand für ein zukunftsfähiges Produkt beziehungsweise eine Dienstleistung entscheiden soll, ist das Vertrauen hierin die Voraussetzung. Wir müssen somit bei verunsicherten Interessenten Angst mit Sicherheit, Unsicherheit mit Stabilität und Zweifel mit Vertrauen bekämpfen. Werbung kann dabei nur Positionen untermauern, sie kann keine schaffen. Kernkomponenten der Imagebildung sind daher Empfehlungen und Beweise: Beim Kauf von teuren oder komplizierten Produkten verlassen sich viele Interessenten gerne auf persönliche Empfehlungen, die sogenannte Mund-zu-Mund-Propaganda. Die persönliche Empfehlung ist wahrscheinlich das effektiveste Kommunikationsinstrument: eine von Person zu Person ausgesprochene Empfehlung bleibt lange im Gedächtnis haften, eine von einer anderen Person übermittelte Botschaft erscheint immer glaubwürdiger. Wenn jemand mit einem guten Produkt gute Erfahrungen gemacht hat, wird er dies anderen mitteilen (und umgekehrt): hat ein Kunde gute Erfahrungen gemacht, wird er diese drei weiteren Interessenten weiterempfehlen. Hat er aber schlechte Erfahrungen gemacht, wird er hierüber zehn andere unterrichten."

Project Member 2 trägt nun auch seine Sicht der Dinge vor: „Image ist immer die Gesamtheit aller Dinge, die ein Unternehmen tut. Bei einer Imageanalyse sollte als Ausgangspunkt der Wissensstand des Zielpublikums über unser Unternehmen auf einer Bekanntheits-Skala gemessen werden: 0 = völlig unbekannt, 1 = nur davon gehört, 2 = kenne es ein klein wenig, 3 = kenne es einigermaßen, 4 = kenne es sehr gut. Wenn die meisten Befragten die ersten zwei oder drei Stufen benennen, müssen wir versuchen, den Bekanntheitsgrad zu erhöhen. Diejenigen, die uns bereits kennen, können anhand einer Image-Skala befragt werden, wie sie zu ihm stehen: 0 = sehr negativ, 1 = eher negativ, 2 = gleichgültig, 3 = eher positiv, 4 = sehr positiv. Geben die meisten der Befragten die ersten zwei oder drei Stufen auf dieser Skala an, müssen wir unser gegebenenfalls eher negatives Image überwinden. Die Kombination der Ergebnisse aus o.a. zwei Skalierungen lässt Rückschlüsse auf die zu ergreifenden Maßnahmen zu."

Der Marketingmanager weiß, wenn der Kunde den Kauf eines Produktes oder die Beauftragung einer Dienstleistung erwägt, ist der sich hierauf beziehende Entscheidungsvorgang weder einfach noch rational: „Dabei kommen alle möglichen Ängste, Zweifel, Vorurteile und andere psychologische Faktoren noch mit ins Spiel. Die zentrale Herausforderung für die Komponente "Image und Bekanntheitsgrad" liegt deshalb in der Überzeugung des Kunden. Hierbei kann die Denkweise des Kunden als Hindernis oder aber auch als ein zu unserem eigenen Vorteil arbeitendes Wettbewerbsinstrument betrachtet werden: wenn wir die Gedanken von Kunden "lesen" können und verstehen, können wir die psychologischen Faktoren zu unserem Vorteil nutzen: Kaufentscheidungen werden immer stärker anhand von immateriellen Faktoren getroffen. Deshalb müssen wir unser Bemühen verstärken, ein dementsprechendes eigenes Image aufzubauen".

Auch nach der Erfahrung des Senior Managers werden Kunden viel eher durch immaterielle Faktoren wie technologische Spitzenstellung, Produktqualität, Kundendienst und Unterstützung beeinflusst als durch einzelne Produktspezifikationen: „Die immaterielle Positionierung hat auf Dauer die höhere Durchschlagskraft. Die wichtigsten Produktvergleiche werden in den Köpfen der Abnehmer angestellt, d.h. Kaufentscheidungen fußen viel seltener auf objektiven Messbegriffen als angenommen. Es geht darum, anhand von immateriellen Faktoren eine Marktposition zu erobern. Die richtige Positionierung basiert nicht ausschließlich auf materiellen oder immateriellen Produkteigenschaften, sondern auch auf der Zielrichtung, d.h. dem Finden der richtigen Zielgruppe. Wenn Ihr Unternehmen seine Bemühungen auf ein bestimmtes Marktsegment konzentriert, ist es leichter, die Bedürfnisse dieser Zielgruppe zu verstehen und sich hierauf einzustellen. Dies erhöht die Erfolgsaussichten. Bei dem Zielpublikum kann es sich um potentielle Käufer, um gegenwärtige Verwender oder um Kaufentscheider handeln. D.h. dieses Zielpublikum kann aus Einzelpersonen, Gruppen, bestimmten Teilöffentlichkeiten oder einer breiten Öffentlichkeit bestehen. Die Einstellung und Handlungen dieses Zielpublikums werden wesentlich von dem Vertrauen geprägt, das es in Ihr Unternehmen hat, d.h. von dem Image, das Sie haben. Das Image ist das mentale Bild einer Person von einem Bezugsobjekt. Dazu gehört alles, was die Person über in diesem Fall Ihr Unternehmen weiß, dazu glaubt, sich darunter vorstellt und damit verbindet. Die Marktpositionierung wird weitgehend von dem Bild bestimmt, das der Markt bzw. das Zielpublikum von dem Unternehmen hat: die Kunden belegen es mit einem bestimmten Image, und niemand kann sich mit dieser Entscheidung anlegen. Nur wenn Ihr Unternehmen ein entsprechendes Wissen über die Marktmechanismen erlangt hat, können Sie hierüber Ihr Image kräftigen, d.h. bestimmte Maßnahmen ergreifen, um sich auch glaubwürdiger zu machen. Der Schlüssel zum gesamten Marktpositionierungsprozess ist immer die Glaubwürdigkeit".

Der Consultant wollte seine Gesprächspartner nicht einer bestimmten Kategorie zuordnen. Ob diese seiner Karriere dienlich sein könnten oder nicht war ihm letztlich egal. Da er seine eigenen Vorstellungen meist leichthin als Ballast über Bord werfen konnte, wenn sie ihm untauglich oder irreal erschienen. Auch deshalb kümmerten ihn Kategorien wenig. Befriedigung, andere in Kategorien einzuordnen, die zudem nicht selten unzutreffend sein konnten, war ihm fremd. Wie beim Blitzschach fand er den Zwang kreativer, schnell und intuitiv komplizierte Stellungen beurteilen zu müssen. Und Züge zu finden, statt ängstlich und ewig lang alle Eventualitäten zu bedenken. Ähnlich wie nur dem Augenblick gehorchende Improvisationen in der Musik liebte er den Herzschlag solcher Spiele. Etwas nur zwanghaft Konstruiertes mochte er nicht, es entsprach nicht dem schnellen Wechsel seiner Einsatzorte. Er mochte das unverkrampfte Ausprobieren, das spontane Machen jedenfalls lieber als das vorsichtige Reflektieren.

Nach seinen Worten befindet sich das wirtschaftliche Umfeld in ständiger Bewegung: „Diese Veränderungen beeinflussen auch das Wachstum und die Zielrichtung Ihres Unternehmens. Schließt ein Unternehmen die Augen vor dem Wandel, so ist es über kurz oder lang zum Scheitern verurteilt. Man kann es sich einfach nicht mehr leisten, auf dem Status-quo zu verharren. Daraus folgt: auch Ihr Unternehmen muss seine Annahmen und Einschätzungen ständig auch selbst in Frage stellen (wenn es die Kunden tun, kann es vielleicht schon zu spät sein). Ihr Unternehmen muss sich Fragen stellen wie: von welchen Annahmen gehen wir aus, was den Markt anbelangt? von welchen Annahmen gehen wir aus, was den Wettbewerb anbelangt? was muss geschehen, um unsere Annahmen Realität werden zu lassen? unter welchen Bedingungen sind unsere Annahmen nicht mehr realitätskonform?"

Sein Senior Manager ist ebenso dieser Meinung: „Ihr Unternehmen sollte "mit dem Ohr am Boden horchen" und Veränderungen erspüren, sobald sie da sind. Für Veränderungen, die man erst dann abliest, wenn sie ihren Niederschlag in Statistiken gefunden haben, kann es dann bereits zu spät sein. Denn die Einstellung von Kunden zu einem Unternehmen oder Produkt bildet sich nicht durch ein einzelnes Ereignis oder Werbeanzeige aus, sondern entwickelt sich in einem allmählichen

Prozess, der sich ständig verändert und erweitert. Psychologische Hemmnisse in den Köpfen sind beispielsweise zweifelnde Fragen: wird das Unternehmen, von dem ich das Produkt oder die Dienstleistung beziehen, noch länger leben, am Markt sein? kann ich sicher sein, nach dem Kauf noch entsprechenden after-sales-Service zu erhalten? wird der Hersteller in der Lage sein, auch später noch neue Produktgenerationen zu liefern? gerate ich jetzt möglicherweise in ein Hintertreffen, wenn ich jetzt kaufe und nicht doch auf ein vielleicht besseres Produkt der Konkurrenz warte? Das heißt, Ihr Unternehmen muss den Kunden davon überzeugen, dass es sich auch für die Zukunft um die Bedürfnisse der Kunden kümmert und diese befriedigen wird. Der Wert, den der Kunde einem Produkt oder einer Dienstleistung zumisst, steht im Verhältnis zu der vermuteten Fähigkeit, hiermit Probleme lösen oder Bedürfnisse befriedigen zu können. Mein Vorschlag wäre u.a. eine Eigenbilderhebung - wer sind wir und was wollen wir: welche Qualitäten und Haltungen wollen wir selbst intern und extern widerspiegeln? wenn unser Unternehmen eine Person wäre, wie sollte dann die Persönlichkeit beschaffen sein? wo liegen nach unserer eigenen Meinung besondere Stärken bzw. Schwächen? sollten wir unser Leitbild, unsere Identität ändern? wo liegen nach eigener Meinung in den nächsten fünf Jahren die größten

Chancen bzw. Risiken? welche Botschaften sollten wir an unser Zielpublikum kommunizieren? welche Zielgruppen und Segmente sind für die Zukunft besonders wichtig?"

In einer globalen Wirtschaft sind auch die Herausforderungen an die Leistungsqualität universell. Das Projekt-Unternehmen stellt sich hierauf ein, indem es schnell, flexibel, risikofreudig, aufgeschlossen und unablässig auf Verbesserungen und Wandel bedacht sein will. Dies schließt auch effektivere Prozesse, Führung und Kompetenz mit ein. Dabei hängt die Qualität der Unternehmensleistung von einer Vielzahl nichtfinanzieller Schlüsselfaktoren ab. Die Verpflichtung zu höchster Qualität hat ihr Gutes, aber auch ihre Tücken. Nicht immer kommt es darauf an, ungeachtet von Notwendigkeiten die höchsten Spezifikationen zu erfüllen. Oftmals werden auch technische Anforderungen überbetont. Zur Realisierung eines optimalen Qualitätsstandes hat sich das Projekt-Unternehmen folgende Regeln gegeben: den Leistungsgrad im nichtfinanziellen Bereich ständig verbessern, alle Prozesse analysieren und vereinfachen, Verbesserungsprojekte dort konzentrieren wo sie den größten Gewinn bringen, die Ziele hoch stecken und die Erwartungen im vernünftigen Rahmen halten.

Für den Consultant ist für die Festlegung von Qualitätsniveaus die Unterscheidung zwischen Kern- und Zusatzleistungen wichtig: „Beispielsweise bietet eine gute Kundenbetreuung die Möglichkeit, damit gleichzeitig auch die Qualität der Kernleistung zu erhöhen. Die Qualitätsplanung beinhaltet die Festlegung von Qualitätszielen und -merkmalen. Qualitätslenkung: Prozessüberwachung und Beseitigung von Qualitätsmängeln. Qualitätssicherung: Schaffung von Vertrauen, dass die Leistungen den Qualitätsanforderungen entsprechen. Zusammengehörende Bündel von Qualitätskriterien: gibt es im Unternehmen ein einheitliches Verständnis über die Qualität der Leistungen? sind Qualitätsmerkmale bekannt und entsprechende Qualitätsziele festgelegt? engagieren sich Führungskräfte persönlich für die Qualität der Leistungen, auch im Kontakt mit Kunden und Lieferanten? werden Mitarbeiter angemessen qualifiziert, motiviert und entwickelt, um die Qualitätsanforderungen zu erfüllen? entsprechen die verfügbaren Ressourcen dem angestrebten Qualitätsniveau der Leistungen? gibt es Maßnahmen, durch die Qualität zugelieferter Produkte und Dienstleistungen sichergestellt wird? gibt es ein Konzept, die Qualität der Leistungen nach außen und innen wahrheitsgemäß darzustellen? ist bekannt, wie zufrieden die Kunden sind und wodurch die

Kundenzufriedenheit beeinflusst wird? wird die Mitarbeiterzufriedenheit ermittelt und sind die Einflussfaktoren bekannt? gibt es ein aussagefähiges Vorgehen, um auch nicht-finanzielle Ziele zu messen?"

Der Senior Manager zum Abschluss der Diskussion: „Bei der Lieferqualität ist nach quantitativen und qualitativen Kontrollmerkmalen zu unterscheiden. Für eine eventuell erforderliche Störquellenbeseitigung ist eine detaillierte Ursachenanalyse Voraussetzung. Bei der Lieferqualität ist von der eigentlichen Produktqualität abzugrenzen. Flexibilität hängt sehr eng mit dem Änderungsverhalten der Kunden zusammen: wesentliches Merkmal ist der Beginn der "Frozen zone" ab dem keine Änderungen am Auftrag mehr möglich sind. Je näher dieser Zeitpunkt in Richtung Auftragserfüllungstermin rückt, desto flexibler kann reagiert werden. Bei der Informationsbereitschaft geht es um die Fähigkeit, in allen Stadien der Geschäftsabwicklung gegenüber dem Kunden vorgangs- und produktbezogen auskunftsbereit zu sein".

Seine Gedanken aber sind bereits auf Dienstschluss und Feierabend gerichtet. Er denkt: "In meinem Eigenheim von allem und jedem unbehelligt zu sei, ist eine Illusion. Die im Umland von Städten wie Frankfurt am Main sprießenden Mittelschicht-Siedlungen sind keine Rückzugsorte, sondern Wohngemeinschaften der autoritären Sorte. Der kleinste gemeinsame Nenner wäre vielleicht: jeden Individualismus über kommunale Bauvorschriften soweit zu nivellieren, dass er säuberlich unter den Carport passt. Und wie schon zu Urzeiten gibt es gemeinsame Feuerstellen (Grills) zur mentalen Einordnung und wechselseitige Dauerüberwachung (Tratsch)."

Menschliche Arbeit und Kompetenz als Quelle von allem

In der Kaffeküche der Beratungsfirma unterhalten sich Nachwuchs-Consultants über das Für und Wider eines Startups. Consultant 1 weiß zu berichten: „Nach Standorten liegen im Durchschnitt der Jahre (2012-2014) Berlin und Hamburg mit der höchsten Gründerquote an der Spitze (gefolgt von Bremen). Die Stadtstaaten profitieren von ihrer Eigenschaft als Ballungsraum. Kurze Wege sind besonders im Dienstleistungsbereich und Handel von Vorteil. Berlin und Hamburg verdanken besonders ihrer Attraktivität für die Medien- und IT-Branche einen überdurchschnittlich hohen Anteil von Gründern in freiberuflichen Tätigkeitsfeldern".

Consultant 2 hat aber so seine Zweifel: „Die Opportunitätskosten der Selbständigkeit (Verzicht auf einen sicheren, gut bezahlten Job) können eine hohe Hürde sein, die erst einmal überwunden sein will (viele Erwerbsfähige entscheiden sich für einen Job und gegen die Selbständigkeit). Darüber hinaus wirken sich auch institutionelle Gegebenheiten der länderspezifischen Gründungsförderung aus. Was macht den Erfolg eines Start-up aus? die überzeugende Idee, Glück oder gute Beziehungen?"

Consultant 3: „Die jungen Techis und Business-School-Abgänger entfliehen ihren südeuropäischen Krisenländern, verlassen Skandinavien, Asien sowie Nord- und Südamerika" und strömen an einen Standort wie Berlin. Berlin sei „cool'", sei „the place to be". Dort erwartet sie zudem ein funktionierendes Startup-Ökosystem (Gleichgesinnte, qualifizierte Mitarbeiter, Investoren): über die Hälfte der Start-ups in Deutschland sitzt in Berlin ansässig (alle 20 Stunden eine Neugründung)".

So interessant dies alles auch sein mag, alle drei müssen ihren Anweisungen Folge leisten und sich als übergangsweise Mitglieder im Projekt Wissen mit der ihnen zugeteilten Analyse von Wissen-Humankapital auseinander setzen. Als Ausgangsbasis hat sie der Senior Manager informiert: „Das Humankapital umfasst alle Eigenschaften und Fähigkeiten, die einzelne Personen in ein Unternehmen einbringen, z.B.: Mitarbeiterqualifikation, soziale Kompetenz, Mitarbeitermotivation, Führungskompetenz. Humankapital ist im Besitz der betreffenden Person und verlässt mit ihr das Unternehmen. D.h. das spezifische Wissen eines Unternehmens ist zu einem bedeutenden Teil in Köpfen gespeichert. Je wissensintensiver die Leistungen des Unternehmens sind, um größer ist die Bedeutung dieses in Köpfen gespeicherten Wissens. Somit sind Mitarbeiter immer auch Produzenten und Inhaber immaterieller Vermögenswerte. Das heißt, Verlust von Wissensarbeitern bedeutet somit immer auch Kompetenzverluste."

Consultant 1 stellt die Frage: „Wann ist ein Unternehmen erfolgreich? In jedem Fall spielt der menschliche Faktor des Erfolgs eine große Rolle: dauerhafter Erfolg hängt zuerst immer von Mitarbeitern und Kunden, also Menschen ab. Diesen ist wichtig, dass sie sich ernst genommen und gerecht behandelt fühlen. Als Mitarbeiter sind sie dann motivierter, engagierter und fester in das Unternehmen eingebunden. Sie fühlen sich auch für den Erfolg verantwortlich. Auch Kunden wollen sich in ihren Wünschen verstanden fühlen. Die Ressource "Humankapital" weist somit eine Reihe charakteristischer Merkmale auf". Wertschöpfung: menschliche Arbeit wird zunehmend als Quelle für betriebliche Wertschöpfung erkannt, sie ist jedoch nicht von den Personen, die sie leisten, zu trennen. Wertvorstellungen: Menschen in Organisationen sind keine passiven Gestaltungsobjekte, sondern Träger von Zielen, Bedürfnissen, Wertvorstellungen und der Möglichkeit des (re-)aktiven Handelns, was sich u.a. in der Aversion gegenüber (zusätzlicher) Steuerung/ Kontrolle manifestiert.

Entscheidungen: Personalentscheidungen haben einen hohen internen politischen Charakter und lösen im Gegensatz zu Sachentscheidungen längerfristige, nichtlineare Wirkungsketten aus. Messprobleme: viele personalwirtschaftliche Tatbestände entziehen sich einer quantitativen oder gar monetären Erfassung und erfordern die Berücksichtigung qualitativer Daten und Indikatoren. Einflussfaktoren für Humankapital sind beispielsweise: Aus- und Weiterbildung, Erfahrungen und Kompetenzen aufbauen, Mitarbeiter motivieren. Nichtwissen/ Nichtbeachtung in diesen Fragen/ Einflussfaktoren kann sich heutzutage kein Unternehmen mehr leisten.

Für das Projekt-Unternehmen geht es nach Ansicht von Consultant 2 beim Humankapital um Fragen wie: „welches Wissen und welche Kompetenzen sind relevant? welches Verhalten und welche Einstellungen sind für erfolgreiches Arbeiten wichtig/ notwendig? was müssen Mitarbeiter bei einer Neueinstellung mitbringen? was müssen Mitarbeiter lernen? wie werden geeignete Mitarbeiter gefunden, eingestellt, gehalten? wie werden Mitarbeiter ausgebildet und weiterqualifiziert? wie werden die Kompetenzen der Mitarbeiter gestärkt und systematisch weiterentwickelt? wie wird die Mitarbeitermotivation und -zufriedenheit sichergestellt? Wie wird die Leistung der Mitarbeiter gefordert und gefördert?"

Menschen und Informationen/ Wissen sind das wertvollste Kapital. Rohmaterialien, Produktions-, Geschäfts- und Vermarktungsprozesse sind für Konkurrenten notfalls schnell verfügbar. Was im Gegensatz hierzu nicht schnell verfügbar gemacht werden kann, sind Wissen, Fähigkeiten, Qualifikationen, Erfahrungen, Motivation von Personen. Eine Hauptaufgabe der Wissensbilanz besteht deshalb darin, dazu beizutragen, den Einfluss des Intellektuellen Kapitals auf das Betriebsergebnis als Hebelkraft zu nutzen. Beim Humankapital geht es um Menschen, die ausgebildet, informiert und flexibel sind. Um Menschen, die über das nachdenken, was sie tun und bereit sind, Initiativen zu ergreifen. Um Menschen, die bereit sind, zu lernen und offen für innovative Veränderungen sind. Um Menschen, die fähig sind, sich auf einer "Just-in-time"-Basis neues Wissen und neue Fertigkeiten anzueignen. Um Menschen, die Fachliteratur lesen und fähig sind, in interdisziplinären Teams zu arbeiten. Um Menschen, die bereit sind Verantwortung zu übernehmen und Mitverantwortung für das Erreichen von Zielen akzeptieren. Um Menschen, die Unternehmensprobleme als ihre eigenen betrachten.

Nach der Recherche von Consultant 1 manifestiert sich Wissen sowohl in internen Kommunikationsnetzwerken, dem „Unternehmensgedächtnis", als auch im Verbund mit externen Kooperationspartnern: „Ein umfassendes

Wissensmanagement ist somit entscheidend für zukünftige Markterfolge. Gegenüber dem Management klassischer Produktionsfaktoren hat das Management des Wissens seine Zukunft noch vor sich. Wissen ist die einzige Ressource, die sich durch Gebrauch vermehren lässt. Zu hinterfragen wäre: wie können Unternehmen mit der Dynamik des sie umgebenden Umfeldes mithalten? aus welchen individuellen und kollektiven Wissensbeständen setzt sich die Wissensbasis zusammen, auf die das Projekt-Unternehmen zur Lösung seiner Aufgaben zurückgreifen kann? besitzen die Mitarbeiter die notwendigen Fähigkeiten, um das vorhandene Informationsangebot produktiv nutzen zu können?"

Consultant 2 erweitert diesen Blickwinkel noch: „Die kleinste Einheit des Wissensmanagements ist demnach das Individuum als Träger von Fähigkeiten und Besitzer von Erfahrungen. Häufig ist der Organisation nur ein Teil dieser Fähigkeiten (z.B. Ausbildung, Sprachkenntnisse) bekannt. Diese bekannten Daten bilden aber nur einen Teil der Mitarbeiterfähigkeiten ab: wer die Fähigkeiten der Mitarbeiter nicht kennt, verpasst die Gelegenheit, sie zu nutzen! (mangelnder Zugriff auf internes Expertenwissen). Die im Projekt-Unternehmen vorgefundenen Problemstellungen werden gruppiert und zu größeren Problemkategorien zusammengefasst. Maßnahmen der externen Wissensidentifikation beziehen sich auf die Analyse und Beschreibung des Wissensumfeldes des Unternehmens. Es sollte ein aktueller und detaillierter Überblick über die internen Fähigkeiten und Wissensbestände geschaffen werden".

In seinem Büro hängt der Senior Manager seinen Gedanken nach: „Niemand ist eine Insel, auch eine Schule nicht, mag sie auch noch so sehr ihren eigenen Kosmos hegen und pflegen. Es geht von der Innen- zur Außenbetrachtung, daran geht kein Weg vorbei. Die Ausstattung mit der Schlüsselressource „Wissen", d.h. hoch qualifizierten Arbeitskräften bestimmt nicht nur den Erfolg seines derzeitigen Kunden, sondern zu einem wesentlichen Teil auch die zukünftigen Perspektiven eines ganzen Standortes (hinsichtlich Realisierung von Wachstumspotenzialen, Bewältigung des Strukturwandels zu wissensintensiven Wirtschaftsbereichen). Es ist nicht zuletzt das Bildungsniveau der Beschäftigten von dem es abhängt, inwieweit an einem Standort technologische Neuerungen hervorgebracht und adaptiert werden können. Die Qualifikation ist eine grundlegende Voraussetzung für die Innovationsfähigkeit und einen notwendigen Strukturwandel zur Wissensökonomie. Dabei werden die kritischen Stimmen zu der unter dem Markennamen Pisa bekannt gewordenen Kompetenzmessung von Schulen und Schülern lauter. Als Folge des Pisa-Effektes würden nationale Traditionen unterlaufen und dabei ein von der

Wirtschaft entlehntes Qualitätsmanagement imitiert. Da über Pisa Druck ausgeübt werde, Erziehungs- und Bildungsangebote an den Erwartungen der Wirtschaft auszurichten, würden die Grenzen zwischen Bildung und Ökonomie überschritten. Mit Pisa würde Unterricht zum Produktionsprozess degradiert. Der Funktion des Erziehens werden rein ökonomische Denkweisen mit Wachstumsideologien und Renditestreben übergestülpt. Da Pisa in Form periodischer Messungen erfolgt, wird im Maschinenraum ständiger Druck nach angeblichen Verbesserungen erzeugt. Die Frage nach dem Wie von Verbesserung bleibt unbeantwortet. Manche argwöhnen gar, dass Deutschland über den Pisa-Druck auf Bildungssysteme und dezentralisierte Schulsysteme die Gefahr einer kulturellen Entwurzelung drohen könne. Man mag Ranglisten nun mögen oder nicht. Man muss sich mit ihrer Existenz abfinden."

Im Rahmen seiner Analysen zum Wissen-Humankapital ist Consultant 1 mittlerweile beim Punkt der hierfür ebenfalls wichtigen unternehmerischen Kompetenz angelangt: "Gute Führungskräfte müssen eine Reihe von Kernkompetenzen mitbringen. Diese beginnen mit der Fähigkeit zur erfolgreichen Mitarbeiterauswahl. Früher legte man großen Wert auf Fachkompetenz. Heute sind eher Flexibilität, Lernfähigkeit und eine hohe Einsatzbereitschaft oft wichtiger als das reine

Fachwissen. Gute Führungskräfte müssen das Potential ihrer Mitarbeiter schon im Auswahlprozess erkennen. Eine weitere wichtige Kompetenz der guten Führungskraft ist der gelungene Aufbau von Erwartungen. Das heißt, den Mitarbeitern muss gezeigt werden, welche Ziele das Unternehmen hat, welche Visionen und Strategien verfolgt werden (Führungskräfte müssen dazu in der Lage sein, mit ihren Mitarbeitern intensiv zu kommunizieren)".

Consultant 3 kommt zu ähnlichen Ergebnissen: „Eine weitere Kernkompetenz für Führungskräfte besteht in ihrer Motivationsfähigkeit, d.h. Mitarbeiter auch individuell motivieren zu können. Effektiver als die bisher noch im Vordergrund stehenden finanziellen Anreize ist es, den Mitarbeitern Aufgaben zu übertragen, die im Einklang mit dem stehen, was ihnen wichtig ist. Eng hiermit zusammenhängt die Kompetenz zur Mitarbeiterentwicklung. Aber nicht die klassische Personalentwicklung mit Workshops oder Seminaren, sondern anspruchsvolle Aufgaben, die Mitarbeiter herausfordern und sie mit Aufgaben betrauen, an denen sie wachsen können. Unternehmerische Kompetenz bedeutet auch eine umfassende Sicht der Dinge, die Fähigkeit, den Wald und die Bäume zu sehen. Die Führungskraft muss ein scharfes Gespür für Trends haben: insbesondere dann, wenn eine bevorstehende

Umwälzung die gesamte bisherige Strategie in Frage zu stellen droht".

Der Partner der Beratungsfirma schaut kurz im Büro des Senior Managers vorbei, um sich mit neuesten Informationen über den Projektstatus zu versorgen und vielleicht noch einige interessante Punkte zur Sprache zu bringen: „Die mit der Finanzkrise immer wiederkehrenden Diskussionen über Banker, deren Boni und Abfindungen wären Anlass genug, um einmal grundsätzlich Auslese, Bewertung oder Vergütungen für Führungspersonal umfassend zu analysieren, neu zu hinterfragen und notwendige Änderungen anzustoßen. Von Interesse könnten insbesondere Potentiale und Gewichtungen sein. Nicht so sehr die absoluten Werte, sondern die richtigen Relationen zueinander stünden hierbei im Vordergrund".

Nach Meinung des Senior Managers sollte man für glaubwürde Veränderungen die nur im kurzen Gewinnmaximierungsbereich angesiedelte Personalpolitik verlassen und versuchen, sich mehr der taktischen Ebene, also dem mehr qualitativen und strategischen Bereich zu nähern: „Dabei ist der Übergang von sogenannten „harten", das heißt messbaren Personalfaktoren zu den sogenannten „weichen", das heißt angeblich nicht evaluierbaren Faktoren fließend. Wie auch immer ausgestaltete

Personalbilanzen könnten hierbei Hilfestellung leisten. Dabei ist die Personalbilanz eine zentrale Studie, die eine ganzheitlich ausgerichtete Standortbestimmung erlaubt. Die Personalbilanz, wie wir sie entwickelt haben, funktioniert als 360-Grad-Radarschirm für verschiedene Beobachtungszwecke und -ebenen, mit dem insbesondere auch „weiche" Personalfaktoren umfassend identifiziert, differenziert abgebildet sowie systematisch bewertet werden können. Aus den Ergebnissen unserer Personalbilanz (beispielsweise einem Potenzial-Portfolio) könnten immer auch fundierte, abstimmungsfähige Maßnahmen- und Handlungsempfehlungen abgeleitet werden. Die Personalbilanz unterstützt die Früherkennung künftiger Chancen und Risiken. Da eine reine Status-quo-Bewertung auf Dauer nicht ausreicht, kann diese hinsichtlich künftiger Perspektiven erweitert werden. Viele Darstellungsmöglichkeiten, wie auch Ampel-Diagramme mit rot-gelb-grün-Bereichen für die Bewertung von Bewerberfaktoren, wären einfach verstehbar und könnten dadurch die Glaubwürdigkeit und Akzeptanz erhöhen".

Im Arbeitsraum der Consultants geht es gerade um Faktoren der Aus-/ Weiterbildung und Fachqualifikation. Hierzu meint Consultant 3: „Wenn die Qualifizierungsmaßnahmen durch die betrieblichen Abläufe und Erfordernisse gestaltet werden und im Rahmen dieses

Prozesses Training, Personal- und Organisationsentwicklung immer stärker verschmelzen, muss das Projekt-Unternehmen zukünftig stärker auf integrierte Bildungs- und Entwicklungskonzepte setzen, um eine ganzheitliche Qualifizierung einzelner Mitarbeitergruppen oder ganzer Bereiche zu erzielen".

Hierzu kommt sofort eine Zwischenbemerkung von Consultant 2: „Gleichwohl wird der einzelne Mitarbeiter stärker als bisher gefordert sein. Nicht nur deswegen, weil eine kontinuierliche Weiterbildung aus eigenem Antrieb vorausgesetzt werden muss und der Mitarbeiter in Zukunft von sich aus mehr Freizeit für die eigene Qualifizierung investieren muss".

Consultant 3: „Wie auch immer, Qualifikationsmaßnahmen müssen, was immer sie auch sonst den Mitarbeitern bieten mögen, den Fähigkeiten verpflichtet sein, die ein Unternehmen für erfolgreiches Agieren benötigt. Eine Qualifikationsbedarfsanalyse ist deshalb keine einmalige Angelegenheit, die nur einmal durchgeführt wird und dann damit erledigt ist. Wenn sich durch einen verändernden Markt neue Chancen zur Gewinnung von Kunden auftun, verändern sich damit gleichzeitig auch die Anforderungen an die Mitarbeiter und ebenso das, was Mitarbeiter lernen müssen und wie sie was tun müssen, damit das Unternehmen die erforderlichen Fähigkeiten erlangt".

Der Senior Manager, der gerade zu der Analysegruppe hinzu gekommen ist: „Damit wären wir dann schon beim Punkt der Mitarbeiterzufriedenheit und -motivation. Engagierte Mitarbeiter haben Interesse und Lust an der Sache, sie konzentrieren sich weniger auf Positionen und Karrieren. Sie bleiben auch am Ball, wenn es der Firma einmal weniger gut geht oder die Arbeitstage einmal länger werden. Jeder hat andere Ansichten darüber, was ihm in seiner Arbeitsumwelt wichtig ist. Ich habe Euch hierzu eine Reihe von an die Mitarbeiter unseres Kunden zu stellenden Fragen aufgelistet, von denen anzunehmen ist, dass sie vielleicht für die Arbeit von Bedeutung sind: wie wichtig sind für Sie: gesicherter Arbeitsplatz, Beschäftigungsgarantie? wie wichtig ist für Sie die Möglichkeit in einem Gebiet zu wohnen, das von Ihnen und Ihrer Familie bevorzugt wird? wie wichtig ist für Sie die Freiheit, Ihre eigenen Ansichten und Einstellungen in die Arbeit einbringen zu können? wie wichtig sind für Sie Fortbildungsmöglichkeiten, um Ihre Fähigkeiten zu verbessern oder neue Kenntnisse zu erwerben? wie wichtig ist für Sie eine Tätigkeit auszuüben, die es ermöglicht, einen echten Beitrag zum Erfolg des Unternehmens zu leisten? wie wichtig sind für Sie gute Arbeitsbedingungen: gute Lüftung und Beleuchtung, angemessener Arbeitsraum, keine

Lärmbelästigung? wie wichtig ist es für Sie die Anerkennung zu erhalten, die Sie verdienen, wenn Sie gute Arbeit geleistet haben? wie wichtig ist für Sie ein gutes Verhältnis zu Ihrem direkten Vorgesetzten? wie wichtig ist es für Sie eine Tätigkeit zu haben, bei der Sie Ihre Kenntnisse und Fähigkeiten einsetzen können? wie wichtig ist es für Sie ein Gehalt zu beziehen, das Ihrer Verantwortung entspricht?"

Wissensmanagement erfordert zunächst auf Führungsebene die Bewertung von im Unternehmen zirkulierenden Informationen. In der konkreten Umsetzung muss dieser Prozess von der IT durch das Sammeln, Speichern und Verteilen des Knowhows unterstützt werden. Ohne regelnde Strukturen wie beispielsweise Filterfunktionen oder Suchmaschinen ist die große Menge an Informationen in der Praxis nicht zu bewältigen. Insbesondere Führungsebenen können bei ihrer Entscheidungsfindung von Wissensdatenbanken profitieren. Da teilweise bis zu 80 Prozent des Business-Wissens in Informationssystemen steckt, ist es eine Herausforderung an die IT, dieses Wissen zusammenzuführen. Das Wissen über die Planung, Steuerung, Durchführung und Kontrolle von Geschäftsprozessen ist in der Software gespeichert. Außerhalb der Software ist dieses Wissen nur bruchstückhaft dokumentiert oder nur in Köpfen von wenigen Mitarbeitern eingeschränkt verfügbar.

Consultant 1 gibt zu bedenken: „Je digitaler, je vernetzter die Produktion wird desto mehr steigt die Bedeutung der Roboter. Wenn in Europa eine Roboterstunde fünf Euro kostet, die gleiche Zeit für einen Arbeiter aber 45 Euro und mehr kostet, scheint dieses auch nicht verwunderlich. Neben Big Data sind Roboter ein Kernelement von Industrie 4.0., ein Herzstück vernetzter Produktionsstraßen. Dabei ist das Interessante an Robotern bald schon nicht mehr die Maschine selbst, sondern sein Anwendungswissen durch seine Vernetzung in die Produktionsabläufe. Roboter sind bereits weitaus mehr als bewegliche Großmaschinen, die nur schwere Teile heben, stemmen, drehen, anflanschen oder verschweißen können: „Ein Roboter im technischen Sinn ist jeder Automat mit mehreren Achsen, der also mehr als nur in eine Richtung beweglich ist". Auch der Einsatz von Robotern wandelt sich. Während Roboter bislang wie andere Anlagen auch einfach nur verkauft wurde, Eigentum des Käufers wurde und dann bei diesem seinen Dienst versah, werden nunmehr stattdessen nur die Kapazitäten der Roboter verkauft: „Nicht der Autohersteller kauft Roboter für seine Produktion, sondern der Roboterhersteller holt die Produktion des Kunden in seine Fabrik. Er verkauft statt Roboter deren Leistung. Und: ein Roboter wird nicht krank und macht keinen Urlaubsanspruch geltend". Roboter werden in Zukunft zwar immer mehr können, aber den Menschen mit seinen Fähigkeiten der Auge-Arm-Koordination und Entscheidungen zu treffen nie vollständig ersetzen können. Trotzdem: je intelligenter, sensibler und flexibler Roboter werden, umso mehr werden sie zum alltäglichen Begleiter des Menschen in vielen Lebensbereichen, vielleicht sogar das menschliche Leben grundlegend umkrempeln. Roboter lernen (im Gegensatz zu manchen Menschen) aus eigener Tätigkeit ständig hinzu, vermeiden für die Zukunft einmal gemachte Fehler. Der rasenmähende Roboter gehört mittlerweile schon zur Normalität. Der Roboter, der Berater aus Fleisch und Blut ersetzt, steht bereits vor der Tür".

Mit seinem Blick auf hier und heute und klar definierten Projektzielen vor Augen kommentiert dies der Senior Manager auf seine Weise: "Im Rahmen von Funktionen des Wissensmanagement ist der Knowledge Enabler für die nötigen Werkzeuge und Methoden zuständig, um das für die Durchführung von Prozessen notwendige Wissen abrufen zu können, daraus eigenes Wissen abzuleiten und dieses Wissen über die gemeinschaftliche Wissensbasis wiederum anderen bereitzustellen. Der sogenannte Knowledge Processor wiederum ist die Nahstelle zwischen technischer Wissensbasis während der Knowledge Enabler Informationen und Regeln so umsetzen muss, dass sie als Wissen im System vorgehalten werden können. Der Knowledge Creator recherchiert im Markt nach zusätzlichen relevanten Informationen, die dann in die Wissensbasis eingeflochten werden, der Knowledge Engineer sammelt das vorhandene Informations- und Wissenspotenzial und erzeugt strukturiertes Wissen, indem er für einzelne Prozesse verbindliche Regeln aufstellt. Sie alle müssen dazu beitragen, mit dem strategischem Gut „Wissen" verantwortungsvoll umzugehen: Erfahrungen zum Wissensmanagement zeigen, dass der Erfolg zu 80 Prozent von den sogenannten „soft factors", d.h. Unternehmenskultur, den gelebten Werten und Normen der Organisation abhängig ist und nur zu etwa 20 Prozent von den genutzten Informations- und Kommunikationstechniken. Im Vergleich zu gut strukturierten Daten werden Wissen und Erfahrungen von Mitarbeitern in der Regel nicht explizit dargestellt. Genau diese Informationen sind aber für das Wissensmanagement von Bedeutung. Schwach strukturierte Prozesse, deren Ablauf nicht genau vorhersehbar ist, werden meist nur einmal in der gleichen Form durchgeführt. Gerade hierfür spielt die Erzeugung und Nutzung von Wissen die entscheidende Rolle".

Für die Consultants geht es beim Wissensmanagement konkret nicht nur darum, die auf separaten Datenbanken und auf anderen Medien vorliegenden

Informationen zusammenzuführen. Ebenso wichtig ist es ihnen, die in den Köpfen der Mitarbeiter gespeicherten Informationen für das Projekt-Unternehmen verwertbar zu machen. Zu unterscheiden ist zwischen explizitem Wissen, das sich anhand von Regeln abbilden lässt und implizitem Wissen, das sich aus Problemlösungskompetenz und Erfahrungsschatz der Mitarbeiter zusammensetzt. D.h. zunächst muss das Wissen der einzelnen Mitarbeiter sowie des gesamten Unternehmens in einer Wissens-Landkarte zusammengefasst werden. Diese verzeichnet Wissensquellen und Wissenssenken: wo sitzen Experten zu welchen Themen, wo besteht Bedarf für welche Informationen.

In einer der letzten Projekt-Meetings hatte der Wissensmanager bereits darauf verwiesen: „Wer effizientes Wissensmanagement betreiben will, muss die Prozesse im Unternehmen genau kennen. Dazu gehören die zur Durchführung einzelner Prozesse benötigten Informationen ebenso wie die an diesen Prozessen beteiligten Mitarbeiter. Bezüglich Erfahrungswissen bei der Projektarbeit ist es wichtig, dass für den notwendigen Wissenstransfer Erfahrungsprofile der Mitarbeiter dokumentiert und gepflegt werden. Für die Zusammenstellung von Projektteams sind diese Erfahrungsprofile eigentlich unabdingbar. Gespeichert werden Daten über die Expertise von Mitarbeitern, Universitäts- und Industriekontakten. Damit ist ein erster Schritt zur Verknüpfung von Projekt- und Wissensmanagement getan. Oft ist es weiter hilfreich, Berichte vergangener Projekte zu durchforsten und zugänglich zu machen. Es geht um die Verknüpfung des internen methodischen Knowhows mit dem jeweiligen Anwendungsbereich. Eine erfahrungssichernde Projektdokumentation erfordert zwar Zeit. Aber nur wer schnell und einfach auf Vorhandenes zurückgreifen kann, gewinnt Freiräume für kreative neue Lösungswege. Eine Hauptaufgabe wird deshalb in Zukunft sein, Wissen zu erzeugen, zu dokumentieren, auszutauschen und anzuwenden. Dabei sind Daten eine Möglichkeit, Sachverhalte abzubilden, Informationen wiederum sind eine sinnvolle Anordnung von Daten. Daten sind zur Massenware mit abnehmendem Grenznutzen geworden. Somit muss Information nicht immer bereits schon Wissen sein: Wissen ist vielmehr erst die Anwendung und der produktive Gebrauch von Informationen".

Nach Meinung von Consultant 2 sollte man beim Projekt-Unternehmen untersuchen, wie Wissensaspekte auf verschiedenen Zielebenen integriert werden können: „Die Weiterentwicklung und Pflege der derzeit noch vollständiger zu identifizierenden Wissensbasis sollte bewusst in den Mittelpunkt zukünftiger Planungsaktivitäten gestellt werden. D.h. ein effizientes Wissensmanagement gilt als Quelle für Wachstum und

Gewinn, in der Vision des Unternehmens wird zusätzlich auch die Wissenskomponente als zentrales Element der Wertschöpfung des Geschäftserfolges aufgenommen. Fragen hierzu wären: welches Wissen ist heute und welches morgen entscheidend für Geschäftserfolge? worin liegen Sinn und Notwendigkeit von Wissenszielen? welches sind die besonderen Herausforderungen bei der Definition von Wissenszielen? ist bekannt, wo und wie stark die Hebelfähigkeiten des vorhandenen Wissens angesetzt werden können? werden die allgemeinen Unternehmensziele in strategische und operative Wissensziele übersetzt? wird überprüft, inwieweit Wissensziele erreicht wurden? sind die relevanten Einflussfaktoren zur Entwicklung des Intellektuellen Kapitals identifiziert?"

Die Gesprächsergebnisse dieser Runde werden zusammen gefasst und in der Projektakte dokumentiert.

Auf intelligente Strukturen kommt es an – ohne dynamische Außenbeziehungen ist alles nichts

Es geht um Strukturen und Prozesse, welche Mitarbeiter zur Erreichung des Geschäftserfolges benötigen. Intelligente Strukturen, die auch dann bestehen bleiben, wenn Mitarbeiter die Organisation verlassen. D.h. beim Strukturkapital geht es um Fragen wie: wodurch werden Abläufe und Verfahren festgelegt, transparent gemacht und verbessert? Wie werden Abläufe und Prozesse durch IT unterstützt? Wie werden Innovationen entwickelt? Wie werden die Tätigkeiten an Kunden, Lieferanten und an anderen Interessengruppen ausgerichtet? Wie werden der Umgang, das Miteinander und die Kommunikation gestaltet? Wie werden Wissen und Erfahrungen der Mitarbeiter untereinander geteilt? Wie wird das erfolgskritische Wissen genutzt, geteilt, gesichert und geschützt? Typische Einflussfaktoren für das Strukturkapital: Innovationsstärke, Prozess- und Verfahrensinnovationen, Führungsprozesse organisieren, Unternehmensleitbilder kommunizieren, intern kommunizieren und kooperieren, Informationen und explizites Wissen bereitstellen, Wissen transferieren und sichern..

Der Consultant musste in den USA an einer Reihe von Lehrveranstaltungen seiner Firma teilnehmen und hat dabei eine Menge Fachwissen getankt. Nicht zuletzt, damit in der Heimat die für ihn in Rechnung gestellten Stundensätze gerechtfertigt werden konnten. Für ihn persönlich war vielleicht seine dortige Bekanntschaft mit dem amerikanischen Mythos eine bleibende Erfahrung. Er erklärt: „Dust yourself Off and Try Again heißt es dort oft. Also Dreck abwischen und dann noch einmal versuchen. Dahinter steckt der Optimismus etwas schaffen zu können, wenn man nur nicht aufgibt. In Amerika wird Scheitern oft nur als eine Zwischenstation auf dem Weg zu großen Taten gesehen. Ja vielleicht sogar als willkommene Vorstufe, die wertvolle Lektionen für spätere Erfolge vorhält." Sein Freund möchte dies aber doch etwas relativieren: „Scheitern ist aber erst im Nachhinein okay, wenn man auch wirklich Erfolg gehabt hat. Unternehmern wird Scheitern eher verziehen als Angestellten." Der Consultant fährt fort: „Besonders in innovationsgetriebenen Technologiebranchen führt kein Weg daran vorbei, Fehlschläge als Teil der Arbeit zu begreifen. Da gehört es zum Bewusstsein, so viele Anläufe zu wagen, bis man einen Treffer landet." Der Freund entgegnet ihm: „Trotzdem, viele sind mit dieser Can-Do-Einstellung aber auch schon in Gruben versunken, aus denen sie nicht mehr herausgefunden haben. Eine bessere Beachtung von Warnzeichen hätte ihnen mit Sicherheit besser getan".

Bei einem internen Meeting in der Beratungsfirma steht auch hier wieder der Rohstoff „Wissen" im Zentrum einer langen Themendiskussion. Nach Meinung des Consultants haben Information und Wissen verschiedene Aspekte und dürfen nicht miteinander verwechselt werden: „Information muss nicht bereits Wissen sein! Wissensmanagement bedeutet nicht zuletzt auch vorausschauendes Personalmanagement. Diesem entspricht nicht, wenn beispielsweise im Wege von Lean Management sich Unternehmen durch Frühpensionierung einer ganzen Schicht von wichtigen Wissensträgern selbst beraubt. Vor der Wissensanwendung steht aber immer erst der notwendige Wissenserwerb. Wissensmanagement hat somit auch immer mit Ausbildung zu tun. Eine Wissensvermittlung auf Vorrat von früher reicht heute bei weitem nicht mehr aus. Dabei ist eine Verschiebung vom Fakten- zum Zugriffswissen sowie vom Oberflächen- zum Konzeptwissen feststellbar".

Ein IT-Consultant bemerkt hierzu: „Informationstechnische Systeme sind Hilfsmittel, mit denen klar definierte Unternehmensziele und -pläne besser, schneller und effizienter erreicht werden können. Voraussetzung ist, dass auf Basis einer professionell ausgearbeiteten IT-Planung der Einsatz an die sich ständig ändernden Rahmenbedingungen angepasst wird. Mit einer umfassenden IT-Planung wird einerseits die Marschrichtung festgelegt, die alle Beteiligten auf eine einheitliche Linie einschwört. Durch die IT-Planung werden damit gleichzeitig Maßnahmen priorisiert, um diejenigen mit der größten Effektivität bevorzugt zu realisieren. Gleichzeitig wird die Voraussetzung dafür geschaffen, auch mehrere Aktivitäten parallel vorantreiben zu können, ohne die durch das Gesamtkonzept festgelegte Linie zu beeinträchtigen. Weitere strategische IT-Ziele: Performancesteigerung der Informationssysteme für kürzere Entwicklungszyklen der Anwendungssysteme, Verbesserung des Wissenstandes zu Kunden und deren Verhalten, Unterstützung des Kosten- und Risikomanagements, Reduzierung der Total Cost of Ownership, Erhöhung der Datensicherheit, Informationssysteme dynamischer gestalten, Einsparungspotenziale in Infrastrukturprojekten ausschöpfen, Managementkomponenten für die Return on Investment-Planung implementieren, den IT-Service für interne und externe Kunden verbessern, das Kundengeschehen transparent machen. Die strategische IT-Planung liefert nicht nur dem Informationsmanagement, sondern auch dem Controlling, der Betriebsorganisation oder dem Management Anhaltspunkte zur verbesserten Beherrschung der Geschäftsprozesse".

Ein weiterer IT-Consultant ergänzt: „Unternehmen müssen die Informatik in ihre Gesamtplanung integrieren. Nur wenn man ständig die Hand am Puls der Unternehmensentwicklung hält, kann man die erforderliche IT-Unterstützung optimal anpassen und sicherstellen. Dabei gibt es keine einzig richtige Lösung, wohl aber die Erkenntnis, dass es inzwischen nicht mehr ausschließlich auf die Beherrschung der reinen Technologie, sondern vielmehr auf die bestmögliche Verknüpfung von Unternehmens- und IT-Planung ankommt. Insbesondere gilt dies im Hinblick auf die mittlerweile alle Unternehmen erfassende Digital Economy".

Für den Senior Manager ist die Informationstechnologie ein grundlegendes Planungsinstrument, um die Trägheit aus bestehenden Organisationen herauszunehmen oder um vorhandene Kommunikations- und Entscheidungswege zu verändern: „Die Informationstechnik ermöglicht völlig neu zu planen, wo welche Arbeit wie gemacht werden kann: statt der herkömmlichen arbeitsteiligen und rein funktionsorientierten Strukturen können mit Hilfe der Informationstechniken auch strukturelle Reorganisationsmaßnahmen in Richtung auf eine an Geschäftsprozessen orientierte Organisationsform realisiert werden. Auch unser aktueller Mandant muss darauf abstellen, dass ein steigender Anteil von

Entscheidungen „real time" erfolgen muss: Daten unterschiedlichsten Ursprungs werden zunächst zu einem konsistenten Modell zusammengeführt. Das IV-System stellt demnach eine Infrastruktur für die Befriedigung des situativ relevanten Informationsbedarfs zur Verfügung und entkoppelt sozusagen die dispositive und die operative Sphäre im Unternehmen. Zu berücksichtigen ist, dass es sich bei ein und demselben Zahlenmaterial einmal um Daten, in einem anderen Fall um Informationen handeln kann (je nach Informationsbedarf), und die gleiche Entscheidungssituation bei verschiedenen Personen einen unterschiedlichen Informationsbedarf auslösen kann".

Der IT-Consultant: „Unternehmen sehen sich allgemein einer steigenden Flut von digitalen Informationen ausgesetzt. Versteckt zwischen unzähligen Datensätzen liegt der Schlüssel zur Lösung von Problemen. Die eigentliche Innovation liegt nicht so sehr in den reinen Techniken, sondern in einer neuen Art der Datenzusammenstellung in Richtung eines intelligenten Netzes. Die Basistechnologie des Internet wird auch durch den sogenannten Hyperlink, d.h. die nahezu unbeschränkt möglichen Querverweise auf an anderer Stelle aufzuspürende Informationen so faszinierend. Durch die Möglichkeit zur Kombination des eigenen geistigen Eigentums mit dem anderer lassen sich aus einem ständig anwachsenden Wust von Informationen völlig neue Wertschöpfungsketten aufbauen. Dabei sind informationstechnische Systeme ganz allgemein Instrumente, mit deren Hilfe erst einmal auch die Unternehmensziele und -strategien besser, schneller und wirtschaftlicher erreicht werden können. Der Bedarf an Informationen zur Geschäftssteuerung steigt: schlechte oder fehlende Daten kosten nicht nur Nerven, Zeit und Geld - mitunter verspielen sie den nötigen Vorsprung, um im Wettbewerb bestehen zu können. Die Informations- und Kommunikationstechnologien mit ihren Werkzeugen zur Wissensgewinnung, -verarbeitung, -verteilung und -nutzung sind von entscheidender Bedeutung dafür, dass bei unserem Kunden der Anteil des Wissens an der Gesamtwertschöpfung die Marke von 60 % erreicht oder sogar überschreitet".

Vor dem Hintergrund der Erfahrungen aus früheren Projekten vertritt der Consultant von zuvor die Auffassung, dass die sich rasant verändernden Märkte insbesondere auch Mittelständler dazu zwingen werden, schnellstmöglich zu überprüfen, ob ihre IT-Infrastruktur es ihnen ermöglicht, ihre künftigen Geschäftsziele zu erreichen: „Strategische Unternehmensziele müssen in Einklang mit der IT-Infrastruktur gebracht werden, aus einem Stärken-Schwächen-Profil müssen gegebenenfalls notwendige Maßnahmen abgeleitet werden, zur Standortbestimmung ihrer IT-Architektur müssen

Unternehmen ihre Position auch im Benchmark-Vergleich kennen und die Geschäftsleitung muss wissen, wie effizient einzelne Geschäftsbereiche und Projekte durch existierende IT-Systeme unterstützt werden. Dabei ist Information nicht immer unbedingt das, was von den Computern auf den Schreibtisch der Führungskräfte gelangt. Vielmehr gilt in diesem Sinn als Information immer nur das, was diese brauchen, um handeln zu können: die aus den Datenverarbeitungssystemen gewonnenen Informationen stellen oft nur wenige Prozent des geschäftsspezifischen Wissens dar. Je effektiver Unternehmen ihre Datenbestände auswerten und je genauere Informationen sie über ihre Kunden erhalten, desto mehr Umsatz können sie generieren. Das heißt, Speichern von Informationen, das durch die technischen Quantensprünge unglaubliche Dimensionen angenommen hat, sollte nicht mit ihrer Verarbeitung gleichgesetzt werden. Durch die technischen Möglichkeiten begünstigt wird auch oft ein zu hoher Detaillierungsgrad verfolgt, der die personellen Informationskapazitäten überbeansprucht und damit Lernprozesse und Kreativität hemmt. Dies führt zwangsläufig zu der Erkenntnis, dass neben dem Datenschutz eine menschlich machbare Verwertbarkeit der Datenflut gewährleistet sein muss. Denn Datenmüll, ungenaue oder inkonsistente Daten werden auch immer nur falsche Informationen liefern. Diese wiederum würden mehr oder weniger zwangsläufig falsche Entscheidungen verursachen".

Auch der Senior Manager gelangt durch diese Diskussion zu dem Schluss, dass der Zusammenhang zwischen Wettbewerbsvorteilen und Informationen weiter beständig zunimmt: „Die Entwicklung hin zur Informationsgesellschaft sorgt nicht nur für partielle Veränderungen, sondern kündigt bereits die künftige Gesellschaft an. Insbesondere kommt es darauf an, Informationsverarbeitungskapazitäten über die Wissensgenerierung bis hin zur Innovation für wettbewerbsrelevante Informationen über Kunden und Fähigkeiten zu nutzen. Zur erfolgreichen Umsetzung seiner Ziele braucht jedes Unternehmen steuerungsrelevante Informationen, die aus umfangreichen Datenbeständen präzise und übersichtlich herausgearbeitet werden müssen. Eine unter Umständen nach innen gewendete Sichtperspektive der dispositiven IV-Systeme muss zu einer ganzheitlichen Sicht mit Blick auf den Wandel von Märkten, Zielgruppen und Bedarfshaltungen von Kunden erweitert werden. Wettbewerbsvorteile lassen sich vor allem dadurch erzielen, dass das Unternehmen die Gesamtheit aller potentiellen Kunden systematisch kennenlernt, ihre Eigenschaften und besonderen Merkmale, ihre Bedürfnisse, Gewohnheiten und ihre Wünsche. Mit diesem Wissen lassen sich auch Entscheidungen zielgenauer und kostengünstiger treffen, d.h. der Customer-Value besser steuern".

Der IT-Consultant spezifiziert dies noch zusätzlich: „Im IV- System können die Daten multivariat verknüpft werden, miteinander verglichen und mit qualifizierten Zusatzinformationen angereichert werden. Mit Hilfe von kundenspezifischen Bewertungsziffern können - beispielsweise zur Neukundengewinnung, zur Kundenaktivierung oder -reaktivierung- die besten Zielgruppen selektiert und die hierfür geeigneten Aktivitäten eingeleitet werden. Weitere Wettbewerbsvorteile können durch Anwendungen wie z.B. Marktpotentialanalysen, Marktdurchdringungsanalysen, Standortbewertungen, Vertriebsgebietsoptimierungen oder die Bestimmung von Vetriebsgebiet-Reichweiten realisiert werden".

Die Luft aus der Klimaanlage war unerträglich. Der Senior Manager reagiert gereizt. Obwohl dies nicht ganz professionell war. Er nahm in diesen Augenblicken alles intensiver wahr. Die Schwüle machte ihn matschig und träge. Also konzentrierte er sich noch mehr sonst auf sein Projekt und blieb ansonsten für sich. Am Abend joggte er ein paar Kilometer am Flussufer entlang. War besser als Golf. Schon oft dachte er, Golf sei die kapitalistischste Sportart überhaupt – braucht völlig grundlos mehr Land als jeder andere Sport. Und er dachte an die von ihm entwickelten Analyseprogramme, die Möglichkeiten, alles miteinander zu vernetzen und festzustellen, wo es noch unentdeckte Potenziale zu finden gab. Und er dachte über einige Bemerkungen nach, die er von Mitarbeitern seines Kunden aufgeschnappt hatte. Dass die meisten in seiner Branche doch ziemliche Windhunde seien: „Die knöpfen einem ein Vermögen ab, und dann sacken sie auch noch dreißig Prozent der Selbstkosten ein. Eine Frechheit. Die reinsten Halsabschneider." Auch wenn er wusste, dass nichts dran war, etwas irritiert war schon.

Am nächsten Morgen hat er bereits solche Zweifel abgeschüttelt und geht wieder in aller Frische zu einem Treffen mit dem Management seines Mandanten für das Projekt Wissen. Für den Unternehmensplaner des Kunden ist die Entwicklung und Analyse von Voraussagen und Plänen von vitaler Bedeutung; „ Planen heißt vorausschauen und Prognosen entwickeln: je genauer diese Prognosen sind, desto erfolgreicher werden die daraus abgeleiteten Schlüsse und damit das Geschäft sein. Informationen alleine haben aber weder einen besonderen Wert, noch einen Zweck an sich, d.h. unser Erfolg hängt davon ab, wie effizient wir diesen Rohstoff zu nutzen verstehen. Hierfür müssen wir vorher festgelegt, in welche Weise Informationen zu verknüpfen sind, um der jeweiligen Planungsaufgabe zu genügen. Dabei müssen auch nichtnumerische Informationen wie das übrige Zahlenmaterial zugänglich und benutzbar gemacht werden. Unser Unternehmen verdeutlich damit den Wert des Produktionsfaktors Information und baut dadurch aus den vorhandenen operativen Informationsressourcen eine strategisch nutzbare Entscheidungsbasis auf".

Der Senior Manager antwortet ihm: „Aus dieser Entwicklung folgt a) Zukunftsorientierung: der rein vergangenheitsorientierte Umgang mit Steuerungsinformationen bietet keine ausreichende Basis für die Zukunftssicherung, b) Komplexitätsreduktion: erfordert aktive Unterstützung durch Analyseprozesse und c) Szenarien: die Fähigkeit, alternative Szenarien interaktiv zu modellieren, ermöglicht die Simulation von optionalen Zukunftsstrategien".

Der General Manager klinkt sich an dieser Stelle sofort in das Gespräch: „In meiner Position und Verantwortung interessiert mich mehr das Morgen und Übermorgen als das gestern Gewesene. Unser Controlling muss deshalb auch Instrumente für die dorthin führenden Wege bereitstellen. Ursprünglich haben wir uns dabei doch vorwiegend mit Zahlen aus dem Rechnungswesen versorgt, speziell solchen der Kostenrechnung. Heute müssen die Instrumente breiter, u.a. durch Einbeziehung von Risiko-, Frühwarn-, Kunden-, Konkurrenz- und Marktinformationen, eingesetzt werden. Dabei müssen die entscheidungsrelevanten Informationen über verschiedene Hierarchieebenen hinweg so verdichtet werden können, dass eine Koordination von Einzel- und Gesamtzielen unseres Unternehmens ermöglicht wird".

Der Senior Manager ist immer dankbar für solche klare Ansagen eines Mandanten: „Sehr gut, die planungsrelevanten Daten müssen zu einem umfassenden Gesamt-Unternehmensmodell gebündelt werden. Der Antriebsstoff für das Regelsystem setzt sich aus Informationen zusammen. Heute müssen Planungsinstrumente umfassend und strategisch eingesetzt werden. Controlling-Tools liefern unter anderem ein Koordinationsinstrument für die entscheidungsebenenbezogene Informationsverdichtung. Möglich wird dies aber nur, wenn neben "harten" quantitativen Aussagen wie beispielsweise Umsatz-, Auftrags- oder Deckungsbeitragsinformationen auch "weiche" qualitative Bewertungen beispielsweise in Form von Trend- und Szenarioanalysen bereitgestellt werden".

Auch für den Unternehmensplaner sind unternehmerische Informationsprozesse durch ein hohes Maß an Komplexität gekennzeichnet: „Die Gestaltung der einzelnen Prozesse muss daran gemessen werden, inwieweit sie dazu beitragen können, relevante Markt-, Kunden- und Ressourcenpotenziale auszuschöpfen. Die hierfür notwendigen strategischen Controllingtools sind mit der weltweiten Vernetzung durch Massenmedien, Image und Kommunikation als Erfolgsfaktoren, zunehmende Veränderungsgeschwindigkeit, Potenzialausschöpfung über schnelle Kommunikation sowie durch die Schlüsselrolle der Medien für Unternehmensperspektiven gekennzeichnet. Die Gefahr, das Unternehmen an den Marktrealitäten vorbei zu steuern besteht immer dann, wenn die Reaktionszeiten zu lang und das Informationsinstrumentarium zu sehr auf die Fortschreibung der Vergangenheit statt auf die Beherrschung der Zukunft ausgerichtet ist".

Der Senior Manager hat hierzu eine Liste einzelner Planungsbegriffe zusammen gestellt, die er den anderen abschließend zur Information überreicht:
ABC-Analyse: Verfahren zur Untersuchung einer großen Datenmenge zur Bedeutung/ Rangreihenfolge ihrer Elemente
Anlagendeckungsgrad: bereinigtes Eigenkapital/Anlagevermögen
Ausprägung: eine statistische Größe kann mehrere Werte annehmen
Balanced Scorecard: mit der Balanced Scorecard sollen Strategien in Aktionen umgesetzt werden

Bereinigte Marktkapitalisierung: Marktkapitalisierung + Nettofinanzschulden (-Nettoliquidität)

Best-Case-Szenario: Szenario der best-denkbaren Entwicklung

Bivariate Verfahren: Analyse der Zusammenhänge zwischen zwei Merkmalen (z.b. beeinflusst das Alter des Verbrauchers seine Markenwahl)

Break-even-Punkt: Gesamtleistung, bei der ein gerade ausgeglichenes Ergebnis erreicht wird

Bruttoinvestitionsbasis: gibt das gesamte, in ein Geschäftsfeld investierte Kapital an (kann -auf Basis Bilanz + Anlagespiegel- aktivisch oder passivisch abgeleitet werden)

Cash Cow: ausgereiftes Produkt, das aufgrund hoher Stückzahlen bei geringem Weiterentwicklungsaufwand zu hohen Mittelüberschüssen führt

Cash Flow: wird ausgehend vom Betriebsergebnis ermittelt (entspricht dem um außerhalb der gewöhnlichen Geschäftätigkeit anfallende Aufwendungen und Erträge bereinigten Jahresüberschuss vor Ertragssteuern. Betriebsergebnis verbindet traditionelle Ergebnis- mit Wertkennzahlen)

Cash Flow Return on Investment CFROI: Gesamtkapitalrendite nach Steuern (wird als interner Zinsfuß einer simulierten Zeitreihe ermittelt. Dabei wird die Lebensdauer nach den Phasen Gründung, Betrieb und Liquidation unterteilt)

Cash Value Added (CVA): zeigt an, wieviel Ergebnis ein Geschäft mehr generiert, als mindestens zur Bedienung der Eigen- und Fremdkapitalgeber notwendig ist Cockpit Charts (CPC): tief gestaffelte, prozessorientierte Organisationsformen erfordern neue Reportingkonzepte. Diese haben zum Ziel, dass sich alle wesentlichen Steuerungsgrößen gleichzeitig im Blickfeld des Managers befinden (analog zum Piloten im Cockpit eines Flugzeuges)
Current ratio: Umlaufvermögen/kurzfristiges Fremdkapital
Customer Relationship Management: versucht u.a. frühzeitig potentiell unzufriedene Kunden zu identifizieren und einem Abwandern zur Konkurrenz vorzubeugen (Quantifizierung der Kundenzufriedenheit, Verstärkung Kundenbindung)
Cycle Time (TCT): Zeit zwischen Beginn und Ende eines betrieblichen Prozesses Data Mining: die Auswahl von Indikatoren und Zielwerten kann ohne die passenden Werkzeuge der zeitaufwendigste Teil von Planungsprojekten sein. Um auch in sehr großen Datenbeständen nach bestimmten Mustern suchen zu können, werden Data Mining-Werkzeuge eingesetzt Debitoren-Laufzeit: Zeit zwischen Rechnungsstellung und Zahlungseingang Desinvestition: Verkauf von Gegenständen des Anlagevermögens

deterministisch: ohne Berücksichtigung von Risiko/Unsicherheit

Discounted Cash Flow Methode: leitet die zukünftigen freien Cash Flows und die gewichteten Kapitalkosten ab und ermittelt den Marktwert des Gesamtkapitals (Bruttowert) durch Abzinsung des freien Cash Flows mit dem gewichteten Gesamtkapitalkostensatz

Diskriminanzanalyse: ermittelt für Unternehmen eine Gesamtkennzahl, die sich aus der Summe gewichteter betriebswirtschaftlicher Einzelkennzahlen ergibt. Anhand Gesamtkennzahl wird das Unternehmen nach seiner Bonität klassifiziert

Dynamische Durchlaufzeit dCT: bezieht eine Vielzahl identifizierter Prozesse mit ein und ist sowohl auf gegenwärtige als auch auf zukünftige Prozesse ausgerichtet

EBIT: Ergebnis der gewöhnlichen Geschäftstätigkeit vor Zinsergebnis und vor Abschreibungen

Economic Value Added: die positive Differenz zwischen ROCE und WACC ist die Wertmarge, die multipliziert mit dem eingesetzten Kapital den zusätzlich geschaffenen Wert in einem Bilanzzeitraum ergibt

Eigenkapitalquote: Eigenkapital/Bilanzsumme

Eigenkapitalrendite: (Jahresüberschuss + Ertragssteuern) / durchschnittliches ausgewiesenes Eigenkapital

Eintrittswahrscheinlichkeit: Wahrscheinlichkeit in % dafür, dass ein bestimmtes Ereignis eintritt

Ertragswert: diskontierte Summe der freien Mittelüberschüsse während eines Planungszeitraums
EVA: Economic Value Added (misst die Wertsteigerung im Jahr; ist die operative Seite von MVA)
Factoring: Verkauf von Forderungen zur sofortigen Verfügung über die entsprechenden liquiden Mittel
First Passed Yield (FPY): diese Kennzahl gibt an, wieviel % der Aufträge beim ersten Durchgang korrekte Ergebnisse aufweisen bzw. erfüllt sind
GARCH Modelle: Bestimmung von Varianzen bei nicht stationären Verteilungen Gesamtkapitalrendite: (Jahresüberschuss + Ertragssteuern + Zinsaufwand) / durchschnittliche Bilanzsumme)
Gewichtetes arithmetisches Mittel: dient zur Mittelwertbildung bei Messdaten, die mit unterschiedlichem Gewicht in den Durchschnittswert eingehen sollen historische Simulationsmethode: die Verteilung der zukünftigen Portfolio-Wertveränderungen wird geschätzt, indem die historischen Veränderungen der Risikofaktoren auf deren aktuellen Stand angewendet werden
Iteratives Vorgehen: schrittweise Annäherung an die Lösung
Kapitalumschlag: Umsatz / durchschnittliche Bilanzsumme
Korrelationsanalyse: Verfahren zur Bestimmung der Abhängigkeit zweier metrischer Variablen

Korrelationskoeffizient: mathematische Erfassung der gemeinsamen Veränderung zweier Merkmale (Kovarianz)
Kreuztabellierung: Verfahren zur Darstellung des Zusammenhangs zweier Variablen Lebenszyklusanalyse: Analyse der zeitlichen Entwicklung eines Produktes (Phasen Markteinführung, Marktdurchdringung, Sättigung, Marktdegeneration)
Make-or-buy: Analyse, ob ein Bauteil, Produkt o.ä. selbst gefertigt (Make) oder zugekauft (buy) werden soll
Monte-Carlo-Simulationsmethode: die Verteilung der Portfolio-Wertveränderungen wird durch eine Simulation der Veränderung der Risikofaktoren mit einem Zufallsgenerator geschätzt
Multivariante Verfahren: Analyseverfahren wie beispielsweise Faktorenanalyse oder multiple Regressionsanalyse
OLAP: ermöglicht den interaktiven und multidimensionalen Zugriff auf die von jedem Mitarbeiter benötigten Informationen
Portfolioanalyse: ist eine grundsätzlich anwendbare Methode zur Ausschöpfung von Potentialen des Unternehmens. Durch Einsatz dieser Methode können die wichtigsten Kriterien und Stärken einzelner Geschäftsfelder herausgearbeitet werden
Regressionsanalyse: beschäftigt sich mit einseitigen Abhängigkeiten, um Merkmalsausprägungen einer

Variablen aus denen einer anderen zu errechnen. Anwendungsfall ist u.a. die Prognoserechnung
Risikoanalyse: in der Planrechnung werden diverse Möglichkeiten mit Wahrscheinlichkeiten versehen und die Planungsergebnisse ebenfalls mit Wahrscheinlichkeiten bewertet
Scoring-Modell: Modell zur Bewertung von Alternativen
Sensitivitätsanalyse: untersucht, wie sich die Änderung einer Eingangsgröße unter Konstanthaltung der weiteren Werte auf das Ergebnis auswirkt
Stress-Test: durch Anwendung von Krisenszenarien wird simuliert, wie extreme Marktsituationen oder Marktpreisveränderungen den Wert eines Portfolios verändern würden
Szenariotechnik: Tool, um die unsicheren Erwartungen über die zukünftige Entwicklung abzubilden
Total Quality Management: nach internationalem Standard ein Managementsystem zur Erreichung höchster Wettbewerbsfähigkeit
Trendexploration: statistisches Verfahren zur mathematischen Fortführung einer in der Vergangenheit begonnenen Zeitreihe
Varianz-Kovarianz-Verfahren: bei der Risikoermittlung wird die Beziehung zwischen der Wertänderung des Portfolios und den Risikofaktorrenditen als linear angenommen, d.h. Wertänderungen des Portfolios

lassen sich linear aus den Änderungen der Risikofaktoren berechnen.

Gleich am Tag darauf befasst sich die gleiche Gesprächsrunde mit dem Konzept eines Frühwarn- und Risikokontrollsystems. Für den Unternehmensplaner lassen sich Risiken durch das Ausmaß der voraussichtlichen Schadenswirkungen und negativen Zielabweichungen und deren Eintrittswahrscheinlichkeit charakterisieren: „Von ihrer Ursache her können sich für unser Unternehmen mögliche Störpotentiale besonders auf den Absatz-, Rohstoff-, Kapital- und Arbeitsmärkten einstellen. Auch technische, sozio-kulturelle und politische Einflüsse sind hinsichtlich ihres Negativpotenzials auf unsere Unternehmensentwicklung hin nicht als Risikoquellen auszuschließen. Hierzu zählen politische Umwälzungen und Krisen, frühzeitig oder ausschließlich der Konkurrenz zugängliche technologische Entwicklungen, gesellschaftliche Wertewandel und Verbraucherverhalten, Umwelt- und Verbraucherschutzgesetze, Wechselkursänderungen, Konjunktureinbrüche, Preisverfallrisiken, Zinsrisiken, Lohnerhöhungsrisiken oder Produkteinführungsrisiken."

Nach einigen Ausführungen des Consultants muss, um Risiken zu operationalisieren und zu quantifizieren, eine Zerlegung und Bewertung nach Einzelrisiken möglich sein: „Für die Analyse und Gewichtung der

Risikofaktoren sollten im Informationssystem möglichst viele Methoden und Verfahren für Simulationen und What-If-Szenarien verfügbar sein. Dabei geht es um Fragen wie beispielsweise: wie ändert sich mein Gesamtrisiko, wenn sich ein Risikofaktor ändert? oder: mit welchen potenziellen Verlusten muss ich rechnen, wenn sich ein Faktor ändert? Solche Differenzierung ist von Bedeutung: denn wenn beispielsweise ein Faktor mit hoher Sensitivität auf ein Teilrisiko wirkt, muss das nicht unbedingt relevant für das Gesamtrisiko sein. Relevant ist dies nur, wenn die Risikostruktur größere Volumina in dieser Position aufweist".

Und Project-Member 1 ergänzt ihn: „Neben Verfahren zur Identifizierung, Analyse, Simulation und Bewertung müssen Instrumente für die Umsetzung dieser Erkenntnisse in Steuerungsimpulse für die Kontrolle der Geschäfte verfügbar sein. Da die Märkte ständigen Änderungen unterworfen sind, betreffen die zentralen technischen Anforderungen an das Informationssystem weniger den Systemkern selbst als dessen flexible Anpassungsfähigkeit an die Veränderung der Rahmenbedingungen. In der unsrigen dynamischen Wettbewerbsumgebung müssen Systemlösungen in der Lage sein, schnell auf Änderungen des Umfeldes reagieren zu können. Auch die immer häufigeren Veränderungen von Strukturen, Abteilungen und Aktivitäten im Unternehmen setzen eine Anpassbarkeit des Systems und insbesondere des Datenmodells voraus. Die Daten- und Anwendungsstruktur muss in der Lage sein, auf eine Vielzahl heterogener Datenquellen zuzugreifen, die von den verschiedensten Plattformen und externen Datenlieferanten bereitgestellt werden".

Senior Manager: „Vor allem sollte noch mehr Gewicht auf die Erfassung von Frühwarnsignalen gelegt werden. Zum Beispiel auf solche wie Abnahme des Marktes aufgrund Substitutionstendenzen, Zersplitterung des Marktes, Vergrößerung des Marktes aufgrund neuer Abnehmer, Globalisierung, stagnierende oder schrumpfende Mengennachfrage, abnehmende Preiselastizität, zunehmender Importdruck, verschlechterte Exportmöglichkeiten, absinkende Eintrittsbarrieren für Newcomer, steigende Marktaustrittsbarrieren aufgrund zunehmender Kapitalintensität, Trend zur Vereinheitlichung von Produkten, abnehmendes Differenzierungspotenzial, abnehmende Kundentreue bei Markenprodukten, mehr Wettbewerber und Überkapazitäten, Zunahme des Preiswettbewerbs, Konzentrationsprozesse (bei Produzenten, Handel), Nachfragekonzentration (z.B. durch Einkaufsorganisationen), Veränderung der Kundenstruktur, Wegfall von Handelsstufen, immer kleiner werdende Marktnischen werden von einer zunehmenden Zahl von Wettbewerbern besetzt.

Signale: sowohl Unternehmens- als auch Umfeldsignale auch in schwacher Form erfassen und bereitstellen. Veränderungen: Hinweis auf Veränderungen der bisherigen oder der neuen Erfolgspotentiale. Ursachen: Analyse der Zusammenhänge zwischen beobachteten Signalen und Entwicklungen. Bewertung: Beurteilung der Signale nach ihrer Bedeutung für das Unternehmen. Planung: Umsetzung der gewonnenen Erkenntnisse in Ziel- und Planprozesse".

Der Unternehmensplaner will besonders eine Wahrnehmung des wahrscheinlichen Risikos gewahrt wissen: „Geschäftsprozesse können heute mehr denn je von Risiken begleitet und negativ beeinflusst werden. Zweck unseres systematischen Risikomanagements ist es daher, trotz vorhandener oder sogar zunehmender Risiken, das Erreichen unserer Unternehmensziele erfolgreich zu gestalten. Viele Risikosituationen sind auf dem besten Weg, sich mathematisch darstellen zu lassen. Es geht um die Wahrnehmung des Risikos und der Wahrscheinlichkeiten. Eine Risikosituation ist an ein Möglichkeitsspektrum gebunden, das von einer Wahrscheinlichkeit bestimmt ist, die sich auf Ereignisse bezieht, deren Eintritt einen Verlust beziehungsweise Kosten oder einen Gewinn beziehungsweise Einnahmen bedingt. Einzelne Risikosituationen unterscheiden sich auch dadurch, ob sie kontrollierbar sind oder nicht".

Für den General Manager bedeutet Management bis zu einem gewissen Grade gleichzeitig immer auch Risikomanagement: „Nicht zuletzt auch deshalb, weil mit Erhöhung des Risikos nicht immer automatisch auch eine Erhöhung der Chancen verbunden sein muss. Da das Umfeld, in dem wir agieren, immer komplexer wird, müssen Marktentwicklungen, Trends und Risiken immer früher erkannt werden. Uns bleibt für das Analysieren und Treffen von Entscheidungen immer weniger Zeit".

Für den General Manager hatte Geld mittlerweile nur noch wenig Reiz, Menschen hingegen schon. Mit den Mitarbeitern war er phantastisch. Er bedachte sie mit seinem verbindlichen Händedruck und hörte sich ihre Geschichten an. Er hatte den Dreh raus – nein, es war mehr als ein Dreh, es ging tiefer, war grundlegender, vermischt mit Respekt. Rüberzubringen, dass er sie nicht nur gehört, sondern auch verstanden hatte. Und dass es ihm nicht egal war, was sie bewegte. Er verließ nie einen Raum, ohne sich die Namen aller dort Anwesenden eingeprägt zu haben. Er behielt sie sogar. Selbst bleiche, spitzfindige Skeptiker schien er geradezu magisch anzuziehen und für sich einnehmen zu können. Er ließ ihnen ihre Skepsis, bestärkte sie eher noch und machte über ihre Zurückhaltung seine Scherze. Er genoss es, und er genoss sie. Man konnte von ihm in zwei Monaten mehr über Führungskompetenz lernen, als in vielen Seminaren sonst in vielleicht fünf Jahren. Er kannte die berufliche Vita von jedem in seiner Führungscrew auswendig, wusste genau, wo ihre Stärken und ihre Schwächen zu finden waren. Die schiere Menge an Faktenwissen war schon als solche alleine beeindruckend. Noch erstaunlicher war das Maß an Energie und Interesse, das er investierte. In manchen Sitzungen machte er lange Ohren und blieb, wenn ihn etwas interessierte, endlos sitzen, auch wenn das seinen Zeitplan völlig umwarf. Er ging nicht, bevor er nicht alles für ihn Wissenswertes, aus wem auch immer, herausgeholt hatte. Er praktizierte eine Art von karrieresteigernder Selbstbestäubung und war, was wichtige Unternehmensinterna anging, so etwas wie eine wandelnde Clearingstelle.

Und wieder an die Gesprächsrunde gerichtet: „Unternehmensrisiken entstehen doch nicht über Nacht: vielmehr kündigen sie sich mit mehr oder weniger zahlreichen und zum Teil nicht direkt sichtbaren Symptomen an. Wer Risiken und strategische Fehler bereits im Vorfeld (augenzwinkernd: wie ich!) erkennt, kann Krisen bereits im Vorfeld meistern und den Absturz in die „worst-case"-Insolvenz vermeiden (denkt: kommt doch auch Euch zugute). Es kommt darauf an bereits die Strategiekrise als erste Stufe einer aufziehenden Schieflage -zunehmender Wettbewerbsdruck, Veränderung der Marktposition, nachlassendes Kundeninteresse- - rechtzeitig zu identifizieren. Oft liegen zwischen dem

Erkennen einer Krise und dem Konkurs einer Firma nur wenige Wochen, das heißt,. wird eine Krise erst im späten Stadium der Liquiditätskrise erkannt, ist eine Rettung oft nicht mehr möglich".

Für den Senior Manager wird die Insolvenzgefährdung eines Unternehmens durch verschiedene Faktoren bestimmt: „ Zwar lassen sich Insolvenzen nur sehr selten auf eine Ursache zurückführen, dennoch ist ein maßgeblicher Faktor auf die Insolvenzentwicklung die Ertragslage und ihre Veränderung. Für die Früherkennung erlangen sogenannte „weiche Faktoren" -beispielsweise Auftragseingang der Branche, Inflationsrate, Kundenzufriedenheits-Index, Cash Flow, innerbetriebliche Krankheits- und Fluktuationsquote- eine zunehmende Bedeutung. Bilanz und BWA liefern nur vergangenheitsbezogene Daten. Daraus nicht ableiten lassen sich Trends und Innovationen, die sich nicht im Produkt- oder Dienstleistungsangebot Ihres Unternehmens wiederfinden und damit wichtige Signale einer aufziehenden Krise sein können. Neben vergangenheitsbezogenen Finanzzahlen wichtig sind Daten zu Alter des Maschinenparks, Ausfallzeiten, Reparaturkosten, F+E-Kosten im Vergleich zur Konkurrenz oder Patentanmeldungen".

Aus Sicht des Unternehmensplaners steht hinter jeder Planungsrechnung direkt oder indirekt das Ziel, den

Zufall durch den Irrtum zu ersetzen: "Risikoanalysen sollen Auskunft darüber geben, mit welcher Wahrscheinlichkeit sich ein möglicher Irrtum innerhalb welcher Grenzen bewegen wird. Da man nie wissen kann, wie die Zukunft wirklich aussehen wird, sollten auch unsere Planungsrechnungen nicht erst den Anschein einer totalen Zukunftstransparenz erwecken wollen. In der Praxis gibt es kein Planen mit der Sicherheit vollkommener Informationen. Die Ungewissheit der unvollkommenen Information gehört gewissermaßen zum praktischen Alltag der Planung, Wenn es aber schon nicht möglich ist, so zu planen, wie es sein wird, sollten wir gerade deswegen eine Vorstellung davon entwickeln, wie es sein könnte".

Der General Manager wollte die Diskussion nun aber noch unbedingt auf Themen zu Standortfaktoren lenken: „Bevor wir uns jetzt aber wieder auf das nächste Meeting vertagen, möchte ich nicht versäumen, den in meinen Augen wichtigen Punkt der Standortfrage anzusprechen: „Es gibt keine richtigen oder falschen, sondern nur geeignete oder ungeeignete Standorte: denn jedes Unternehmen stellt an seinen Standort jeweils ganz spezifische Anforderungen, jeder Standort seinerseits bietet wiederum ganz eigene Bedingungen. Daraus folgt: es muss in jedem Fall ein Abgleich der Anforderungen unseres Unternehmens mit den Bedingungen von auch anderen in Frage kommenden

Standorten durchgeführt werden. Subjektive Meinungen und Einflüsse sollten dabei nach Möglichkeit ausgeschlossen und stattdessen harte Fakten untersucht werden".

Der Senior Manager hatte sich aufgrund seiner vielen Erfahrungen mit anderen Projekten so gut es ging auch auf dieses Thema vorbereitet: „Eine Investitionsentscheidung für einen falschen Standort kann existenzvernichtend sein: die Standortwahl des Unternehmens zählt deshalb zu den wichtigsten Entscheidungen überhaupt. Diese ist aufgrund ihres langfristigen Charakters nur schwer revidierbar. Durch Baupreise oder Grundstückspreise hat der Standort direkten Einfluss sowohl auf die Investitionskosten als auch auf Kostenfaktoren wie Transportkosten, Löhne, Abgaben. Darüber hat der Standort Einfluss auch die Erlössituation (Standortfaktoren Kaufkraft, Bevölkerungsstruktur, Konkurrenz).

Auch hierzu hat er wieder eine Gesprächsunterlage für die Diskussionsteilnehmer vorbereitet. Zu den erfolgswirksamen Standortfaktoren werden darin aufgezählt: Fernstraßenanbindung, Schienenanbindung, Luftverkehrsanbindung, Wasserstraßen-Anbindung, Öffentlicher Nahverkehr, kommunale Verkehrsinfrastruktur, Entfernung zu Konkurrenzfirmen, Konkurrenzsituation, Nähe zu Kooperationspartnern,

Nähe zu Zulieferbetrieben, Nähe zu Dienstleistungen, Nähe zu Absatzmärkten, Nähe zu Beschaffungsmärkten, Steuern-Tarife-Abgaben, Potential qualifizierter Arbeitskräfte, Pendlerquote, Lohn- und Gehaltsniveau, Teilzeitkräftepotential, Struktur der Bevölkerung, Anlernkräftepotential, Facharbeiterpotential, verfügbarer Wohnraum, Mietniveau, Immobilienpreise, verfügbare Industrieflächen, verfügbare Büroflächen, Preise Industrieflächen, Preise Büroflächen, Nähe zur Universität, Nähe zu Fachhochschulen, Forschungseinrichtungen, Beratungs- und Informationseinrichtungen, soziale Einrichtungen, Weiterbildungseinrichtungen, Wirtschaftsförderung, Dauer und Aufwand von Genehmigungsverfahren, Zugang zu Bank- / Finanzdienstleistungen, Zugang zu Förderleistungen, Zugang zu Risikokapital.

Erläuternd fügt er hinzu: „Die Standortsuche eines Unternehmens ist nichts anderes als der bestmögliche Abgleich der Unternehmensanforderungen mit den Standortbedingungen. Erschwert wird dieser Prozess durch die große Zahl der potentiellen Standorte, die Vielzahl und große Breite der Standortbedingungen und die Vielfalt und besonderen Ausprägungsbedürfnisse der Standortanforderungen. Fragen: Wurde eine Rangfolge der Standortfaktoren aufgestellt? Wurden die einzelnen Standortfaktoren mit ihren jeweiligen Determinanten gewichtet und in eine Punktebewertung einbezogen? Wurde ein System der Standortanforderungen aufgestellt? Wurden zu untersuchende Standortalternativen definiert? Ist eine Beurteilung von möglichen Standortalternativen hinsichtlich der Standortfaktoren erfolgt? Ist ein Vergleich der möglichen Standortanforderungen mit den Standortbedingungen ausgesuchter Standorte durch Punktebewertungsmodell, Nutzwertanalyse oder Profilmethode durchgeführt worden?"

„Alles dies macht deutlich: ohne Beziehungen ist alles nichts! Ihr Beziehungskapital beinhaltet alle Beziehungen zu organisationsexternen Gruppen/ Personen, zum Beispiel: Kundenbeziehungen, Lieferantenbeziehungen, Beziehungen zur Öffentlichkeit, Beziehungen zu Kapitalgebern/ Investoren/ Eignern, Beziehungen zu Kooperationspartnern. Beim Beziehungskapital geht es um Fragen wie: Von wem und woher kommt der Umsatz? Von wem kommt das notwendige Kapital? Welche externen Wirkungen sollen bei Kunden, Partnern und der Öffentlichkeit erreicht werden? Wie werden den Kunden die Leistungen vermittelt? Wie werden Partnerschaften mit Kunden aufgebaut und gepflegt? Was schätzen die Kunden am Unternehmen? Wie werden Kundenwünsche erfasst und zur Leistungsverbesserung genutzt? Von wem bekommt

Ihr Unternehmen neues, frisches Wissen? Wie werden externe Wissensquellen verfügbar gemacht? Welche externen Gruppen können Ihr Unternehmen unterstützen, welche es behindern? Wer kooperiert mit Ihnen, um Produkte zu entwickeln, zu erstellen, am Markt zu platzieren und zu vertreiben?"

Der Unternehmensplaner fühlt sich direkt angesprochen und erklärt hierzu: „Nachhaltige Wertschöpfungsnetze werden durch Kommunikation und Austausch mit anderen Partnern geprägt. Es geht um eine ausgewogene Balance von Zusammenarbeit und Wettbewerb. Mit moderner Informations- und Kommunikationstechnik können wir uns als Akteure im Markt rasch kennenlernen und in der Profitabilität unserer Prozesse sowie in der Qualität unserer Produkte unsere Stellung im Wettbewerb erkennen. Gleichzeitig findet ein Lernprozess auch dahingehend statt, dass man im globalen Dorf aufeinander angewiesen ist und deshalb versuchen sollte, in austauschender Zusammenarbeit füreinander nützlich zu sein: man lehrt einander und lernt voneinander. Im Hinblick auf intellektuelles Kapital kommt es darauf an, komplementäres Knowhow und unterschiedliche Kernkompetenzen gemeinsam zu entwickeln und intelligent zu verknüpfen (Partner in Wertschöpfungs-(Beziehungs-)netzen). Der Umgang mit Wissen und intellektuellem Kapital spielt dabei eine Schlüsselrolle".

Typische Einflussfaktoren für Beziehungskapital sind: Beziehungen zu Kunden und Lieferanten pflegen, Verbands- und Öffentlichkeitsarbeit betreiben, Investors Relations, externes Knowhow integrieren. Beim Beziehungsmanagement geht es darum, kontinuierlichen Kontakt mit Interessengruppen zu pflegen, um frühzeitig auf kritische Themen aufmerksam zu werden oder bei Problemfällen in einen Diskurs einzutreten. Dies erfordert auch inhaltlich eine Grundsatzarbeit sowie ein hohes Maß an Offenheit. In der Regel brauchen Beziehungsaktivitäten einen zeitlichen Vorlauf, um ihre volle Wirkung zu entfalten.

Von den kommunikativen bis hin zu den logistischen Beziehungen

Der Senior Manager lässt sich seufzend in den nächst besten Sessel fallen: „Eigentlich ist es mit meinem Projekt wie im Schach: man macht wohlüberlegt seine Züge, anfangs entwickelt sich alles nach Plan. Aber dann auf einmal, man weiß nicht, warum und wieso, ist eine zweischneidige Stellung entstanden, die völlig anders ist, also gedacht. Und natürlich weiß man selbst ganz genau, dass die Situation auf dem Brett nie allein nur das Werk seines Gegners ist. Denn verliert man, gibt es hierfür doch immer eine plausible Erklärung: man ist gerade nicht gut drauf, ist todmüde, ist mit seinen Gedanken nicht bei der Sache oder hat am Tag zuvor einen zu viel getrunken. Gewinnt man aber, und sei es nur wegen eines eklatanten Patzers des anderen, ist auch hier sofort eine Begründung parat: fraglos liegt es an der unwiderstehlichen Qualität des eigenen Spielverständnisses, an den eigenen glasklaren Analysen komplizierter Stellungen. Aber wer matt gesetzt wird, ist am Ende immer selber schuld. Die Variante, die dahin führte, hat jeder selbst schon lange vorher auf seine eigene Verantwortung gewählt".

Der Marketingmanager versucht zu erklären, dass offensive Strategien zur Gewinnung von Neukunden teuer sind, während Defensivstrategien zur Bindung treuer Käufer bei gleichem Mitteleinsatz mehr an Wirkungen versprechen: „Bis zu siebzig Prozent Umsatz setzen sich oftmals aus Wiederholungskäufen zusammen. Das heißt, Kundenbindung geht für uns zunächst einmal vor Kundenfindung: in Form konsequenter Stammkundenbindung, Verbesserung der Service-Qualität, Aufbau von Wechselbarrieren, Einführung von Kunden-Feedback-Systemen. Stabile Kundenbindungen sind eine Barriere und der beste Schutz gegen das Vordringen aggressiver Konkurrenten".

Kunden, die über längere Zeit nicht mehr aktiv waren oder die bestehende Vertragsverhältnisse gekündigt haben, stellen aus Sicht des Vertriebsleiters nach wie vor ein interessantes Potential dar: „Reaktivieren inaktiv gewordener Kunden ist wesentlich kostengünstiger als das Gewinnen neuer Kunden. Mit Hilfe von Data Mining Verfahren könnten wir aus den Inaktivbeständen diejenigen Kunden ermitteln, die in ihrem Profil dem der guten, aktiven Kunden am besten entsprechen. Mit einer Kausalanalyse lässt sich der Zusammenhang zwischen Kundenbindung und Kundenzufriedenheit ermitteln: a) es besteht ein starker Zusammenhang (in diesem Fall ist es möglich, die Kundenzufriedenheit als Indikator für Kundenbindung heranzuziehen, wird die Zufriedenheit erhöht, erhöht sich ebenfalls die Kundenbindung. Die Zufriedenheit kann als Indikator und Stellschraube für die Steuerung der Kundenbindung eingesetzt werden. b) es besteht nur ein schwacher Zusammenhang: in diesem Fall ist es oft am besten, direkte Kundenbindungsprogramme zu entwickeln".

Ein weiterer positiver, empirisch nachweisbarer, nahezu linearer Zusammenhang besteht nach Angaben des Senior Managers zwischen der Bindung und der Referenzbereitschaft von Kunden: „Der Prozentsatz der Unternehmen, die in der Lage sind, ihre Stammkunden trennscharf zu identifizieren, liegt nach unseren Erfahrungen bei gerade etwa zwanzig Prozent. Auch das Erkennen von abwanderungsverdächtigen Kunden bereitet den meisten Unternehmen erhebliche Probleme. Einen Ausweg aus dieser Situation bietet insbesondere die stärkere Hinwendung zum Relationship Marketing".

Erstanbindung: Welchen Anbieter nutzen die Kunden am häufigsten? Referenzpotential: Empfehlen Kunden ihren hauptsächlich genutzten Anbieter innerhalb des Freundes- und Bekanntenkreises weiter? Wiederkaufsrate: in welchem Umfang werden Kunden wieder bei ihrem hauptsächlich genutzten Anbieter Leistungen nachfragen? Würden die Kunden wechseln, wenn es einen Alternativanbieter gäbe? Dauer der Kundenbeziehung: Seit vielen Jahren besteht eine Kundenbeziehung zu den hauptsächlich genutzten Anbietern? Wie häufig haben die Kunden mit diesem

Anbieter Kontakt bzw. wie häufig nutzen Kunden die Leistungen dieses Anbieters? werden die Kunden über die bisherigen Leistungen hinaus noch andere Leistungen dieses Anbieters nachfragen?

Der Marketingmanager erwartet auch für sein Unternehmen von den Lieferanten mehr als nur nackte Produkte: „Es gilt vielmehr, die einzelnen Leistungskomponenten für den Kunden derart zu kombinieren, dass die Gesamtleistung sowohl den Ansprüchen des Kunden genügt als auch wirtschaftlich erbracht wird. Es entstehen langfristige vertikale Leistungsgemeinschaften, die als Wertschöpfungspartner in Konkurrenz zu anderen Partnerschaften treten. Durch eine Verflechtung der Wertketten werden Schnittstellenprobleme minimiert und Aufgaben zwischen den Unternehmen koordiniert. Dies kann große Integrations- und Synergiepotentiale bewirken. Und deshalb wollen wir Outsourcingstrategien und Partnerschaften nur mit Lieferanten mit ausreichendem Leistungsvermögen eingehen. Beide Seiten sollen dabei als eine strategische Allianz agieren, um Wettbewerbsvorteile im Systemwettbewerb zu realisieren. Gefragt ist meinen Augen besonders partnerschaftliches Handeln: Marktpotentiale können gemeinsam ausgeschöpft werden. Dies erfordert eine Denkweise, die durch den Aufbau einer gemeinsamen Vertrauensbasis gekennzeichnet wird".

Auch die ganze Denkwelt des Vertriebsleiters befindet sich mit dieser Aussage in Übereinstimmung. Auch sein Credo ist vernunftgesteuerte Selbstsucht. Er betet es immer wieder vor dem Altar der freien Marktwirtschaft. Und ist fest der Meinung, dass sich jede soziale Interaktion, wie komplex auch immer, regeln lässt, sobald man eine Möglichkeit findet, sie in Geld auszudrücken. Solange das freie Unternehmertum blüht, kriegen alle, was sie brauchen. Soll doch jeder selbst darum kämpfen, mit seinem Eimerchen aus dem unerschöpflich fließenden Bach des Geldes zu schöpfen. Und mit dem Nass dann anfangen, wonach ihm der Sinn steht. Saufen, darin baden oder vielleicht auch in der nächsten Spielbank zu Dampf machen.

Für den Senior Manager sind strategische Kommunikationsentscheidungen immer auch Entscheidungen über Ziele, Strategien und Maßnahmen von Unternehmen, die sich auf den Transfer von Informationen über das Leistungsangebot des Unternehmens bis hin zu einer bestimmten Zielgruppe im Markt beziehen: „Zielsetzungen strategischer Kommunikationsplanung sind die Positionierung der Produkte in Märkten, eine Verteilung des Kommunikationsetats nach Gesichtspunkten des Gesamterfolges, eine gezielte Entwicklung der Kommunikationsmaßnahmen entsprechend der Ausgangs- und

Zielposition der Produkte im Markt sowie die Abstimmung und Koordination der einzelnen Maßnahmen untereinander. Dabei erfolgt die strategische Positionierung durch das Unternehmensverständnis: beispielsweise durch Rückbesinnung auf die Gründungsidee als Wurzelwerk der Tradition".

Aus Sicht des Wissensmanagers ist die gesamte Kommunikationslandschaft im Fluss. Er sagt: „Professionelle Kommunikation ist einer der wichtigsten Erfolgsfaktoren für die Ausschöpfung von Marktpotenzialen. Hierbei haben sich die verschiedenen Medienlandschaften in den letzten Jahren nahezu explosionsartig entwickelt. Neuartige Kommunikationsmittel ermöglichen eine Breite, Tiefe und Geschwindigkeit der Informationsübermittlung, die früher undenkbar gewesen wäre. Manche Nachdenkliche unter uns Führungskräften stellen daher bereits bewusst die Frage, ob in der heutigen Informationsgesellschaft manche Unternehmen nicht etwa zu „Informationsriesen" heranwachsen, dabei aber gleichzeitig zu „Wissenszwergen" zu verkümmern drohen: wir ertrinken in Information, aber uns dürstet nach Wissen."

Als Kommunikationsschwächen können u.a. auftreten: Kommunikationsaussagen decken sich nicht mit der gewollten Unternehmens- und Produktpositionierung,

Auswahl und Einsatz der Kommunikationsinstrumente entsprechen nicht den zu kommunizierenden Inhalten, durch inhaltlich und zeitlich unzureichend abgestimmte Kommunikationsplanung entstehen zu große Streu- und Wirkungsverluste, Kommunikationsstil und -intensität entsprechen nicht dem Wettbewerbsniveau, Kommunikationsinstrumente verlieren ihren Stellenwert als Differenzierungspotenzial oder die Kommunikationsstrategie ist nicht mit den übrigen Strategiekomponenten des Unternehmens abgestimmt. Kommunikation ist damit kein Instrument aus physikalisch messbaren Werten, sondern bestimmt sich auch durch Instinkte, Gefühle und Intelligenz.

Der Informationsmanager im Zwiegespräch mit dem Senior Manager: „Es ist vor allem der nichtmenschliche Charakter von Computernetzwerken der es für mich schwierig macht, diese wirklich zu verstehen". Der Senior Manager denkt in die gleiche Richtung: "Ich kann das gut verstehen. Viele außerhalb von diesem Raum denken doch, dass unser Leben zunehmend von einer unsichtbaren, unbegreifbaren Logik gesteuert wird. Sie begegnen einem Computernetzwerk als Black Box mit einem großen Misstrauen. Und sie haben in vielem auch recht: wir alle sollten darüber nachdenken, was es für uns heißt, wenn unser Leben komplett archiviert ist und damit auch vollständig durchsucht und zurückverfolgt werden kann". Der Informationsmanager versucht zu relativieren: „Aber es gibt doch überall einen Kompromiss zwischen sichtbaren und verborgenen Dingen. Und Netzwerke sind immerhin doch so gestaltet, dass es keinen einzelnen Punkt mehr gibt, der für sich genommen noch strategische Relevanz beanspruchen kann. Fällt ein Knotenpunkt aus, fließen die Informationen einfach um diesen Punkt herum weiter". Der Senior Manager: „Sich der digitalen Gegebenheit zu verweigern, quasi in einer eher rückwärtsgewandten Form des Widerstands, wäre natürlich auch keine Lösung. Niemand von uns würde wirklich im Wald als Selbstversorger leben wollen".

Doch dann ist er seinem Gesprächspartner mit seiner ganzheitlichen Denkweise mit seinen Gedankengängen schon zu einem weiteren Aspekt enteilt und erklärt ohne weitere Umstände: „Bei allen Wertschöpfungsaktivitäten muss immer auch ihr Vernetzungsgrad berücksichtigt werden: auf welche Weise wird der Leistungsprozess mit den notwendigen Ressourcen versorgt? wie werden externe Leistungserbringer in den Leistungsprozess eingebunden? was ist beim Outsourcing die optimale Wertschöpfungstiefe? Je enger aber die eigene Prozesskette mit Partner-Netzwerken verkoppelt ist, desto stärker steigt auch die Abhängigkeit, das heißt bei Störungen der Beziehungen können Aktivitäten unmittelbar beeinträchtigt werden.

Sind die Beziehungen hingegen lockerer, sind Ausweichmöglichkeiten oder zeitliche Puffer eingebaut, so gewinnt das Leistungsmodell zwar an Stabilität, verliert jedoch in manchen Fällen auch an Effizienz."

Der Manager, der dieser Diskussion der beiden mit halbem Ohr gefolgt war: „Geschäftserfolge werden immer weniger von einsamen Einzelkämpfern und Tüftlern/ Genies erreicht. Erfolgversprechender sind Kooperationen zwischen Individuen, die mit unterschiedlichen Erfahrungen und komplementären Denkweisen ausgestattet sind. Besonders die Einbindung externer Experten ermöglicht dem Unternehmen eine Revitalisierung seiner Innovationskraft. Erfolgreiche Unternehmen generieren fast die Hälfte ihrer Innovationen aus solchen externen Impulsen: es geht um die Öffnung und externe Vernetzung von Innovationsprozessen, d.h. einen Trend zum unternehmens-/ branchenübergreifenden Mannschaftsspiel."

Knowledge-Links: das externe Wissensumfeld mit seinen vielfältigen Informationsbeziehungen ist so zu gestalten, dass damit ein dauerhafter Zuwachs der Wissensbestände entsteht (nicht nur an Quantität, sondern auch an Qualität) sowie der Wissensbestand auch immer auf einem aktuellen Stand gehalten wird. Wenn es aber vielen Unternehmen bereits schwerfällt, eine hinreichende interne Wissenstransparenz herzustellen, so haben sie mit der Verfolgung des externen Wissensumfeldes oft noch größere Mühe. Viele Mitarbeiter haben gar keine Verbindung zu externen Informationsquellen und -trägern oder kapitulieren vor der auf sie einstürmenden Informationsflut. Dennoch muss sichergestellt werden, dass man über wichtige Trends zeitnah informiert ist und dass wesentliche externe Wissensträger/ -quellen schnell identifiziert werden können.

Project-Member Nr 3 betrat den Besprechungsraum. Sein beruflicher Werdegang dümpelte bereits seit Jahren mehr oder weniger so vor sich hin. Im vergangenen Jahr endlich wurde er zum stellvertretenden Abteilungsleiter ernannt. Gemessen an seinem Alter und all den bereits in der Firma verbrachten Jahren war dies nicht besonders erhebend. Seine Kollegen hielten Abstand zu ihm. Nur wenn es unbedingt erforderlich war, nahmen sie ihn in ihre Gesprächsrunde auf. Irgendwie schien es immer falsch zu sein, was er dann sagte. Oder er formulierte es in einer Weise, dass es falsch bei den anderen ankam. Inzwischen war er so verunsichert, dass er häufig gar nichts mehr sagte. Und es oft auch vermied, Entscheidungen zu treffen. Aus lauter Sorge, es könnte das Verkehrte sein, was er sagte oder entschied. Damit eckte er natürlich auch schon wieder an. Denn von einem stellvertretenden Abteilungsleiter erwartete man schon etwas Entschlussfreudigkeit, zumindest aber konsequentes Handeln. Aber es hatte einmal eine Zeit gegeben, da war er selbstbewusster und auch erfolgreicher gewesen. Dann hatte es ein oder zwei Fehlschläge gegeben, die ihn auf den Status zurückwarfen, den er heute hatte.

Vielleicht war ja gerade dieses Projekt eine Chance, wieder in die richtige Spur zurückzufinden. Denn sein Verstand sagte ihm, dass Fehler und Rückschläge nicht immer etwas Ungewöhnliches sein müssen und er bestimmt nicht der Einzige war, der während seines Berufslebens einmal Pech oder etwas vergeigt hatte. Und stieg ohne eine Aufwärmphase sofort in die Diskussion ein: "Um sich ein besseres Bild darüber zu machen, wo man bei der Identifizierung und Ausschöpfung der Ressource Wissen steht, wird ein systematischer Vergleich mit anderen vorgenommen. Frage: Wo gibt es große Lücken? Ein wichtiges Hilfsmittel zur Identifikation von Wissensträgern und Wissensquellen sind Netzwerke, die gleiche Interessen verfolgen. Häufig haben sich bereits Expertennetzwerke etabliert, die sich nicht an Branchen- oder Unternehmensgrenzen orientieren. In ihnen zirkulieren wertvolle Informationen und werden weiterführende Kontakte vermittelt. Dies funktioniert nur, wenn jeder auch sein eigenes (für die anderen externes) Wissen einbringt."

Neue Technologien entstehen an Universitäten, staatlichen Forschungsinstituten usw. Es geht daher darum, Kontakte zu halten: auf informeller Basis, durch gemeinsame Projekte, Teilnahme an Experten-Netzwerken. Forschungsprojekte und Joint-Ventures zwischen Wissenschaft und Wirtschaft gewinnen immer mehr an Bedeutung. Dabei muss für jede Kooperation vorab genau abgesprochen und vertraglich festgelegt werden, wer sich mit welchem finanziellen und personellen Mitteln im gemeinsamen Projekt engagiert, wem das Knowhow zusteht, wer Patente anmelden und verwerten darf u.a. In diesen Problemen sind auch die Ursachen dafür zu finden, warum gerade kleinere Unternehmen diesen mitunter erheblichen juristischen und administrativen Aufwand scheuen. Auf Wissensmärkten besteht meist eine nur sehr geringe Markttransparenz. Die dort angebotenen/ verfügbaren Informationen sind oft nur schwer miteinander zu vergleichen. Es müssen daher andere Spielregeln beachtet werden als in klassischen Beschaffungs-märkten. Identifizierung von think tanks, die bei Bedarf wertvolle Informationen liefern können. Das Prinzip der Arbeitsteilung gilt auch für die Ressource Wissen: durch Wissensexplosion und gleichzeitig Wissensfragmentierung ist man häufig nicht dazu in der Lage, sämtliches für den Erfolg notwendiges Knowhow aus eigener Kraft zu entwickeln, es muss zusätzliches Wissen von außen erlangt werden. Die Gesamtheit aus allem ist mehr als die Summe der einzelnen Teile, Kompetenznetzwerke ermöglichen das Zusammenbringen von Wissen. Da somit Wissen auch neu vernetzt wird, kann dadurch zusätzliches Wissen generiert werden.

Hierauf der Senior Manager mit einem Beispiel zum Network of Excellence: „Vor dem Hintergrund der Frage, wie die intelligente Fabrik der Zukunft aussieht, sind führende Experten in dem Exzellenznetzwerk "Innovative Production Machines and Systems" zusammengekommen. In den Fachgebieten Produktionssysteme, Automatisierung und Steuerung sollen für die Produktion der Zukunft intelligente Techniken erforscht und verbreitet werden. Bearbeitet werden auch Themen zur Integration von Human-Ressourcen mit technischen Systemen, Überführung von Information in Wissen, rekonfigurierbare Unternehmen sowie innovative Fertigungsprozesse und Produkte. Mit diesen zentralen Herausforderungen der Produktionswirtschaft in den kommenden Jahren greifen die Netzwerk-Cluster Aspekte der Kerngeschäfte moderner Produktionsunternehmen auf und orientieren sich an der Vision einer wissensbasierten Fabrik der Zukunft. Die Verbreitung von Exzellenzwissen soll durch die

Erleichterung des Wissenstransfers an netzwerkexterne Teams und durch Kontaktaufnahme mit anderen Forschungsnetzwerken erleichtert werden."

Der Marketingmanager: „Vergesst mir aber die Logistik nicht!: Logistikziele sind Leistung (Ausführung eingehender Aufträge, Unterbringung der Warenbestände, Bewältigung der Mengenströme, kundengerechte Lieferzeiten, kundengerechte Serviceleistungen), Qualität (Lieferfähigkeit, Verfügbarkeit der Ware, Lieferqualität, Liefertermintreue, Informationsbereitschaft über Lieferstatus, Flexibilität gegenüber Kundenwunschänderungen) und Kostensenkung (Erhöhung Lagerumschlag, Senkung von Beständen, Optimierung von Bestellmengen und Bestellfrequenzen und Bestellzeitpunkten).

Bei Logistik-Überlegungen ist der Faktor Zeit bestimmend: Zeitverbrauch in der Wertschöpfungskette ist gleichbedeutend mit Kosten. In der Logistik sind immer dort erhebliche Zeit(Kosten-)ersparnisse möglich, wo es Wartezeiten gibt. Oft beschweren sich Kunden auch viel öfter über Liefermängel als über Produktmängel, die Distributionslogistik kann für die Dauerhaftigkeit der Kundenbindung entscheidend sein: insbesondere wo die Produktunterscheidungsmerkmale geringer werden, gewinnt die Logistikleistung an Bedeutung im Wettbewerb. Bevor einzelne Maßnahmen in Angriff genommen werden, müssen aber zunächst die möglichen Verbesserungspotenziale aufgezeigt werden, Ziele definiert werden und konkrete Vorstellungen über den Nutzen entwickelt werden."

Der Vertriebsleiter kann hier nur zustimmen: „Seitens der Kunden steigen die Anforderungen an Lieferleistung, Ausstattung und Qualität des Distributionssystems: insbesondere in Käufermärkten mit hoher Transparenz (im Hinblick auf die Preisstellung), in Märkten mit flüchtigen Nachfragen und in Märkten mit kurzen Produktlebenszyklen haben Distributionsprozesse mit ihren Komponenten Lieferzeit, Lieferzuverlässigkeit, Lieferbereitschaft und Lieferflexibilität wesentlichen Anteil am Markterfolg. Dieser misst sich insbesondere daran, was vom Kunden wahrgenommen wird (= outputorientierte Betrachtung) und weniger daran, mit welchen Leistungen er bewirkt wurde (= inputorientierte Betrachtung). Es ist daher erforderlich, den Güterstrom des Unternehmens auch in der Distribution, auch bei starker Verästelung und über möglichst alle Stufen hinweg durch eine große Zahl von Erfassungspunkten sowie durch eine verzögerungsfreie Informationsweiterleitung zu verfolgen, kontrollier- und planbar zu machen. Die Logistik leistet einen dauerhaften Beitrag zur Sicherstellung des Geschäftserfolges. Ausgehend von den Geschäftszielen, Kundenanforderungen und der

Leistungsfähigkeit der Konkurrenz sind für das jeweilige Geschäft relevante Zielgrößen für Logistikleistungen und -kosten zu entwickeln. Das Denken und Handeln aller Beteiligten in allen Bereichen muss auch auf logistische Effizienz und Produktivität ausgerichtet werden. Im Bereich der Logistikleistungen sind die Führungsgrößen in externe kunden- bzw. marktorientierte Ziele und interne Ziele zu differenzieren. Es geht nicht allein um die Optimierung der Schnittstellen zu Kunden, sondern auch um alle internen Teilstrecken der Logistikkette."

Der Manager frönte innerlich aber eher düsteren Gedanken, ja vielleicht sogar Ahnungen: „Wenn wichtige Kollegen plötzlich kaum noch zu erreichen sind, kann man schon mit einiger Sicherheit sagen, dass Vorsicht, wenn nicht sogar Eile, geboten ist. Wenn ein wenig zu lange ein wenig zu viel schiefgegangen ist, wenn man sich immer weiter zum Rand des Geschehens hinbewegt hat, während alle sich die größte Mühe gegeben haben, einen zu überzeugen, dass man wie immer mitten im Zentrum stehe. Wenn man auf den Gängen des Hauses ein wenig zu viel merkwürdige Gespräche mitbekommen hat, wenn man einige lächelnde Gesichter zu viel gesehen hat und einem einige vertrauliche Mitteilungen zu viel zugeschoben worden sind und keine davon wirklich brauchbar war. Wenn sich nichts um einen herum ändert, außer dass die Welt, in der man sich zu bewegen glaubte, still und leise immer weiter von einem wegdriftet – nun ja, dann kann man schon mit einiger Sicherheit sagen, dass eine hohe Dringlichkeitsstufe geboten ist, um herauszufinden, was zum Teufel da eigentlich vorgeht und wer da eigentlich mit wem etwas anstellt." Der Manager dachte, dass man sich manchmal selbst beim Verlieren zusieht. So wie er im Fernsehen manchmal Tennisspieler beobachtete, wie die Miene und Körpersprache des Gewinners sich auf den Sieg und die Miene des Verlierers auf die Niederlage vorbereitete. Und die Verlierer sahen in seiner Erinnerung genauso aus, wie er sich jetzt gerade fühlte. Sie schlugen ihre Bälle und rackerten sich bis zuletzt ab, doch am Ende zählten nur die zu wenigen Punkte. Und auch sein persönlich gefühlter Punktestand sah im Augenblick alles andere als rosig aus. Als er vor die Tür trat steigerten der Lärm und die Lichter noch sein Gefühl der Entfremdung. In seinem Unterbewusstsein tauchten vage Erinnerungen auf und er dachte sich, dass er diese Szene schon einmal geträumt habe.

Wie bei einem Eisberg – vieles liegt unsichtbar unter der Oberfläche

In den Büros der Consultants ist wie immer bereits zu früher Stunde emsige Geschäftstätigkeit angesagt. Ein Partner erklärt einem Neueinsteiger in die Firma deren Leitbild: „Wir stehen ständig unter dem Druck, mehr und mehr anrechenbare Stunden vorzuweisen. Alles, was wir zu verkaufen haben, ist unsere Zeit. Die jeder Einzelne der Firma einbringt. In den ersten Monaten wird erwartet, etwa dreißig bis vierzig Stunden (bezahlte Honorarstunden) pro Woche zu leisten. Danach etliche Jahre so um die fünfzig. Bevor jemand die Chance erhält, zum Partner gekürt zu werden, muss er über viele Jahre hinweg konstant sechzig Stunden pro Woche abgerechnet haben. Der Neueinsteiger fragt nach: „Wie ist es überhaupt möglich, Woche für Woche eine so große Menge anrechenbarer (möglichst zum Höchstsatz) Stunden zu produzieren?" Der Partner erklärt ihm mit einem leichten Lächeln: "Indem man acht oder neun Stunden am Tag arbeitet, aber zwölf Stunden in Rechnung stellt. Es ist nicht gerade fair gegenüber dem Klienten, aber alle tun es. Und Klienten sind ohnehin immer nur finanzstarke Großfirmen. Dem Neueinsteiger sind solche Geschäftsmethoden eher peinlich. Er meint aufrichtig: „Wenn dies zu den Spielregeln gehört, dann ist es unmoralisch!" Der Partner meint sarkastisch: "Am Anfang wird jeder Neue Tag und Nacht arbeiten, kann dies aber nicht lange durchhalten. Also muss er anfangen, nach Abkürzungen zu suchen. Nach ein bis zwei Jahren bei der Firma hat man dann gelernt (oder ist gescheitert) wie man zehn Stunden arbeitet und doppelt so viele in Rechnung stellt. Dies setzt ein gewisses Maß an Zynismus voraus. Den Preis, den man zu zahlen hat, wenn man mit vierzig zum Millionär geworden sein will, ohne gänzlich ausgebrannt zu sein."

An anderer Stelle ruft der Senior Manager seine Projektmitglieder zu sich, um für sein Projekt „Wissen" einmal hierzu noch ausstehende Grundsatzfragen zu erläutern: „Es geht um eine Bewertung des Unbewertbaren, die Bewertung von nicht bilanzierbaren (im klassischen Sinn) Unternehmenswerten. Eine wichtige Grundlage dafür stellt das Instrument der Wissensbilanz dar, mit dem sich eine umfassende Bestandsaufnahme und Bewertung von immateriellen Vermögenswerten realisieren lässt: mit dem Konzept der Wissensbilanz lässt sich zudem eine Systematik anwenden, die auch zu den (zahlenorientierten) Denkstrukturen des Finanzbereichs passt. Die Wissensbilanz macht Zusammenhänge zwischen Zielen, Geschäftsprozessen, Intellektuellem Kapital und Geschäftserfolg transparenter: die Verwendung des intellektuellen Kapitals wird dokumentiert und Zielerreichungen hieraus werden bilanziert."

Auf einer schriftlichen Agenda hat er sich in strukturierter Form folgende mile stones notiert:

1. *Geschäftsprozessen (GP-1 bis GP-4)*
2. *Geschäftserfolgen (GE-1 bis GE-4)*
3. *Humankapital (HK-1 bis HK-4)*
4. *Strukturkapital (SK-1 bis SK-4)*
5. *Beziehungskapital (BK-1 bis BK-4)*

d.h. im Detail von

GP-1: Leitbild und Unternehmensstrategie
GP-2: Innovations- und Change-Management
GP-3: Customer-Relationship-Management
GP-4: Marketingcontrolling

GE-1: Image und Bekanntheitsgrad
GE-2: Marktattraktivität, Marktposition, Konkurrenz
GE-3: Entwicklungspotentiale, Umfeld- und Kundenbeobachtung
GE-4: Leistungsqualität

HK-1: Unternehmerische Kompetenz
HK-2: Aus-/Weiterbildung, Fachqualifikation
HK-3: Mitarbeiterzufriedenheit, -motivation
HK-4: Wissensmanagement

SK-1: Informationssysteme und Softwareanwendungen
SK-2: Planungs- und Controlling-Tool-Box
SK-3: Frühwarn- und Risikokontroll-Instrumente
SK-4: Standortfaktoren

BK-1: Kunden-, Lieferantenbeziehungen, Kooperationen
BK-2: Kommunikationsbeziehungen
BK-3: Kompetenznetzwerkbeziehung
BK-4: Logistikleistungen

Die Analyse dieser Punkte soll einer von ihm vorgegebenen QQS-Bewertung (Quantität-Qualität-Systematik) folgen, d.h. für eine Bewertung benötigt man eine Bezugsgröße, einen Bewertungsmaßstab dafür, ob etwas als eher besser oder eher schlechter anzusehen ist. Kann man aus einer Bilanz ablesen, wie sich die Wissensbasis innerhalb der letzten Jahre verändert hat? Oder wie sich die zentralen Kompetenzfelder auf den Geschäftserfolg ausgewirkt haben?

An seine Mitarbeiter gerichtet: „Denn was nützt Wissen wenn es nicht wahrgenommen wird? Im Gegensatz zu ausgefeilten finanziellen Meßsystemen, liegt die Messung des Intellektuellen Kapitals häufig noch im Dunkel. Bei der Wissensbilanzierung kann (im Gegensatz zum Finanzmanagement) nicht ohne weiteres auf ein erprobtes Instrumentarium von Indikatoren und Messverfahren zurückgegriffen werden. Bei der Wissensbilanz müssen deshalb auch neue Wege beschritten/ erprobt werden. Es geht um die grundsätzliche Frage der Operationalisierbarkeit und Quantifizierbarkeit von Wissen. Hierfür fehlende Instrumente sind oft die Ursache für zu wenig detaillierte Zielformulierungen. Alle zuvor definierten Einflussfaktoren werden deshalb detailliert bewertet. Der Bewertungsmaßstab bildet die strategische Ausrichtung des Unternehmens ab. Die Ergebnisse der Bewertung geben einen präzisen Überblick a) über den aktuellen Zustand der Einflussfaktoren und b) über die Stärken und Schwächen auf der Ebene des intellektuellen Kapitals."

Ein weiterer Manager hat sich bereits bei einem anderen Mandanten mit diesen Fragen beschäftigt: „Eine Wissensbilanz ist ein umsetzungsorientiertes Steuerungsinstrument, welches gleichzeitig einen permanenten Prozess der Strategieüberprüfung ermöglicht. Der Vorteil: es können messbare Indikatoren für Unternehmensziele definiert und damit eine wesentliche Voraussetzung für die interne Erfolgskontrolle geschaffen werden. Mit Hilfe eindeutiger Indikatoren können Unternehmen ihre Ziele und Aktivitäten überwachen: im Sinne eines Feedback-

Systems, das die Umsetzung von unternehmensweiten Strategien in gezielte Aktionen steuert. Die Indikatoren werden auf der Basis vergangener Performance-Daten definiert und sind damit Referenzdaten für aktuelle Performance-Messungen. Grundsätzlich taucht immer wieder die Frage auf: wie bewertet und misst man etwas, was zum Teil noch nicht einmal genau definiert ist?"

Indikatoren, Maßgrößen entwickeln: mit dem vorrangigen Blick auf die Schärfung des Unternehmensprofils steht das Wissensmanagement vor einer komplexen Aufgabe, die nur mit Hilfe einer ausformulierten, professionellen Strategie und klaren operativen Handlungsrichtlinien zu bewältigen ist. Die Krux für Wissen und intellektuelles Kapital liegt darin, dass zwar oft Zielvorstellungen bestehen und vorgegeben werden, dazu aber keine entsprechende Zielevaluation implementiert wird.

Consultant 2 bemerkt: „In diesem Fall würde der Mandant doch ohne Kompass oder geeignete Feedback-Instrumente losziehen und daher auch nicht wissen, wie viel des Weges bereits zurückgelegt wurde und wo genau man nun eigentlich steht."

Der Manager: „Genau so ist es, die Einflussfaktoren werden deshalb mit Indikatoren (absolute oder relative

Kennzahlen, werden immer gleich berechnet, müssen eindeutig definiert sein, können auch mehreren Einflussfaktoren gleichzeitig zugeordnet werden, machen die Selbstbewertung auch für Externe überprüfbar, ermöglichen ein Controlling des Intellektuellen Kapitals, ermöglichen die kontinuierliche Überwachung von Maßnahmen) belegt. Das heißt, die Einflussfaktoren werden mit unabhängigen Zahlen und Fakten beschrieben, um ihre Aussagekraft noch zu erhöhen. Anhand der Indikatoren können dann auch Externe nachvollziehen, nach welchen Kriterien die Kapitalarten bewertet wurden. Diese quantitative Überprüfbarkeit ist vor allem für Investoren/ Banken wichtig. Weiterhin bleibt mit der Zuhilfenahme solcher Indikatoren die Bewertungsgrundlage der Wissensbilanz erhalten und kann mit aktuellen Wissensbilanzen verglichen werden.

Wichtig für die Festlegung von Indikatoren: Es ist nicht immer möglich, für jeden Einflussfaktor auch einen passenden Indikator zu definieren. Trotzdem sollte versucht werden, wichtige Faktoren messbar zu machen, d.h. es sollten alle Informationen genutzt werden, um neue Zahlen für die Messung des Intellektuellen Kapitals aufzuspüren. Viele bereits im Unternehmen verfügbaren Kennzahlen können so oder mit geringen Anpassungen auch als Indikatoren in der Wissensbilanz verwendet werden, sie werden hier aber zu anderen Sichten (mit Blick durch die "Wissensbrille" ergeben sich neue Perspektiven) zusammengeführt.

Definition des Indikators: 1. Aussagekräftiger Name, 2. Berechnungsvorschrift, 3. Datenquelle (Indikatoren können immer nur so gut wie ihre Datenquellen sein, die daher sorgfältig ausgesucht und auch hinterfragt werden sollten), 4. Maßeinheit, 5. Ist-Wert. Interpretationsrahmen des Indikators, z.B.: poor, average, good, outstanding. Wertebereich des Indikators: teils-teils, gut.

Die Einflussfaktoren können in Bezug auf zwei unterschiedliche Perspektiven bewertet werden: a) aus der Sicht des operativen Geschäfts (wie ist der jeweilige Einflussfaktor im Hinblick auf den reibungslosen Ablauf des operativen Geschäfts des Mandanten zu bewerten? b) aus Sicht der strategischen Ausrichtung (wie ist der jeweilige Einflussfaktor im Hinblick auf die strategische Positionierung des Mandanten zu bewerten? Dabei wird jeder Einflussfaktor nach 3 vorgegebenen Bewertungsdimension bewertet: 1. Quantität (Qn): Ist die Menge des Einflussfaktors ausreichend? Ist genug Menge da, um die Ziele zu erreichen? 2. Qualität (Ql): Ist die Qualität des Einflussfaktors ausreichend? Hat man die richtige Qualität? Stimmt die Qualität des Faktors, um die Ziele zu erreichen? 3. Systematik (Sy): gibt es systematische, regelmäßige Maßnahmen und Verfahren, um den Faktor zu pflegen und zu verbessern? Bewertungsstufe 0% = die Quantität/ Qualität/ Systematik ist nicht sinnvoll ermittelbar oder (noch) nicht vorhanden. Bewertungsstufe 30% = die Quantität/ Qualität/ Systematik ist teilweise ausreichend. Bewertungsstufe 60% = die Quantität/ Qualität/ Systematik ist meist ausreichend, Bewertungsstufe 90% = die Quantität/ Qualität/ Systematik ist (immer, absolut) ausreichend. Bewertungsstufe 120% = die Quantität/ Qualität/ Systematik ist überdimensioniert (die Bewertungsstufe 120 % dient dazu, auch Einflussfaktoren mit Einsparungspotential identifizieren zu können, beispielsweise wenn diese in der Vergangenheit überproportional entwickelt wurden - möglicherweise als Steckenpferd!)"

Dem Consultant wird sofort klar: „Man kann damit ablesen, ob und in welcher Form noch ein Handlungsbedarf besteht: die Bewertung zeigt, wie die Ausprägung der Einflussfaktoren vom Manadanten eingeschätzt wird (Voraussetzung für die Erstellung eines Stärken-Schwächen-Profils des Intellektuellen Kapitals). Die Bewertung ermöglicht Interpretationen zur zukünftigen Entwicklung und zur Nachhaltigkeit des Geschäftserfolges. Die Qualität der Faktoren wird auf der x-Achse, die Quantität auf der y-Achse aufgetragen.

Der optimale Bereich liegt im rechten oberen Quadranten. Kleine Kreise zeigen einen geringen Grad der Systematik an. Also: wenn mit wichtigen Einflussfaktoren nur wenig systematisch umgegangen wird, ist hier auch keine nachhaltige Entwicklung zu erwarten (kleine Kreise zeigen insofern Handlungsbedarf an). Kleine Kreise deuten somit auch auf Risiken dahingehend hin, dass sich Qualität und Quantität in Zukunft auch verschlechtern können: da sich der Wettbewerb ständig weiter entwickelt, veralten auch die "weichen Faktoren" ohne eine systematische Pflege."

Der Senior Manager erstellt hierzu für die nächste Besprechung sofort eine Checkliste für Indikatoren: „Welche Kennzahlen sind zur Beschreibung einzelner Einflussfaktoren und ihre 3 Bewertungsdimensionen (Quantität, Qualität, Systematik) geeignet? Welche Kennzahlen wurden bereits genutzt? Welche Berechnungsvorschrift gilt? Wie werden Indikatoren erhoben, aus welchen Datenquellen stammen sie? Wie sind Indikatoren zu interpretieren (wann ist ein Wert gut, wann schlecht)? Welche Werte haben Indikatoren? Liegen bereits Zeitreihen vor?"

Unternehmenswissen bewerten – aber wie?

Der Senior Manager blickte gedankenverloren aus dem Fenster und sah die zum nahen Flughafen sich in die Landung einreihenden Flieger. Von woher weit weg diese wohl jetzt gerade einschwebten? Und grübelte bald weiter: „Würde sich sein Aufwand und Einsatz und vor allem die Ausschließlichkeit seines Karrierestrebens am Schluss wirklich auszahlen?" Manchmal zwischendurch, überfiel ihn plötzlich die Sorge, er könne Scheuklappen tragen, die ihn hinderten, andere Möglichkeiten rechts und links des Weges überhaupt noch wahrzunehmen. Bisher war er immer dem Grundsatz gefolgt, für alle sich ihm bietenden Alternativen offen zu bleiben. Er war von sich überzeugt, viele Fäden gleichzeitig in Händen halten zu können und sie souverän zu entwirren. In seinem augenblicklichen Karrierestatus sah er aber keine Variante, keine zweite Möglichkeit, keine denkbare Alternative. Und er dachte sich: „Warum ist das so? Weil es diesmal wirklich nichts anders gibt? Weil die nächsten Karriereschritte so klar vor ihm liegen, dass es sich von selbst verbietet, andere Wege zu gehen? Oder über sie auch nur nachzudenken? Es war doch immer seine innere Überzeugung, die ihn stark gemacht hatte und fähig, auch kühne Gedankenketten zu entwickeln, Visionen in den Raum zustellen. Die ihn in eine enge Verbindung mit seinem Bauchgefühl, mit seiner Intuition gebracht hatte. Er hatte sich oft von etwas leiten lassen, dessen Sinn und Funktion er niemandem erklären konnte, er nicht einmal selbst verstand. Von einem Instinkt, der sich in manchen Situationen als hilfreich erwiesen hatte. Es war eigenartig, so überlegte er, wie hartnäckig solche inneren, oft unbewussten Abläufe seinen Berufsweg bestimmten, auch wenn ihm bei einer differenzierten Betrachtung klar wurde, dass viele seiner Überlegungen vielschichtiger, variantenreicher und komplizierter waren, als er eigentlich selbst vermutete.

Gut, dass er ja seine vorbereitete Agenda hatte und er gleich wieder den Faden aufnehmen und zum Punkt kommen konnte: „Für die Gesamtbewertung des Wissen-Geschäftsprozesses „Leitbild und Strategie" möchte ich für unser gemeinsames Projekt folgende Indikatoren zuordnen: Bekanntheitsgrad Leitbild intern, Bekanntheitsgrad Leitbild extern, Identifikationsgrad Leitbild intern, Akzeptanzgrad Leitbild extern, Wirkungsgrad Leitbild intern, Wirkungsgrad Leitbild extern, Liquiditätsreserve (in Tagen), langfristiger Verschuldungsgrad, Eigenkapitalrendite, Gesamtkapitalumschlag, mittlere Inkassoperiode (in Tagen), Marktanteil, Marktausschöpfung-Indikator. Nach meiner Analyse gilt für unseren Mandanten: sein Unternehmen orientiert sich zu wenig an einem Leitbild und lässt sich in zu vielen Fällen von dem Leitbild nicht wirklich leiten.

Das Leitbild ist zu wenig auf die Zukunft ausgerichtet. Folgende Fragen sind nicht oder noch nicht ausreichend beantwortet: warum sollen Kunden mit unserem Mandanten zusammenarbeiten? Wer ist unser Mandant, dass man sich ihm anvertraut? Was will unser Mandant erreichen, und zwar im wohlverstandenen Interesse seiner Kunden? Interessiert die das überhaupt? Was bietet unser Mandant, was mehr und/oder besser ist als das Angebot von der Konkurrenz? Was wird an wen (Produktdefinition, Marktsegmentdefinition) verkauft? In einem übersetzten Markt geht es nicht nur um Produkte und Preise, d.h. die eher "weichen" Faktoren spielen eine immer größere Rolle. Unser Mandant hat Leitbild und Unternehmensstrategie noch zu wenig auf diesen Sachverhalt ausgerichtet.

Wenn wir weiterhin für eine Gesamtbewertung des Wissen-Geschäftsprozesses „Innovationsmanagement" in unserem Projekt die Indikatoren Innovationsstärke, Time-to-market, Life-cycle-Indikatoren, Innovationsintensität, F+E-Intensität oder Innovationsrate zuordnen würden, ergibt sich für unseren Mandanten als Ist-Zustand: für die Durchführung von Innovationsprojekten muss das alles entscheidende Sich-hinein-Versetzen in die Neigungen und Bedürfnisse der Kunden noch verbessert werden. Um zu vermeiden, dass wichtige Kundenwerte übersehen werden, muss das

Innovationsteam noch vielfältiger besetzt werden. Die bisher noch vorherrschende Produkt- und Technologieorientierung sollte schrittweise zurückgefahren werden. Innovatoren müssen alte Ordnungen und eingefahrene Wege aufgeben und etwas Neues schaffen. Der Mandant hat im Verlauf des Projektes bereits folgende für Innovatoren typische Geschäftsphilosophien identifiziert: Innovatoren machen eine intuitive Gratwanderung zwischen Druck und Handlungsfreiheit, zwischen Monolog und Dialog, zwischen Risikoangst und Risikofreude, zwischen Chaos und Ordnung. Innovatoren benötigen deshalb immer auch ein gewisses Maß an kontrolliertem Chaos als Freiraum. Innovatoren beherrschen die hohe Kunst, Ordnung und Chaos so miteinander zu verbinden, das keines das andere wirklich behindern kann. Innovatoren lehnen die Vollkasko-Mentalität der Absicherung nach allen Seiten ab. Innovatoren besitzen eine wache Neugier und haben keine Lust Gleichungen weiterzurechnen, die viele andere auch schon können. Innovatoren haben sich nicht mit dem Selbstanspruch der Mittelmäßigkeit abgefunden, sie sind frustrationstolerant und verfügen über einen Überschuss an Vision für das Morgen."

Der Consultant seines Teams denkt sich derweil: „Wenn ein perfekter Algorithmus gerade durch die Unperfektheit des Menschen ins Leere läuft, so könnte gerade der „homo nonoeconomicus" zum Bollwerk gegen die totale Kontrolle werden. Eine auf Berechenbarkeit aufgebaute Verhaltenswährung würde also umso weniger Macht verleihen, je unperfekter, irrationaler und willkürlicher sich Menschen verhalten. Solange der reale Mensch mutiger, widersprüchlicher, sprunghafter, fauler, emotionaler als sein digitaler Zwilling im Algorithmus bleibt, könnten Berechenbarkeit, Kontrolle und Manipulierbarkeit noch in Grenzen gehalten werden. Ein echter „homo oeconomicus" sollte also die Freiräume und Handlungsoptionen seiner „Unperfektheit" erhalten und pflegen."

Zum eigentlichen Projekt selbst hält er für die Gesamtbewertung des Wissen-Geschäftsprozesses „Customer-Relationship Management" die Indikatoren Marktanteil-, Marktausschöpfung-Indikator, Erlös je Auftrag, Deckungsbeitrag pro Kunde, Potentialausschöpfung, Erfolgsquote, Neukundengewinnung, Penetrationsindex, Rücklauf-Quote, Kunden-Aktivquote, Verhältnis gewinnbringender Kunden, Durchschnittsdauer Kundenbeziehung für besonders geeignet und kommt hierbei für den Mandanten zu dem Ergebnis: "Es ist zu wenig oder gar nichts darüber bekannt und systematisch erfasst und gemessen worden, wie zufrieden die Kunden sind. Gerade in den für einen nachhaltigen Markterfolg wichtigen

Nachkaufphasen durch Ausbau-, Zusatz- oder Wiederverkäufe spielt der Faktor Kundenzufriedenheit die entscheidende Rolle. Kunden geben dabei meist nicht gerne einen „Feedback" über den Grad ihrer Zufriedenheit, denn das bedeutet Arbeit. Ihr Unmut äußert sich meist auch nicht sofort, sondern eher „schleichend". Wenn sich der Kunde dann schließlich erst einmal der Konkurrenz zuwendet, ist es für korrigierende Maßnahmen seitens des Anbieters bereits zu spät. Zufriedenheit ist nicht immer gleich Zufriedenheit. Zufriedenheit ist auch keine 100-Prozent-Garantie dafür, dass der Kunde in jedem Fall an der Geschäftsbeziehung festhalten wird. Beispielsweise können Aktionen der Wettbewerber auch bei vermeintlich zufriedenen Kunden einen Wechsel der Präferenzen bewirken. Kunden mit einem Bedürfnis nach Abwechslung lassen sich über bestimmte sozialdemographische Merkmale beschreiben. Für das Unternehmen besteht die Chance, den Wechslern Möglichkeiten innerhalb der eigenen Produktpalette zu offerieren. Es kommt also darauf an, möglichst frühzeitig und genau den Grund der Zufriedenheit wie auch der Unzufriedenheit erfassen zu können. Das Gesamturteil des Kunden muss bezüglich seiner Zufriedenheit weiter differenziert und auf die Ebene einzelner Leistungsmerkmale herunter gebrochen und gemessen werden. Die hierbei zu erhebenden Leistungsmerkmale betreffen insbesondere die Art und Weise der Leistungsdarbietung, die Art und Weise des Kundenkontaktes sowie angebotstypische Serviceleistungen."

„Bei der Gesamtbewertung des Wissen-Geschäftsprozesses „Marketingcontrolling" mit zugeordneten Indikatoren wie beispielsweise Marktanteil-, Marktausschöpfung-Indikator, Penetrationsindex, Time-to-Market, Aktionsindex hat der Mandant zu den umstrittensten Fragen im Marketingcontrolling gehört, welches Instrument im Marketing-Mix welchen Wirkungsbeitrag zum Erfolg leistet. Da die Werbungtreibenden bessere Effizienznachweise verlangen, arbeiten auch die Media-Agenturen an neuartigen Tools. Das Rezept lautet: alle verfügbaren Markt- und Mediadaten zu ökonometrischen Modellen zusammenführen, um der Wirklichkeit so nahe zu kommen wie nur eben möglich. Es geht darum, die Werbewirkung präziser als bisher messen zu können, den Anteil der Werbung am Markterfolg in Prozent darstellen zu können, Zusammenhänge zwischen Werbewirkung und Verkaufserlösen sichtbar zu machen."

Der Senior Manager gestand sich selbst ein, dass er das Blitzschach schon allein deswegen liebte, weil er jenseits des sportlichen für den künstlerischen Aspekt des Schach keinen Sinn hatte. Ihm gefiel der Zwang, schnell und intuitiv eine Stellung beurteilen und Züge finden zu müssen, statt ängstlich und stundenlang alle Eventualitäten analysieren und durchdenken zu müssen. Er setzte auf den kreativen Herzschlag des Spiels. Ähnlich wie dem Augenblick gehorchenden Improvisationen statt lange ausgetüftelter Konstruktionen. Vor allem, weil es seinem alltäglichen Lebensgefühl eher entsprach, das unverkrampfte Ausprobieren, das spontane Machen, der schnelle Wechsel. Jedenfalls mehr als das nur vorsichtige Reflektieren. Auch in seinen Projekten waren ihm endlose Sitzungen eher ein Greuel. Im Vergleich zu Schnellpartien wogen Niederlagen nach endlosen Sitzungen allein schon psychisch gesehen sehr viel schwerer. Bei einer Niederlage nach Stunden völliger Konzentration fühlte er sich bei einer Niederlange manchmal bis ins Mark getroffen. Die Schnellpartien dagegen waren für ihn mehr spielerischer Spaß.

Vor diesem Hintergrund setzte er im aktuellen Projekt auch stark auf eine Analyse von relevanten Erfolgsfaktoren: „Für eine Gesamtbewertung zum Wissen-Geschäftserfolg „Image und Bekanntheitsgrad" habe ich einmal folgende Indikatoren zugeordnet: Grad der Etabliertheit, Akzeptanzgrad Leitbild extern,

Wirkungsgrad Leitbild extern, Zufriedenheit mit Unternehmen und Vorgesetzten, Break-even-Point Direktwerbung, Anteil Referenzkunden, Anteil Nachfolgeaufträge, Informationsveranstaltungen, Seminare-Präsentationen, Anzahl Fachpublikationen, Bekanntheitsgrad, Imagegrad. Und dabei für den Mandant als Ist-Zustandes festgestellt: er möchte seine Kernbotschaft wie in einem Brennglas bündeln: die Kommunikation in Form von beispielsweise Produkt-Design, TV, Hörfunk, Anzeigen, Mailings, Broschüren, Prospekten, Schulungsunterlagen, Tagungsmaterialien, Bedienungsanleitungen, Außendienstinformationen, PR-Berichten, Mitarbeiterzeitung, Gebäudegestaltung, Messeauftritten ruht auf den Schultern einer Vielzahl von Lieferanten und Zulieferern. Fehlt jedoch eine zentrale Botschaft, die sich wie ein roter Faden in Aussage, Stil und Inhalt durch alle diese Instrumente zieht, droht der Unternehmensauftritt in eine Vielzahl von Einzelteilen zu zersplittern. Widersprüchliche Botschaften verunsichern den Empfänger, schrecken ihn ab und erreichen damit das Gegenteil ihres ursprünglichen Zwecks. Die Kernbotschaft muss daher bereichsübergreifend formuliert werden. Um von allen akzeptiert und nach außen weitergetragen zu werden, muss sie alle Sichtweisen der verschiedenen Funktionen und Ebenen des Unternehmens wie in einem Brennglas bündeln. Durch den Wandel zu einer Informations- und

Interaktionsgesellschaft wird im Unternehmen selbst immer mehr ein Mitarbeiter-Typ gefordert, der über sein Interaktionspotenzial auf die Schaffung von mehr Qualität der Kundenbeziehung zielt."

Ob dieser ausführlichen Erläuterung ist der Consultant in seine eigene Gedankenwelt abgetaucht und stellt in sich selbst die ihn häufig beschäftigende „Wo-will-ich-hin-Frage", oder noch genauer: Wo stehe ich heute? – Wo will ich hin? Wie komme ich dorthin? und sagt sich: „Viele Probleme im Bereich dieser „3-W"-Fragen entstehen durch Auswechseln und Umkehr der angesprochenen Reihenfolge. Man beschäftigt sich bereits mit der dritten W-Frage des „wie komme ich dorthin?" ohne eine genaue Zielvorstellung der zweiten W-Frage nach dem „wo will ich hin?" ausreichend geklärt zu haben. Das wäre in etwa so, wenn sich ein Läufer im Stadion bereits auf den Weg machen würde, ohne eine genaue Vorstellung davon zu haben, ob sein Ziel nun die 100m-, 200m-, 400m-, 800m-, 5.000m- oder 10.000m- Strecke sein soll, ob etwa ein 110m-Hürden- oder ein 3.000m-Hindernislauf anstehen könnte. Immer aber wird eine Antwort auf die erste W-Frage des „wo stehe ich heute?" Voraussetzung und Ausgangspunkt für die zweite W-Frage, nämlich die nach dem „wo will ich hin?", sein. Der Erfolg meiner Bewerbung um eine andere (möglichst besser dotierte) Position dürfte sich damit nachhaltig immer nur dann einstellen, wenn diese vor dem Hintergrund klarer Zielvorstellungen, das heißt der Frage: „Wo will ich hin?" erfolgte. Wenn, wie so oft gesagt wird, der Weg das Ziel ist, so sollte weder ich noch mein möglicher neuer Brötchengeber die hierfür anstehenden Verfahren quasi im Blindflug absolvieren wollen. Selbst ich als Consultant mit Zukunft stehe doch auch im stetig härter und komplexer werdenden Wettbewerb. Hierauf nur zu reagieren und sich dabei das Heft des Handelns allmählich aus der Hand nehmen zu lassen, dürfte für meine Zukunft kein Erfolgsmodell sein. Auch ich sollte daher immer wieder versuchen, selbst proaktiv zu denken und zu handeln. Dafür unabdingbar ist jedoch, dass ich meine eigene Wettbewerbs- und Marktposition genauestens kenne und die Klaviatur der diese bestimmenden Einflussfaktoren bestmöglich beherrschen kann. Dabei muss ich alle erfolgsrelevanten Einflussfaktoren, die als Stellhebel dienen können gewissermaßen als Saiten zum Klingen bringen."

Keiner der im Raum Anwesenden ahnt auch nur das Geringste, welche Gedanken sich hinter der Stirn des Consultants abspielen. Besonders nicht, als dieser sofort wieder ganz geschäftsmäßig der Gesamtbewertung zum Wissen-Geschäftserfolg „Marktstellung, Wettbewerbsposition" ohne weiter zu zögern sofort die Indikatoren

Marktwachstum, Marktgröße, Wettbewerbssituation, Eintrittsbarrieren, Preisspielräume, Marktanteil, Entwicklung des Marktanteils, relativer Marktanteil und Preisspielraum zuordnet und zur Ist-Situation des Mandanten sehr professionell bemerkt: „Die Geschäfte mit bereits existierenden Kunden werfen bei diesen häufig den höchsten Gewinn ab. An kaum einer anderen Stelle finden sich ähnlich hohe Gewinnpotenziale im Vergleich zu denen beim Ausbau des Geschäfts mit den eigenen Kunden. Neben den Erlöspotenzialen der bestehenden Kundenbasis spielt insbesondere auch das Kostenverhältnis im Vergleich Kundengewinnung zu Kundenbindung eine Rolle. Die erfassten Daten: a) Kriterienwerte zur eigenen Wettbewerbsstärke (je Produktgruppe im Vergleich zur Konkurrenz) gemessen beispielsweise anhand von Marktanteil, Finanzkraft, Rentabilität und b) Attraktivität des Kunden u.a. bezüglich Cross-Selling-Potenzial, Umsatzwachstum. Kriterien für die relative Wettbewerbsstärke des Mandanten sind: relativer Marktanteil, Finanzkraft, Rentabilität, Kostenvorteile, Standortvorteile, Produktivitätswachstum, Technologie und Kundenorientierung. Kriterien für die Kundenattraktivität sind: Umsatz, Umsatzwachstum, Kunden-Deckungsbeitrag, Substitutionsmöglichkeiten, Cross-Selling-Potenzial, Eintrittsbarrieren und Kundenbindung."

„Für die Gesamtbewertung zum Wissens-Geschäftserfolg „Entwicklungspotentiale, Umfeld- und Kundenbeobachtung" wurden folgende Indikatoren zugeordnet: Marktanteil-/ Marktausschöpfungs-Indikator, relativer Marktanteil, Deckungsbeitrag, Umsatzrendite, Kapitalumschlag, Economic Value Added (EVA), ROCE - Rendite auf eingesetztes Kapital. Der derzeitige Status der Situationsanalyse des Mandanten ergibt: Data Mining ist der eigentliche Schlüssel zu einem effektiven Kundenmanagement. Erst mit Data Mining lassen sich aus den Datenbeständen bislang verborgene Verhaltensmuster und Zusammenhänge herausfiltern, die für konventionelle Abfragesysteme nicht erkennbar sind. Data Mining ermöglicht zusätzliche Extrapolationen in die Zukunft und gibt beispielsweise Hinweise darauf, wie ein neues Produkt erfolgreich am Markt platziert werden kann. Data Mining vergrößert den Aktionsradius von Such- und Analysefunktionen." Clusteranalyse - Segmentierung der Datenbestände in typische Kundenklassen: man abstrahiert Kunden, Produkte, Warenkörbe zu Objekten mit Eigenschaften. Objekte mit gleichen oder ähnlichen Eigenschaften werden zu einer Klasse, einem Segment, zu einem Cluster zusammengefasst, unähnliche Objekte gehören demnach zu verschiedenen Clustern. Aufgrund der hohen Anzahl kombinatorischer Möglichkeiten: schon bei nur drei Kunden gibt es bereits fünf

Kombinationsmöglichkeiten (1.: alle sind ähnlich, 2.: alle sind unähnlich sowie 3. - 5.: jeweils zwei Kunden sind sich ähnlich, während der dritte ein eigenes Cluster bildet), bei zehn Kunden gibt es bereits 115. 975 Möglichkeiten, bei 71 Kunden wird die Anzahl Möglichkeiten bereits durch eine 75-stellige Zahl dargestellt. Die Analyse hat das Ziel, einen möglichst hohen Grad von Homogenität im Cluster herzustellen: bei gleichzeitig größtmöglicher Differenzierung zu anderen Clustern. Die jeweilige Anwendung wird mit Hilfe einer Ähnlichkeitsfunktion, die die Ähnlichkeit zweier Objekte beschreibt, modelliert. Danach wird nach der richtigen Zuordnung eines Objekts aufgrund seiner Eigenschaften zur definierten Klasse gefragt. Man abstrahiert von Kunden oder Transaktionen auf Objekte x, y....... einer Objektmenge (O = Population) mit Eigenschaften (M = Merkmalen), die entweder für ein Objekt gelten oder nicht gelten. Allgemein werden Eigenschaften durch Variable mit jeweils bestimmten Ausprägungen (Werte) beschrieben. Diese Objektmenge muss nun in einer Weise zerlegt werden, indem ähnliche Objekte in dieselbe Menge und unähnliche Objekte in verschiedene Mengen, nämlich die Cluster, gebracht werden. Weitere typische Fragestellungen der Clusteranalyse können beispielsweise sein: welche Käufergruppen hat ein bestimmtes Produkt anhand 5 soziodemografischer Variablen? D.h. mit der

Clusteranalyse können Elemente (Fälle) so in Gruppen gebündelt werden, dass einerseits die Gruppen in sich möglichst homogen sind, andererseits die Unterschiede zwischen den Gruppen möglichst hoch (heterogen) sind. Damit können im Customer Relationship Marketing Kundentypologien, d.h. Marktsegmente auf der Basis nachfragerelevanter Merkmale gebildet werden.

„Der zusätzlichen Gesamtbewertung zum Wissens-Geschäftserfolg „Leistungsqualität" wurden folgende Indikatoren zugeordnet: Reklamationsquote, Einhaltung Liefertermin, Time-to-market, Innovationsintensität, Lieferqualität, F+E-Intensität, Anteil Referenzkunden, Liefertreue, Lieferzeit, Anteil Nachfolgeaufträge, Terminflexibilität, Spezifikationsflexibilität. Und hier wurde als Ist-Zustand festgestellt: aufgrund zu geringer Kundenorientierung sind die pro Jahr erreichten Leistungsverbesserungen noch zu niedrig. Die internen Widerstände gegen konsequente Leistungsverbesserungen sind zu groß und müssen abgebaut werden. Die Ziele für Leistungsverbesserungen sind nicht anspruchsvoll genug, die Umsetzung muss mit noch mehr Überzeugungskraft betrieben werden. Es fehlt ein "Return-on-Quality"-Konzept, mit dem erzielte Leistungsverbesserung konkret gemessen werden können."

Für den Partner in der Beratungsfirma ist nicht nur das Gefühl erregend, wichtig zu sein, weil man zum Big Business dazugehört, sondern auch die Orientierung, um die ihn seine Mandanten fragen: wer ist der oder die richtige für diesen oder jenen Managementjob? Wie ticken anderen Unternehmen? Welche Strategien versprechen den größten Erfolg? Er ist der Lotse mit dem Kompass, der Mann, der die Großkopfeten über Grundsätze und Regeln belehren darf. Seine Mandanten mögen sich mit ihrer Belegschaft herumstreiten. Er aber bleibt im bequemen Sessel seiner Firma sitzen und legt ihren Kurs nach den Sternen fest. Und wenn er abends zu Bett geht, ist er dankbar, dass er seinen Mandanten helfen durfte, sich elegant durch die schwierige und mehrdeutige Welt zu schlängeln, die er für sie (zumindest virtuell) erschaffen hat. Obwohl auch er sich nicht ganz der Realität entziehen kann, ist er vor seinem inneren Auge doch davon überzeugt, sich im Grunde genommen für eine gute Sache engagiert zu haben.

Auch ein Alphatier muss gegen Luftschlösser gut geerdet sein

In einer der regelmäßig zum Verschnaufen eingelegten Kaffeepausen sagte der Senior Manager in einer nun mehr privaten Atmosphäre zu seinem Kollegen: "Wie ist das eigentlich in deiner Familie? Meine Eltern sind jetzt in dem Alter, dass sie langsam über ein altersgerechtes Haus nachdenken. Möglicherweise wollen sie den Schritt wagen und in ihrem dritten Lebensabschnitt noch ein Haus bauen, das besser zu ihren veränderten Bedürfnissen passt. Je älter Menschen werden desto mehr Zeit verbringen sie zu Hause und in ihrem unmittelbaren Umfeld". Der Kollege: „Altersgerechte Häuser sind gefragt und haben einen guten Wiederverkaufswert. Statt 150 oder 200 Quadratmeter reichen älteren Paaren meist 100 Quadratmeter oder sogar noch weniger. Soll ein Gästezimmer eingeplant werden? Brauchen deine Eltern Rückzugsmöglichkeiten, zum Beispiel getrennte Schlafzimmer, Hobbyraum oder Lesezimmer? Sparen könnte man, wenn man auf einen Keller verzichtet. Waschmaschine und Trockner sind ohnehin besser im Erdgeschoss aufgehoben, wo sie stufenlos erreicht werden können. Zwei Bäder: auch mehrgeschossige Häuser können für das Leben im höheren Alter durchaus attraktiv und angenehm sein. Im Bedarfsfall sollte es aber immer möglich sein, nach unten zu ziehen. Dazu gehört, dass es oben und unten ein vollwertiges Badezimmer gibt. Möglichst mit bodengleichen Duschen. Grundsätzlich gehören zu einem altersgerechten Gebäude kurze Wege, wenig Ecken und Kanten, breite Türrahmen. Neben dem Bad sollte auch die Küche möglichst barrierefrei sein".

„Aber übrigens: Wie ist eigentlich so der Chef von Eurem Mandanten?" „Nun: Alphatiere sind doch wohl Führungskräfte, die von sich selbst eingenommen sind, sehr ehrgeizig, wenig kooperativ, die Verantwortung an sich ziehen und gut delegieren können. sind intelligent und können gut mit Verantwortung umgehen, steigen durch ihr klare Fokussierung auf messbare Ergebnisse schneller auf. Wer niemals zuvor auch Mannschaftskapitän, Schulsprecher oder ähnliches war, strebt eher eine Spezialistenkarriere als eine Führungslaufbahn an. Das Peter-Prinzip nach dem man immer so lange befördert wird, bis man überfordert ist könnte so außen vor bleiben. Alphatier zu sein, lässt sich nur schwer lernen: man wird es nicht, man ist es (wie Beispiele aus Wirtschaft und Politik deutlich machen). Immer schön positiv denken verhilft auch nicht jedem zum Erfolg: „Indem man bereits als erreicht vorwegnimmt, was erst noch durch Arbeit erreicht werden muss, kann die Motivation zur Verfolgung des Ziels gelähmt werden". Phantasieerfolge können dazu verführen, die erwünschte Zukunft schon zu genießen, statt den Erfolg (durch mühsames Planen) tatsächlich zu erarbeiten. Sollen Ziele realistisch machbar sein, reicht es nicht aus, sich die Zukunft nur in schönsten Farben auszumalen. Wer bereit ist, auch mögliche Hindernisse vorwegzunehmen, gelangt vielleicht schon im Vorfeld zu konkreten Lösungen (und könnte am Ende seine Wünsche erfolgreicher realisieren). Sachlich-problemorientierte Menschen können von einem solchen Zukunftsdenken profitieren: „Die Stärken liegen im analytisch-kritischen Denken. Phantasien alleine sind keine Karrieregarantie. Es geht darum, sich zunächst den Weg vorzustellen und nicht schon Zukunft zu erträumen, die reale Situation nicht aus den Augen zu verlieren, die Vision immer mit der Realität zu kontrastieren: gut geerdet ist man gegen (verpuffende) Luftschlösser gefeit. Alles dies trifft wohl auch auf unseren Mandanten zu".

Der Kollege bemerkt hierzu weiter: „Auch für Führungskräfte gibt es Entwicklungspausen im Leben. Beziehungsmanager sind oft diejenigen, die alles für einen Aufstieg mitbringen, aber genau schauen, was er für sie bedeutet. Familie, soziales Engagement, private Netzwerke sind für solche Menschen so wichtig, dass sie solches ungern für einen weiteren Karriereschritt aufgeben würden. Führungskompetenz heißt immer auch Beziehungskompetenz (Teamarbeit, Mitarbeitergespräche). Motivieren heißt nichts anderes, als Menschen in Bewegung zu setzen. Die Qualität von Beziehungen der Mitarbeiter untereinander und zu den Vorgesetzten ist ausschlaggebend für Arbeitszufriedenheit und Bindung an das Unternehmen. Das „lustvolle Gefühl von Zugehörigkeit", so Experten, wird gefährdet durch Misstrauen und Intoleranz, Aggressivität und Bunkermentalität. Eine gute Führungskraft kann und muss die Beziehungen auch am Arbeitsplatz managen, muss ein guter Beziehungsmanager sein. Führungskompetenz erschöpft sich nicht darin, nur der Verwalter von Prozessen (Ziele setzen, Entscheidungen treffen, planen, organisieren, kontrollieren) zu sein."

Frisch gestärkt stellt der Senior Manager der Gesprächsrunde nun die für die Gesamtbewertung Humankapital „Unternehmerische Kompetenz" von ihm zugeordneten Indikatoren vor, nämlich Bekanntheitsgrad Leitbild extern, Akzeptanzgrad Leitbild extern, Wirkungsgrad Leitbild extern, Eigenkapitalrendite, Innovationsstärke, Entwicklung des Marktanteils, Zufriedenheit mit Unternehmen und Vorgesetzten, Pressekonferenzen pro Jahr, Kritikfähigkeit, Durchsetzungsvermögen, verständliche Anweisungen und Aufgabenübertragungen Überzeugungs- und Argumentationsstärke. Für die Ist-Situation des Mandante heißt dies nun: „Das Schwergewicht verlagert sich von fachlichen mehr und mehr zu überfachlichen Kompetenzen. 50 bis 70 Prozent der Arbeitszeit entfällt auf zwischenmenschliche Situationen wie Kundenverhandlungen, Mitarbeitergespräche, Meetings oder Telefongespräche. Hinzu kommt die leistungs- und budgetorientierte Planung und Kontrolle der im jeweiligen Verantwortungsbereich liegenden Abteilungen sowie die Erarbeitung von strategischen Planungen und Zielen. Zum Selbstverständnis der Führungsfunktionen gehören: es den Mitarbeitern ermöglichen sich entsprechend ihren Stärken zu entfalten, Ergebnis- und Leistungserwartungen an die Mitarbeiter konkret formulieren (Zielvereinbarungen), auf Negativentwicklungen kurzfristig reagieren, den eigenen Verantwortungsbereich konsequent anhand der strategischen Geschäftsfeldplanung steuern, Vorbildrolle wahrnehmen, eine wertschätzende Leistungskultur aufbauen, eindeutige Prioritäten setzen, gegenüber Mitarbeitern glaubwürdig sein, im Bedarfsfall Hilfestellung für Mitarbeiter geben, auf soziale Distanz und statusorientiertes Verhalten verzichten, Potenzialträger und Nachwuchsleute gezielt aufbauen, überzeugend kommunizieren, persönlich Veränderungsbereitschaft zeigen, Verantwortung in Veränderungsprozessen übernehmen."

Der Consultant referiert ergänzend zur Gesamtbewertung „Aus-/Weiterbildung, Fachqualifikation" mit den zugeordneten Indikatoren Weiterbildungszeit pro Mitarbeiter, Weiterbildungsrendite/ -faktor, Struktur der Weiterbildungsmaßnahmen, Struktur der Prüfungsergebnisse: „Zu den strategischen Instrumenten des Qualifizierungsmanagements zählen qualitative Bedarfsschätzungen, Trendexplorationen, personalwirtschaftliche Technologiefolgeabschätzungen, Stärken-Schwächen-Analysen, Chancen-Risiken-Analysen, Kennzahlenanalysen, Szenario-Techniken, Frühwarnsysteme und Mitarbeiter-Portfolios. Die Anwendung von Szenariomethoden ermöglicht eine ganzheitliche Problemsicht und zeigt die Handlungsbedarfe in den verschiedenen Teilbereichen auf. Unter Berücksichtigung der relevanten Faktoren im Bereich der Planung können spezifische Personalszenarios entwickelt werden. Die Qualifikationsbedarfsanalyse ist gleichzeitig Bestandteil der umfassenden Unternehmensplanung. Auf der strategischen Ebene ist es daher sinnvoll, eine enge Verknüpfung zwischen Personalentwicklungs- und Unternehmensplanung herbeizuführen. Anhand von Personal-Portfolios geht es um die Fragen: wie sieht das aktuelle Leistungsverhalten aus? wie soll das zukünftige Entwicklungspotential aussehen?"

Während einer Auszeit von der allgemeinen Grundsatzdiskussion zum laufenden Projekt unterhalten sich die beiden Manager auch vor dem Hintergrund ihrer privaten Situation über Bildungswege und Bildungskarrieren. Der Manager meint: „Bei immer kürzeren Innovationszyklen wird auch die Qualität der Ausbildung zum strategischen Erfolgsfaktor. Die Wettbewerbsfähigkeit einer Gesellschaft hängt nicht zuletzt von der Fähigkeit der Menschen ab, wie schnell diese in der Lage sind, auf neue Entwicklungen zu reagieren. Generelles Ziel für das Bildungsmanagement ist die Sicherung einer qualifizierten Nachwuchssicherung, Verbesserung der Qualifikation zur kompetenten Aufgabenerfüllung und Erhöhung des Qualifikationspotentials".

Der Senior Manager ergänzt ihn: „Vor der Jahrtausendwende, beispielsweise in den sechziger Jahren, sah manche Bildungsbiographie in etwa so oder ähnlich aus: mit sechs Jahren eingeschult, mit zehn Jahren Aufnahme in die Sexta eines Gymnasiums, mit neunzehn oder zwanzig Jahren (bei vielleicht einer Ehrenrunde) Abitur, mit zweiundzwanzig Jahren Ableistung des Wehrdienstes und dann Beginn eines Studiums, nach etwa zwölf Semestern, das heißt mit achtundzwanzig Jahren Erwerb eines Diploms, nach weiteren zwei Jahren Aufbaustudium, Orientierung oder

Studium Generale mit dreißig Jahren Einstieg in den Beruf. Aus der Sicht heutiger Bildungsökonomen wäre solches eher einem lange andauernden Horrorszenario zuzurechnen. Das heutige Ideal wird hiervon abweichend eher so definiert: mit fünf Jahren eigeschult, nach nur acht Jahren auf dem Gymnasium, mit etwa siebenzehn Jahren Zeugnis der Reife (obwohl weder volljährig noch unterschriftsberechtigt) als G8-Studierender auf die Universität und mit dreiundzwanzig Jahren Studienabschluss und Start der Karriere"

Der Manager erwähnt in diesem Zusammenhagn V. Ladenthin, der an der Universität Bonn Historische und Systematische Erziehungswissenschaft lehrt, und hierzu allerdings einige Anmerkungen in der FAZ machte, die so gar nicht in dieses auf den ersten Blick so schöne Bild passen wollen: „So hätten nach seinen Erfahrungen G8-Studierende Verständnisprobleme mit etwas komplexeren Texten, Schwierigkeiten bei der Wiedergabe etwas komplexerer Gedankengänge, einen Mangel an authentischer Lebenserfahrung, durch ihr bisheriges Leben nur in Klassenzimmern und Kursen eine eingeschränkte Sicht der Dinge, einen Mangel an Urteilskraft. Oder Schwierigkeiten, multikausale Prozesse aufzunehmen und ganzheitlich zu analysieren. Neben solchen Fähigkeiten fehle es im G8-Zyklus an Bereitschaft und Problemverständnis."

In den Augen des Senior Manager lassen sich altersabhängige Reifeprozesse auf einem Bildungsweg wohl doch nicht negieren oder beliebig umschiffen: „Der nachholbedürftige Erwerb notwendiger Fähigkeiten, Erfahrungen und Kompetenzen könnte somit auch längere Studienzeiten bedingen. Spätestens im harten Berufsalltag werde man von solchem Mangel an Eigenschaften und Fähigkeiten (dann umso schmerzhafter) eingeholt. Veränderte Inhalte von Qualifizierungsmaßnahmen stellen Personalverantwortliche ebenfalls vor veränderte Herausforderungen. Mehr denn je werden Anleitung und Hilfe zum Selbstlernen im Mittelpunkt stehen. Die neuen Arbeitswelten stellen den Menschen einen Wandel „von der Muss-Arbeit zur Lust-Arbeit" in Aussicht. Bildungsmaßnahmen erfüllen nur dann voll ihren Zweck, wenn durch das Gelernte auch das Aufgabenspektrum im beruflichen Kontext besser gelöst werden kann, es geht darum, mit welcher Transferquote die Lernerfolge auch in die Praxis umgesetzt werden können".

„Womit wir wieder bei unserem Projekt „Wissen" angelangt wären und ich für eine Gesamtbewertung von Humankapital „Mitarbeiterzufriedenheit, Motivation" folgende Indikatoren zugeordnet habe: Fluktuationsrate, Quote der effektiven Arbeitszeit, Krankheits-

Ausfallquote, Zufriedenheit mit Unternehmen und Vorgesetzten, Zufriedenheit mit Arbeit und beruflichen Anforderungen, Zufriedenheit mit Gehalt und Nebenleistungen, Zufriedenheit mit persönlicher Weiterentwicklung, Motivator motiviert Team/ Mitarbeiter. Bei unserem Mandanten habe ich festgestellt: Kundenorientierung wird für ihn immer mehr zum zentralen Strategiethema. Das Unternehmen hat aber nicht nur externe Kunden, sondern auch interne Kunden, nämlich die Mitarbeiter. Diese Human-Ressourcen sind der einzige Produktionsfaktor, der aus sich selbst heraus wachsen kann, alle anderen unterliegen einem ständigen, abzuschreibenden Werteverzehr. Die Selbsteinschätzung der Vorgesetzten und ihre Bewertung durch die Mitarbeiter driften oft auseinander. Der hohen Diskrepanz zwischen Selbstbild und Fremdbild liegt ein Kommunikationsdefizit zugrunde, das mit Hilfe von Mitarbeiterbefragungen abgebaut werden kann. Ein gutes Betriebsklima gehört zum wichtigen Kapital eines Unternehmens, das allerdings in keiner bisherigen Bilanz aufgeführt wird."

Ergänzt wird dieser Blick durch eine Gesamtbewertung des Humankapitals „Wissensmanagement" mit zugeordneten Indikatoren wie Weiterbildungszeit pro Mitarbeiter, Weiterbildungsrendite/ -faktor, Struktur der Weiterbildungsmaßnahmen, Identifikation Intellektuelles Kapital, Bewerten und Messen Intellektuelles

Kapital, Analyse Entwicklungspotentiale, Analyse Wirkungsstärke, Analyse Wirkungsdauer, Erstellung Wissensbilanz. Bewertung-Zusammenfassung des Ist-Zustandes: Wissensmanagement umfasst alle Maßnahmen, die auf eine Ausweitung von Wissen oder auf eine verbesserte Nutzung gerichtet sind. Denn im Unternehmen verfügbare Wissensbestände erfüllen nur dann ihren Zweck, wenn durch sie das Aufgabenspektrum im beruflichen Kontext besser gelöst werden kann. Das Unternehmen ist nicht nur an positiven Wissenszuwächsen sondern vielmehr daran interessiert, dass dieses Wissen auch an den Arbeitsplatz transferiert wird. Hierbei geht es um die Frage, welchen Beitrag zum Unternehmenserfolg der Erwerb von zusätzlichem Wissen erbringt. Wissensmanagement soll die Problemlösungskapazität des Unternehmens aufgrund der vorhandenen Fähigkeiten und Praktiken erhöhen und durch gezielte Beeinflussung die Wissensbasis verbessern."

Im unausweichlichen Sog der Digitalwirtschaft

Der Consultant ganz in seinem Element: „Über eine Million (pro Tag!) Malware-Programme (Anzahl hat sich innerhalb nur eines Jahres verneunfacht!) geistern durch das Netz und greifen sowohl private Nutzer als auch Firmenrechner an. Besonders die sogenannte Ransomsoftware (Erpressungssoftware, die Daten verschlüsselt und diese nur gegen Zahlung eines Lösegeldes aufhebt) ist zu einem echten Problem geworden. Besonders gefährdet sind nach Aussagen von Experten auch mobile Geräte: „Mitarbeiter verursachen eine von fünf Netzwerkpannen in Unternehmen – durch mobile Malware oder schädliche W-LAN-Verbindungen. Die Angriffe auf Unternehmen erfolgen meist über die Endpunkte, sie sind die kritischsten Elemente bei der Cyberabwehr geworden. Angreifer nutzen in fünfundsiebzig Prozent der Fälle E-Mails als Angriffswaffe". Jeder zehnte Nutzer öffnet arglos jeden E-Mail-Anhang.

Auch der Senior Manager weiß: „Selbst die Leiter von Unternehmen werden zunehmend zu einem Angriffsziel erkoren (da sie meist viele Zugriffsrechte in der Unternehmens-IT besitzen). Unter anderem versucht man (beispielsweise mit Windows 10) mit einer Machine-Learning-Technik den Problemen von arglosen Nutzern und aggressiven Schädlingen beizukommen.

Dabei versucht ein Algorithmus zu verstehen, wie sich ein Computer typischerweise im Firmennetz verhält und erzeugt automatisch Hinweise bei auffälligen Abweichungen hiervon: „Ziel ist es, unentdeckte Zero-Day-Schwachstellen und Social-Engineering-Angriffe, die sich Anwenderfehler zunutze machen, wirksamer bekämpfen zu können. Die Kombination von Mensch und Maschine könnte damit aus künstlicher Intelligenz eine wirksame Cyberwaffe formen. Denn solche Machine-Learning-Algorithmen können Malware-Bedrohungen auf Basis großer Datenanalysen wohl besser als Menschen bewerten."

Auch der Informationsmanager plaudert aus dem Nähkästchen: „Nahezu jeder IT-Anwender ist wohl schon mit Trojanern und Pishing-Mails konfrontiert worden. Gefährdet scheinen insbesondere Mittelständler, wenn ihre Kundendaten verschwinden, zerstört oder manipuliert werden. Dabei gibt es in jeder Branche Besonderheiten, die für die IT-Sicherheit relevant sind: eine Schutztechnologie für ein Online-Shopping-Portal sieht daher anders aus als in einer Arztpraxis oder in einem Maschinenbaubetrieb. Es kommt somit auf ein ganzheitliches Verständnis der jeweils eingesetzten Technologien an. Dabei müssen die jeweiligen IT-Sicherheitsrisiken im engen Zusammenhang mit den jeweiligen spezifischen Geschäftsrisiken gesehen werden: wie wirken sich definierte Gefahren auf das jeweilige Geschäft und dessen Umsatz aus? Welche Sicherheitsmaßnahmen haben höchste Priorität, damit der Betrieb immer aufrechterhalten bleibt? Und was darf sowas kosten (Kosten-Nutzen-Relation)?"

Neuralgische Punkte sind nach Expertenmeinung heterogene Netzwerke: je mehr unterschiedliche Rechner, Laptops, Tablets und Smartphones im Einsatz sind, umso unübersichtlicher wird die Gesamtstruktur und umso komplizierter das Security-Handling. Für Private und Mittelständler ist es fast nicht möglich, mit dem technischen Knowhow und den Ressourcen der Angreifer mitzuhalten: sie werden auf externe Unterstützung angewiesen sein. Wobei sich der Kampf gegen Cyber-Kriminalität mit Technik allein wohl nicht gewinnen lässt. „Die größte Schwachstelle eines jeden Sicherheitssystems sind die Menschen".

Für sein Projekt hat der Senior Manager für die Gesamtbewertung Strukturkapital „Informationssysteme und Softwareanwendungen" die Indikatoren Systemverfügbarkeit, IT-Investitionsgrad, IT-Durchdringung zugeordnet und kommt auf dieser Grundlage zu folgender Bewertung des Ist-Zustandes: „Mein Mandant steht vor der Herausforderung, eine ausgewogene Balance herauszufinden zwischen a) einerseits Beherrschung der Zunahme an Komplexität von IT-Systemen und b) andererseits Optimierung der Informationsauswahl zur Reduktion von Komplexität. Die Trennlinie zwischen ausufernden Datensammlungen und relevanten Informationen lässt sich immer nur speziell auf das jeweilige Unternehmen hin bestimmen. Mit Instrumenten der Vernetzung lassen sich Abstimmungsprozesse, Wissensmanagement, Kommunikation mit Kunden, Kommunikation mit Lieferanten, Auftragsbearbeitung oder Produktionsplanung erheblich effizienter, flexibler, gezielter und kostengünstiger gestalten und miteinander verzahnen. Die Geschwindigkeit der elektronischen Kommunikation hat die Wirtschaft weit mehr verändert, als man es sich noch wenigen Jahrzehnten hätte vorstellen können: elektronische Übertragungstechniken haben das den Globus überziehende Geflecht von Handelsbeziehungen revolutioniert. Alle Stationen einer klassischen Wertschöpfungskette lassen sich inzwischen auch elektronisch verknüpfen."

Stimmt genau, sagt der Informationsmanager: „Im Jahr 1400 trug ein Regensburger Kaufmann noch in sein Geschäftsbuch ein: Am Montag in der Karwoche sandte ich meinen Boten gegen Venedig. Er soll mit Gottes Hilfe am letzten Feiertrag vor Ostern dort sein. Eine ganze Woche brauchte ein Kaufmannsbrief zur mittelalterlichen Jahrhundertwende für seinen Weg über die Alpen. Heute erreicht Geschäftspost ihren Empfänger elektronisch in Sekunden, egal an welchem Ort der Erde er sich befindet."

Der Senior Manager lächelt und fährt fort: „Um seine Marktposition zu stärken „verwebt" sich der Mandant mit anderen zu virtuellen Unternehmen. Es entstehen Netzwerke von kleinen, global agierenden Geschäftseinheiten: kleine und selbständige Geschäftseinheiten bauen auf wenigen Kernkompetenzen auf, übrige Geschäftsfunktionen werden entweder in selbständige Einheiten ausgelagert oder von spezialisierten Unternehmen (Logistik) bezogen. Man kombiniert die Beweglichkeit und Effizienz von Kleinunternehmen mit den Synergien (economies of scale) großer Unternehmen. Auf der Basis der Kommunikationstechnik kann beispielsweise der Verkauf durch eine breitere Zusammenarbeit mit dem Kunden (Partnering) ersetzt werden (Vorauftragsinformationen, Einblick in den Auftragsstatus). Große Teile der bisher rein innerbetrieblichen Kommunikation (Intranet) werden im Sinne der „Extended company" auch auf Kunden und Lieferanten (Extranet) angewendet. Die Funktionen von Intranet und Extranet ermöglichen die Verselbständigung von Unternehmenseinheiten, ohne die Integration der Prozesse aufgeben zu müssen. Die

Orientierung erfolgt grundsätzlich am Business und nicht an Legal Entities oder an Business Functions. Für die konkrete Gestaltung müssen folgende Fragen analysiert werden: wie werden globale Geschäftsstrategien in einer verteilten Prozesswelt abgebildet? nach welchen Kriterien soll das Informationssystem verteilt werden? wie hoch ist der optimale Grad der zentralen Regulierung? wie zentral müssen IT-Planung und Customizing durchgeführt werden? worin unterscheiden sich verteilte von integrierten Prozessen? welche Aufgaben werden in welcher Geschäftseinheit durchgeführt? wie werden verteilte Prozesse koordiniert? koordinieren sich die Teilprozesse dezentral oder werden sie zentral gesteuert? wie wird effektiver Customer Access realisiert?"

Project-Member 2 hat für eine Gesamtbewertung zum Strukturkapital „Planungs- und Controlling-Tool-Box" die Indikatoren Vorausschauen und Denken in Alternativen, Perspektiven und Facetten der Unternehmensplanung, Planung der Prozesse nach Werterhaltung, Liquiditäts- und Cash Flow-Planung, Korrelations- und Regressionsanalysen, Cluster-Analyse-Segmentierung der Datenbestände, Umweltbilanz mit Kennzahlen, Mikrogeographische Analyseinstrumente zugeordnet. Die Analyse des Ist-Zustandes hat ergeben: „Es gibt keine Instrumente für What-if- und How-to-achieve-Analysen, für Sensitivitäts- und Zielwertberechnungen.

Unter anderem werden nachfolgende Möglichkeiten nicht genutzt. Mit Hilfe von "Goal-seeking- oder What-to-do-achieve-Funktionen" könnten Rückrechnungen von einzugebenden Markt-Zielwerten (Marktanteil, Break-even oder Deckungsbeiträge) auf konforme Werte unabhängiger Größen durchgeführt werden (welche Absatzmengen werden benötigt, um bei einen bestimmten Produkt-Deckungsbeitrag im dritten Jahr unter sonst gleichen Bedingungen eine bestimmte Rendite zu erzielen?). Diese Form der Lösungsfindung erfolgt iterativ und bezieht den Planer aktiv in den Prozess der Lösungsgenerierung mit ein. Eine solche Funktion unterstützt die schnelle Vermittlung der Konsequenzen und benötigten Stellwerte für die beeinflussbaren Steuerungsparameter."

Den Informationsmanager interessieren weniger die rein betriebswirtschaftlichen Fragen. Für ihn steht das Grundsätzliche im Vordergrund: „Die Mehrzahl der Menschen ist auch nach den Enthüllungen des Herrn Snowden fest der Meinung, dies alles betreffe sie persönlich nicht im Geringsten. Jedoch sind mit der Kommerzialisierung des Internet neue Machtzentren entstanden, die Einfluss auf jedermann, ob nun bewusst oder unbewusst, haben. Mit der digitalen Revolution des Netzes stehen alle an einem Wendepunkt technologisch-gesellschaftlichen Wandels: es geht um den Eintritt in die Risikozone digitaler Technologien. Die Hürden der klassischen Programmierung von Computern sind hoch und nach wie vor wohl eher IT-Spezialisten vorbehalten. Trotzdem ist Programmieren eigentlich nicht mehr als das Lösen von Aufgaben und die hierbei vorgenommene Übersetzung eigener Gedanken. IT- und Programmierwissen eröffnet Möglichkeiten darüber nachzudenken, welche Dienste man wie nutzen könnte oder sollte. Und schützt davor, zu sorglos mit IT-Geräten, Apps und Daten umzugehen, stärkt das Bewusstsein, wo welche Daten wie anfallen und gespeichert werden könnten. Auch um im Leben eigenständig entscheiden zu können, muss man wissen, welche Daten es über einen gibt und was diese Daten wirklich tun und bewirken können. Grundkenntnisse der Programmierung, auf welche Weise auch immer zu erlangen, machen Informationstechnologien und deren Arbeitsweise eher verstehbar. Hierauf sollten wir in Zukunft unser Augenmerk stärker richten".

Project Member 3: „Um die Eignung generierter Problemlösungen im Zeitablauf bezüglich Zielerreichung und Verlässlichkeit zu überprüfen, können im Rahmen einer Sensitivitätsanalyse zusätzlich entsprechende "What-if-Abfragefunktionen" bereitgestellt werden. Damit können eine oder mehrere Steuerungsgrößen der Planung innerhalb vorgegebener Bandbreiten schrittweise variiert und dann jeweils in ihren Auswirkungen auf ausgewählte Zielgrößen (z.B. Rendite, Break-even) beobachtet werden. Beispielsweise RoI-Rechnung mit Bandbreiten von What-if-Schätzdaten: Chancen und Risiken lassen sich nie mit nur einer einzigen Zahl oder Kenngröße darstellen: immer sind es daher ganze Bandbreiten von Chancen und Risiken. Neben einer geeigneten Abbildung realer Zusammenhänge -meist in einem vereinfachten Modell- kommt es auf die richtige Quantifizierung der Einflussvariablen an."

Der Informationsmanager fährt mit seinem Thema fort: „Die nicht vorhandene, unsichtbare Wahrnehmung wird gefühlt durch die Maschine Zufall ersetzt. Am Anfang steht das Unbekannte, Unzugängliche. Um von der Unsicherheit zum Zufall zu gelangen, muss der Blick innehalten, muss einen in Erstaunen versetzen. Außerhalb der gelebten Wirklichkeit gibt es keinen Zufall. Mit dem Bild des Zufalls wird versucht, die Wirklichkeit begrifflich zu erfassen, sie irgendwie begreiflich zu machen. So soll der Zufall eine Vorstellung vermitteln, ohne etwas der sinnlichen Wahrnehmung oder der reinen Intuition verdanken zu müssen. In der Theorie der Wahrscheinlichkeiten geht es darum, was am Unvorhersehbaren formalisierbar und quantifizierbar sein könnte. Im antiken Griechenland gab es hierfür extra den Gott Chaos, der das repräsentieren sollte, was nicht organisierbar ist. Der Zufall eröffnet uns eine Welt der Möglichkeiten. Wie das Universum selbst, scheint diese (fast) unendlich. Die erste Regel der Wahrscheinlichkeiten lautet, dass die Wahrscheinlichkeit eines Ereignisses die Summe der Wahrscheinlichkeiten aller Möglichkeiten ist, die es realisieren".

Mit diesen Gedanken im Hinterkopf liegt dem Senior Manager die Gesamtbewertung Strukturkapital „Frühwarn- und Risikokontroll-Instrumente" besonders am Herzen und ordnet die Indikatoren 360-Grad Umfeld-Radar, Identifikationsgrad Risikofaktoren, Beobachtungsgrad Frühwarnsignale und Anteil "weicher" Informationen zu. Seine Bewertung des Ist-Zustandes: „Es muss immer die Regel gelten, dass auch oder gerade in Erfolgssituationen niemals Sicherheit herrscht. Gefahren nicht ernst nehmen oder die Dinge einfach sich selbst überlassen kann bereits den Nährboden für zukünftige Misserfolge schaffen. Oft wird übersehen, mit welch einfachen Mitteln bereits -beispielsweise mit Hilfe von Excel-Funktionen- existierende Modelle durch die Hinterlegung einer Wahrscheinlichkeitsverteilung aufgewertet werden können.

Zukunft = vorweggenommene Gegenwart: da Strategien immer Zukunft sind, ergibt sich hieraus die Frage nach Mess- und Quantifizierbarkeit von Zukunft. Zukunft beinhaltet aber auch immer die Komplexität mit zahlreichen finanziellen und nichtfinanziellen Aspekten. Zukunft entwickelt sich in Prozessketten aus dem heute, das heißt zur Quantifizierung von Zukunft müssen die in diese Zukunft führenden Prozessentwicklungen und deren Ursachen analysiert werden: durch Messung der früher gelegenen Faktoren die Zukunft der später folgenden Faktoren messen. Um eine Wahrscheinlichkeit zu ermitteln, verknüpft man jedes Ereignis mit einer Eintrittsmöglichkeit zwischen 0 und 1: ein Ereignis ist umso wahrscheinlicher, je mehr seine Wahrscheinlichkeit sich dem Wert 1 annähert."

Der Senior Manager ergänzt nahtlos: „Für unseren Mandant ist jede Art der Entscheidungsfindung immer auch ein Abwägen von Chancen und Risiken. Es gilt die Formel: Erfolg = Summe richtiger Entscheidungen. Während in den Strukturen der Gegenwart Störereignisse meist noch keine Rolle spielen, nehmen mit zunehmender Erweiterung dieses Zukunftstrichters gleichzeitig die Ungewissheit von Informationen und damit auch die Unsicherheit hinsichtlich des Eintreffens von Voraussagen zu. Dabei müssen für komplizierte Strukturen in der Abfolge der Prozessketten die zwischen ihnen bestehenden Zusammenhänge definiert und transparent gemacht werden."

An dieser Stelle hält er kurz inne und denkt nach, welcher wichtige Einflussfaktor ihm bei der Besprechung des Strukturkapital noch fehlt. Nach kurzer Überlegung ist er sich sicher: „Es ist die Frage des Standortes im Spannungsfeld zwischen Kontinuität und Wandel. Das Befassen mit der Geschichte des Standortes bietet zwar keine Patentrezepte für schnelle Problemlösungen, kann im Sinne einer generationsübergreifenden Ausrichtung aber durchaus Anhaltspunkte für künftige Weichenstellungen liefern. Die Geschichte des Standortes lenkt die Aufmerksamkeit auf das, was bleiben kann (muss), und schärft den Blick auf Optionen, das Spannungsfeld zwischen Wandel und Kontinuität zielführend zu gestalten. Es kommt vor, dass Standorte es versäumt haben, aus den Fehlern der Vergangenheit zu lernen oder die Erfolge der Vergangenheit als Ausgangspunkt für eine neue Erfolgsgeschichte zu nutzen (wo liegen die großen Brüche und Umbrüche des Standortes, wo hat sich Kontinuität bewährt?). „Zukunft braucht Herkunft": die Geschichte des Standortes zeigt beispielsweise auf, welche Verhaltensweisen sich in welchen Situationen nicht bewährt haben (bei schwierigen Problemen können sich daraus Orientierungshilfen anbieten). Die Entwicklungslogik eines Standortes wird besonders anhand seiner Geschichte sichtbar. In ihr lassen sich Entscheidungen erkennen, welche die Entwicklung beeinflusst (bestimmt) haben. In der Geschichte ist ein großes Erfahrungswissen gebündelt, eine Ressource, die man getrost nutzen sollte. Nicht selten gibt es Situationen, in denen wissenschaftliche Expertise nur bedingt weiterhilft, jedoch Erfahrungswissen strategische Weichenstellungen unterstützen kann. Es gilt, gesammelte Erfahrungsschätze einer produktiven Verwendung zuzuführen, die Welt der Zahlen mit Erfahrungen zu verknüpfen (im Zeitvergleich beginnen Zahlen zu sprechen, werden die Erfolge und Misserfolge des Standortes deutlicher). Das Image eines Standortes speist sich nicht zuletzt aus seiner Fähigkeit, Erwartungen in der Vergangenheit erfüllt zu haben. Manchmal offenbart sich das komplexe Zusammenspiel verschiedener Erfolgsfaktoren erst rückblickend. Die Geschichte des Standortes kann Aufschluss darüber geben, welche Faktoren in der Vergangenheit bestimmten Standortfaktoren zum Durchbruch verholfen haben und somit als Ideenlieferant die Strategie der Zukunft befruchten. Schönfärberei, Verschleierungsmanöver und persönliche Selbstinszenierungen sind im Hinblick auf die Geschichte des Standortes eher ungeeignet: es geht um kritische Selbstreflexion und Eigenbildanalyse. Umfangreiches Erfahrungswissen ist ein Fundus für zukunftgerichtetes Orientierungswissen. Man braucht solide Nähte, die auch Gegenwart und Zukunft zusammenhalten und dadurch Identität schaffen. Die Geschichte des Standortes ist quasi der Plausibilitätstest, ob die Erfahrungen der Vergangenheit mit den Entscheidungen der Gegenwart und den zukünftigen Erwartungen im Einklang stehen. Insgesamt betrachtet ist die Geschichte des Standortes eine kreative Kombination unterschiedlicher Wissensressourcen (eine Quelle, auf die man nicht verzichten sollte)."

Konkret möchte er für eine Gesamtbewertung Strukturkapital „Standortfaktoren" folgende Indikatoren zuordnen: Arbeitskostenbelastung, Steuerquote, Arbeitskräfte-Verfügbarkeit, Bevölkerungsanteil Jugend, Bevölkerungsanteil Alter, Kaufkraft Privathaushalte, Autobahnnähe, Flughafennähe, Wohnqualität, Grundstückspreise, Kriminalität. Als Ist-Zustand fasst er zusammen: „Unter zunehmendem Wettbewerbsdruck kann die Standortfrage für den Mandanten zu einer Existenzfrage werden. Grundsätzlich aber gibt es keine schlechten Standorte, sondern nur solche, die im konkreten Fall nicht geeignet sind. Einerseits weist jeder Standort spezifische Bedingungen auf, die beispielsweise von geographischen, klimatischen, sozio-ökonomischen Faktoren geprägt sind. Andererseits stellt auch das Projekt-Unternehmen jeweils ganz individuelle Anforderungen an einen Standort, die von dem Produkt, den Beschaffungs- und Absatzmärkten abhängen. Mit kaum einer anderen unternehmerischen Entscheidung werden Kosten und Erlöse derartig nachhaltig beeinflusst. Bei Investitionen im Zusammenhang mit der Standortwahl sind dies beispielsweise Baulandpreise, regional unterschiedliche Baukosten. Im laufenden Betrieb sind dies u.a. Löhne und Gehälter, Steuern oder kommunale Abgaben. Die erzielbaren Erträge hängen ab von der regionalen Kaufkraft, von der Einwohnerzahl in einer Region oder von der Nähe zu einem Großabnehmer."

Der Partner saß nach dem Verlassen seines Büros bei einem vertraulichen Gespräch noch mit dem Senior Manager zusammen. Beide gönnten sich nach einem anstrengenden Tag ein kühles Bier. Der Partner fixierte sein Gegenüber mit seinen blauen Augen und sagte mit seiner ruhigen, ja fast sanften Stimme: „Was haben wir beide eigentlich sonst noch für Alternativen? Für unser Beratungsgeschäft muss man aus hartem Holz geschnitzt sein. Zwei Drittel von dem, was wir machen, wird von anderen kritisiert. Vor allem von jenen, die als Ergebnis unserer Arbeit, vielleicht von Einschnitten in ihrem persönlichen Arbeitsumfeld betroffen sind. Wir funktionieren nicht wie „normale" Mitarbeiter einer Firma. Wir lächeln, hören zu – wir müssten fast schon Schwielen an den Ohren haben vom ewigen Zuhören. Wir brechen uns einen ab, um es unserem Auftraggeber recht zu machen, um möglichst bald an Nachfolgeaufträge zu kommen. Und wenn das nicht hinhaut, mogeln wir uns irgendwie durch. Wir sagen den Leuten, was sie hören wollen. Und wenn wir mal was sagen, was sie nicht hören wollen, dann meistens, weil wir uns ausgerechnet haben, dass es genau das ist, was sie eigentlich doch hören wollten. Wir leben unser Leben mit einem falschen Lächeln im Gesicht. Weil das der Preis dafür ist, im Big Business an der Spitze mitspielen zu dürfen. Die meisten von uns wollen gewinnen und sonst gar nichts. Und manche sind dafür sogar bereit, ihre Seele zu verkaufen".

Sharing Economy - Ökonomie des Teilens und der Vernetzung

Zur Sharing Economy gehören Unternehmen, die über Internetplattformen Eigentümer von Gütern oder Anbieter von Dienstleistungen mit Menschen zusammenbringen, die diese Güter oder Dienstleistungen für einen gewissen Zeitraum nutzen und nachfragen wollen. Die Ökonomie des Teilens hat über Transport und Wohnraum hinaus reichend längst eine bemerkenswerte Breite entwickelt und umfasst insbesondere die Bereiche Unterhaltung, Medien, Transport, Übernachtung oder Handel. Damit gehört die Sharing Economy ebenso wie die Cloud (dezentrale Speicherung von Daten in weit entfernten Rechenzentren) oder Big Data (massenhafte digitale Datenanalyse) zu den großen Trends der digitalen Wirtschaft. Nach einer von der Unternehmensberatung PWC durchgeführten Untersuchung findet diese Ökonomie des Teilens (zumindest in den USA) besonders viele Anhänger in der Altersgruppe von 18 bis 24 Jahre. Gemäß der Studie waren unter den Nutzern Transportangebote (Carsharing, Mitfahrdienste) besonders beliebt. Besitz und Eigentum (Autos, Fahrräder, Wohnungen, Abendkleider, Werkzeuge u.a.) werden von den Anhängern des Teilens als eher belastend oder lästig empfunden. Die Ökonomie des Teilens verspricht, solche Belastungen zu lindern: sei es die Belastung durch Kosten, Wartung oder durch die schiere Menge an Möglichkeiten oder deren Mangel. Nach Ergebnissen der PWC-Studie stehen bei erwachsenen Amerikanern (die das Konzept kennen) folgende Aussagen an oberster Stelle: Sharing Economy macht das Leben günstiger, macht das Leben effizienter und bequemer, ist besser für die Umwelt, macht mehr Spaß als bei traditionellen Unternehmen zu konsumieren.

Der Consultant erklärt bezüglich einer Gesamtbewertung Beziehungskapital „Kunden-, Lieferantenbeziehungen" mit von ihm hierfür zugeordneten Indikatoren wie Marktanteil-/ Marktausschöpfungs-Indikator, Aktivquote, Akzeptanzgrad Leitbild extern, Wirkungsgrad Leitbild extern, Time-to-market, Life-cycle-Berechnungen, Eintrittsbarrieren, Intensität der Kundenbetreuung, Deckungsbeitrag pro Kunde, Neukundengewinnung, Spezifikationsflexibilität den Ist-Zustand: „Der Mandant weiß zu wenig darüber, wer seine Kunden eigentlich sind, wie stark die Beziehung und Bindung zu diesen Kunden ist. Nur etwa vier Prozent der unzufriedenen Kunden beschweren sich, aber alle unzufriedenen Kunden sprechen -in einem unter Umständen fatalen Schneeballeffekt- mit zehn bis fünfzehn anderen aktiven oder potenziellen Kunden über ihre Unzufriedenheit. Aufgrund immer komplizierterer Organisationsabläufe richtet man den Blick zu sehr nach innen. Immer weniger Mitarbeiter kommen noch in einen direkten Kundenkontakt. Anforderungen und Bedürfnisse von Kunden sind nicht mehr aus eigener Erfahrung, sondern nur noch in sehr vagen Vorstellungen präsent. Man setzt sich damit der großen Gefahr aus, dass der Kunde immer ferner rückt und in seiner Anonymität immer fremder wird."

Voraussetzung für das Entstehen von Kundenbindung ist, dass die Erfahrungen nach dem Kauf die Erwartungen vor dem Kauf übertreffen. Nicht zuletzt geht es dabei auch um die Frage, wie sich ein Produkt durch Funktionen, Ausstattungsmerkmale oder Serviceleistungen so anreichern lässt, dass dafür vom Kunden auch höhere Preise als für vergleichbare Produkte akzeptiert werden. Aber immer ist nur der Kunde mit seinen Wünschen, Bedürfnissen, Anforderungen, Wertvorstellungen, Verhaltensweisen der eigentliche Adressat für den Kern der Unternehmensleistung.

„Es kostet ein Unternehmen fünf- bis zehnmal so viel, einen neuen Kunden zu gewinnen, als einen bestehenden Kunden durch dessen Zufriedenheit an sich zu binden: die Geschäfte mit bereits existierenden Kunden werfen in der Regel den höchsten Gewinn ab.

An kaum einer anderen Stelle findet man ähnlich hohe Gewinnpotenziale im Vergleich zu denen beim Ausbau des Geschäfts mit den eigenen Kunden. Neben den Erlöspotenzialen der bestehenden Kundenbasis spielt insbesondere auch das Kostenverhältnis im Vergleich Kundengewinnung zu Kundenbindung eine Rolle: für die Gewinnung neuer Kunden liegen die Akquisitionskosten im ersten Jahr fast immer über den aus dieser Kundenbildung zu erzielenden Gewinnen. Erst im Laufe der Geschäftsbeziehung erhöht sich der individuelle Kunden-Deckungsbeitrag. Eine Erklärung hierfür liegt darin, dass man bei Kunden, die man kennt, die kundenspezifischen Kosten eher auf dem Niveau anpassen kann, das sich aus dem individuellen Anforderungsprofil des Kunden ergibt. Bei unbekannten Kunden erfolgt im Gegensatz hierzu aus Sicherheitsgründen oftmals ein „overselling", es werden vielleicht Leistungen erbracht, die gar nicht unbedingt notwendig sind."

Das Internet bietet nahezu unbegrenzte Möglichkeiten des Abrufs und Zugriffs auf Informationen: unabhängig von Ort und Zeit. Informationen werden verfügbar, die vor nicht allzu langer Zeit für einen Normalbürger überhaupt nicht auffindbar waren. Das Internet hat damit einen Möglichkeitsraum für neue Geschäftsmodelle erschaffen, ist an vielen Stellen zum unverzichtbaren Wachstumsmotor geworden. Viele

Dinge sind durch das Internet erlebbar geworden, für viele haben sich völlig neue Perspektiven eröffnet. Soll aber die digitale Zukunft auch weiter erfolgreich sein, müssen die hierbei immer deutlicher zu Tage tretenden Gegensätze und Probleme überwunden und dringend gelöst werden.

Der Senior Manager hat für eine Gesamtbewertung Beziehungskapital „ Kommunikationsbeziehungen" ebenfalls Indikatoren zugeordnet: Pressekonferenzen pro Jahr, Anzahl Messe-Teilnahmen pro Jahr, Anzahl Presse-Mitteilungen pro Jahr. Seine Bewertung-Zusammenfassung des Ist-Zustandes: „Die Reaktionen auf Kommunikation reichen von Ablehnung über neutrale Gleichgültigkeit, leichte Sympathie, vernünftige Zustimmung, Begeisterung bis hin zur obersten Stufe der Faszination (ein faszinierter Kunde ist besser als ein begeisterter, ein begeisterter wird eher kaufen als ein nur rational überzeugter Kunde. Doch selbst die rationale Überzeugung ist immer noch um ein Vielfaches höher einzustufen als ein gleichgültiger oder gar ablehnender Kunde. Kaufhandlungen erfolgen oft nur dann, wenn Faszination oder Begeisterung geweckt werden konnten, das heißt rationale Nutzen- und Vorteilsargumentation ist alleine zu schwach, um viel zu bewegen. Die heutige Welt ist durch eine Überflutung mit Kommunikation gekennzeichnet. Wollte man alle

Botschaften bewusst aufnehmen und verarbeiten, würde dies schnell zu einer Reizüberflutung führen. Darum haben die Menschen die Reizschwelle im Sinne einer Selbstverteidigung angehoben. Das Problem: nach seriösen Analysen muss man davon ausgehen, dass Kommunikation zu über achtzig Prozent nicht erreicht, sondern teilweise sogar abschreckt, Milliarden Euro würden demnach praktisch zum Fenster hinausgeworfen. Wenn es gelänge, auch nur etwas von dieser Summe einzusparen, wäre dies ein Sparreservoir von gigantischer Größe. Für unseren Mandanten geht es daher um Verringerung von kommunikativer Ineffizienz."

Bereits am Morgen vor dem Meeting: Die seitens des Managers heftige Kritik traf den Consultant unerwartet, wie ein im Wortsinn Blitz aus heiterem Himmel. Statt aber Enttäuschung, Misstrauen oder gar Angst zu verspüren, betrachtete er dieses zunächst unangenehme Erleben als Erfahrungen, deren Wert schon darin lag, dass dieses im Verlauf dieses Projektes neu für ihn war. Er war noch nie so plötzlich von den Beinen geholt worden. Natürlich konnte er sich Angenehmeres vorstellen. Aber wer nur die schönen Dinge an sich heranlässt und die schlechten vermeidet oder verdrängt, quasi wie ein Kaufmann an das Leben herangeht und immer nur darauf achtet im Haben zu liegen, der verpasst am Ende alles Unvorhersehbare, das nicht

Berechenbare, und deshalb so viel Aufregendere. Von diesen Gedanken beflügelt wollte er hinsichtlich einer Gesamtbewertung Beziehungskapital „Kompetenznetzwerkbeziehung" mit einer Zuordnung der Indikatoren Expertenwissen für Wissenslücken, Kontakte zu externen Wissensträgern, Absorptions-/Integrationsfähigkeit, Teilnahme an Innovationskooperationen nunmehr von folgendem Ist-Zustand ausgehen: „Anstatt einzelne Wissensträger zu rekrutieren oder das Wissen externer Experten zeitweise für teures Geld anzumieten, hat sich der Mandant dafür entschieden, über Kooperationen aller Art den Zugang zu einer externen Wissensbasis zu finden. Mit Hilfe von Knowledge-Links sollen die im eigenen Wissens-Sortiment noch vorhandenen Lücken geschlossen werden. Durch eine gegenseitige Nutzung von Knowhow soll der zunehmenden Mobilität des Wissens begegnet werden. Der Mandant steht vor der Lösung folgender Fragen: wer benötigt welche Informationen für welche Entscheidungen? wie ist der Zugang zu solchen Informationen? wie werden Personen innerhalb und außerhalb des Projekt-Unternehmens verknüpft, um ihr Wissen auszutauschen? wie können welche externen Datenbanken genutzt und integriert werden?"

Abschließend wurden für eine Gesamtbewertung des Beziehungskapitals „Logistikleistungen" dann noch folgende Indikatoren zugeordnet: Liefertreue, Lieferzeit,

Lieferqualität, Terminflexibilität, Spezifikationsflexibilität. Davon ausgehend ergibt sich als Ist-Zustand: „Durch eine schlagfertige und flexible Logistik können Wettbewerbsvorteile aufgebaut werden, die bei steigenden Serviceanforderungen, kürzeren Produktzyklen und wachsender Marktdynamik immer entscheidender werden: die Logistik ist daher immer mehr auch ein erfolgsbestimmender Faktor im Wettbewerb. Logistikziele sind Leistung (Ausführung eingehender Aufträge, Unterbringung der Warenbestände, Bewältigung der Mengenströme, kundengerechte Lieferzeiten, kundengerechte Serviceleistungen), Qualität (Lieferfähigkeit, Verfügbarkeit der Ware, Lieferqualität, Liefertermintreue, Informationsbereitschaft über Lieferstatus, Flexibilität gegenüber Kundenwunschänderungen) und Kostensenkung (Erhöhung Lagerumschlag, Senkung von Beständen, Optimierung von Bestellmengen und Bestellfrequenzen und Bestellzeitpunkten). Bei Logistik-Überlegungen ist der Faktor Zeit bestimmend: Zeitverbrauch in der Wertschöpfungskette ist gleichbedeutend mit Kosten. Das heißt in der Logistik sind immer dort erhebliche Zeit(Kosten-)ersparnisse möglich, wo es Wartezeiten gibt. Oft beschweren sich Kunden auch viel öfter über Liefermängel als über Produktmängel, die Distributionslogistik kann für die Dauerhaftigkeit der Kundenbindung entscheidend sein:

insbesondere wo die Produktunterscheidungsmerkmale geringer werden, gewinnt die Logistikleistung an Bedeutung im Wettbewerb. Bevor einzelne Maßnahmen in Angriff genommen werden, müssen aber zunächst die möglichen Verbesserungspotenziale aufgezeigt werden, Ziele definiert werden und konkrete Vorstellungen über den Nutzen entwickelt werden."

Und endlich das Projektergebnis - Zusammenstellung und Auswertungen der Wissensbilanz

Der Senior Manager macht sich über die Beratungszunft schon lange keine Illusionen mehr. Und hat erkannt, dass es dort drei Typen von Menschen gibt: nämlich Aufreißer, Aufpasser und Aufarbeiter. Zur ersten Gruppe zählen sich die Partner. Zur zweiten Gruppe zählen Routiniers (wie er selbst), die für qualifizierte Arbeit sorgen, indem sie über die dritte Gruppe wachen und diese projektbezogen steuern. Junge Spunde, die sich ihre ersten Sporen verdienen, die in engen Büros schuften, eingesperrt zwischen zahlreichen Unterlagen der Projektdokumentationen. Dabei gibt es weit weniger Aufreißer als Aufpasser. Und doch verlangen eben diese Aufreißer ein immer größeres Stück vom Honorarkuchen. Doch wie will seine Firma dies bewerkstelligen? Indem sie mit vielen Anreizen versucht, die Aufarbeiter breitzuschlagen, doch öfter einmal auch noch eine Stunde nach Mitternacht draufzusatteln oder absurde Sonderleistungen abzurechnen. Letztendlich schöpfen aber immer nur die Spitzenkräfte (an der Spitze der Hierarchie) den dicksten Rahm ab. Wenn sie versuchen, mit weniger Leuten zu teilen. Also ein paar Partner der mittleren Kategorie rausschmeißen und sich deren Gewinnanteile selbst zuschanzen.

Konkret: das Projekt „Wissen" war nunmehr in einem Stadium angelangt, in dem beim Mandanten in dessen Räumlichkeiten eine große Gesprächsrunde mit möglichst allen Projektbeteiligten, dem Informationsmanager, dem Wissensmanager, dem General Manger, dem Unternehmensplaner und, und, und angesagt war. Der Assistent der Geschäftsleitung, als seine Freundin ihn einmal fragte, sagte über seinen Chef: „Er zeigte mit alles, gab nichts preis. Ich lernte von ihm, wie er jede Nuance des Business, jede noch so winzige Andeutung, die nur jemand wie er überhaupt mitbekam, in sich aufnahm. Es war, wie mir hierzu einfiel, vergleichbar mit der Art, wie ein Habicht die Erde unter sich wahrnimmt. Wie jedes Insekt, jeder Grashalm deutlich hervortritt und sich zugleich in ein umfassenderes Gesamtbild einfügt. Ich lernte von ihm vorauszusehen, wie man am besten auf neue Situationen reagieren und sich auf sie einstellen sollte. Ich lernte, seine Stimmungen zu erspüren, wann er für meine Vorschläge ansprechbar war, wann nicht. Seine reichlich vorhandenen Sonderlichkeiten konnten mich bald kaum noch erschüttern, schon gar nicht von meinen Zielen abbringen. Ich erlebte ihn zornig, begeistert, frustriert, niedergeschlagen, aber nie euphorisch. Ich lernte zu unterscheiden, welche Informationen er jetzt und sofort brauchte, und welche ich zurückhalten konnte bis wieder Luft war. Zwischen uns entwickelte sich eine große Vertrautheit, aber keine Nähe. Er redete nie über persönliche Dinge. Nichts, was über den allgemeinen Fundus der Anekdoten nicht schon allen in der Firma bekannt gewesen wäre. Er hatte sich stets im Griff und war unglaublich diszipliniert, was Termine, Entscheidungen oder Fragen anging, wer für ihn wann welche wichtigen Aufgaben zu erledigen hatte."

Aber nun zum eigentlichen Projekt: denn jetzt wird das eigentliche Dokument Wissensbilanz erstellt. Je nach Zielgruppe können die Inhalte maßgeschneidert zusammen gebaut werden. Die Wissensbilanz sollte sich in Inhalt und Form möglichst nahe an sonstigen, bewährten Dokumentationen orientieren. Der Aufbau kann beliebig verändert werden: je nachdem, wofür die Wissensbilanz schwerpunktmäßig eingesetzt werden soll, können verschiedene Versionen angefertigt werden, die unterschiedlich in die Tiefe gehen. Frage: Welche kommunikativen Ziele werden verfolgt? Daraus ergeben sich die relevanten Inhalte und die Form der Aufbereitung. Eine ausgewogene Darstellung schafft Glaubwürdigkeit.

Der Senior Manager erläutert seine grundsätzliche Vorgehensweise des Projektes: „Mit immer stärker werdender Wettbewerbsintensität bis hin zur Verdrängung im Standort- und Kostenwettbewerb sind Wissensvorsprünge oft noch der einzig mögliche, vielleicht auch alles entscheidende, Wettbewerbsvorteil. Auch Innovationsfähigkeit braucht Wissen, das als erfolgskritisches intellektuelles Kapital aber erst einmal identifiziert werden muss, um es nutzen- und gewinnbringend einsetzen zu können. Eine Wissensbilanz liefert ein Instrument für grundsätzlich wissensintensive Organisationen, die ihre zukünftige Entwicklung unter systematischer Einbeziehung ihres intellektuellen Kapitals steuern wollen. Da übliche Bilanzen nur die finanzielle, materielle Vergangenheit widerspiegeln, kann zusätzliches Erfolgspotential nur über systematische Erfassung von intellektuellem Kapital erschlossen werden. Das heißt für die Realisierung von Entwicklungschancen eines wissensintensiven Unternehmens müssen zuvor alle immateriellen Vermögenswerte gehoben werden. Mit Hilfe der Wissensbilanz gelangt das Unternehmen zu Erkenntnissen über das Zusammenwirken von Wissensprozessen und relevanten Ressourcen."

Dazu sofort auch der Wissensmanager: „Wer Kompetenzen aufbauen will, braucht zu allererst eine angemessene Transparenz über seine kritischen Wissensbestände. Erst Transparenz identifiziert Ansatzpunkte zur Verbesserung der Geschäftserfolge. Der Identifizierungsprozess weist in die Richtung von Wissensfeldern/ -quellen, in denen wir suchen müssen, um Kompetenzen zu stärken oder neu aufzubauen. Auch eine Identifikation des eigenen Nicht-Wissens, der eigenen Wissenslücken und Fähigkeits-Defizite kann einen heilsamen Auslöser darstellen. Über die Sichtbarmachung von Fähigkeiten und Wissensbeständen wird aber gleichzeitig auch der Zugang zu Informationen und Wissensträgern ermöglicht, von deren Existenz viele vorher nichts gewusst haben. Wissen = Rohstoff der Zukunft, wir müssen eine klare Vorstellung davon erlangen, welches Wissen für unseren Erfolg von Bedeutung ist. Es geht darum, den Überblick über interne und externe Daten, Informationen und Fähigkeiten zu behalten. Denn mangelnde Transparenz führt zu Ineffizienzen, uninformierten Entscheidungen und Doppelspurigkeiten. Wenn wir die Fähigkeiten unserer Mitarbeiter nicht kennen, verpassen wir auch die Gelegenheit, sie zu nutzen. Die Schaffung interner Wissenstransparenz umfasst die Feststellung des Status-Quo. Eine Bestandsaufnahme mit einer sorgfältigen Identifikation und Evaluation kritischer Fähigkeiten ist somit eine unerlässliche Voraussetzung für das Management der Ressource Wissen. Dabei geht es nicht nur um individuelles Wissen: Problemlösungspotentiale erhöhen sich durch kollektive/ kooperative Möglichkeiten der Wissensbasis. Kollektives Wissen ist somit mehr als die Summe des Wissens einer Anzahl von Individuen (isolierte Ressourcen müssen zu einem

Geflecht von Fähigkeiten verbunden werden). Schon aus Gründen der Wirtschaftlichkeit sollte Wissen nicht um jeden Preis erfasst und gemessen werden (eine Strategie der "Transparenz um jeden Preis" kann sogar kontraproduktiv sein), der Identifizierungsprozess sollte sich daher auf kritische Fähigkeiten/ Wissen fokussieren."

Der Consultant erläutert die Sicht der Wissensbilanz von außen und innen: „Eine Wissensbilanz bildet die Entwicklungspotentiale Ihres Unternehmens ab. Trotz zahlreicher Einzelaktivitäten im Zusammenhang mit dem Zukunftsrohstoff „Wissen" gibt es an vielen Stellen noch Lücken, die eine bestmögliche Ausschöpfung der zweifellos vorhandenen Entwicklungspotentiale behindert. Insbesondere fehlt vielfach noch ein in sich schlüssiges Konzept oder Instrument, mit dem sich alle Einzelkomponenten des intellektuellen Kapitals vollständig und mit einheitlicher Systematik abbilden lassen. In einer zahlenorientierten Finanzwelt reichen hierzu nur verbale Darstellungen nicht aus. Eine der Hauptursachen, warum der Rohstoff „Wissen" trotz seines rasant steigenden Anteils an der Herstellung heutiger Produkte und Dienstleistungen bislang so wenig sicht- und greifbar gemacht wurde, liegt in der komplizierteren Bewertung und Messung immaterieller sogenannter „weicher" Faktoren begründet. Es geht darum, anhand von immateriellen Faktoren eine

Marktposition zu erobern. Für die Bilanzierung von Intellektuellem Kapital kommen zwei Sichtweisen in Betracht: 1. Die Sicht von außen - was ist Ihr Unternehmen wirklich wert? Die traditionelle finanzorientierte Unternehmensbewertung stößt besonders bei wissensintensiven Unternehmen an Grenzen. Der Erfolg basiert dort nämlich zum überwiegenden Teil auf Wissens- und Innovationspotentialen. Aber gerade über diese immateriellen Vermögenswerte liegen oft nur wenige oder keine verlässliche Daten vor. 2. Die Sicht von innen - wie müssen weiche Faktoren gesteuert werden? Insbesondere die weichen Faktoren müssen erst einer systematischen Entwicklung und Steuerung zugänglich gemacht werden. Methoden und Instrumente zur systematischen Steuerung der wichtigsten immateriellen Unternehmensressourcen werden zunehmend unverzichtbar."

Und der Wissensmanager ergänzt sofort: "Transparenz über intern und extern vorhandenes Wissen ergibt sich nicht automatisch, sondern muss gezielt angestrebt werden. Wer im Wissenswettbewerb erfolgreich sein will, muss sein Wissen zuvor systematisch identifiziert haben. Niemand kann es sich heute noch leisten, dass seine unter Umständen wertvollen Wissensbestände unentdeckt und damit unbrauchbar bleiben. Dabei kann heute allgemein eher über zu viel als zu wenig Information verfügt werden. Was fehlt, ist die Fähigkeit, Transparenz in diese komplizierte Wissensumwelt zu bringen. Durch das Hinterfragen komplexer Prozesse wird die Basis für zukünftige Verbesserungsmöglichkeiten gelegt. Die durch Wissensbilanzen erzeugte Transparenz findet dort ihre Grenzen, wo sensible Informationen möglicherweise unerwünscht zu Wettbewerbern gelangen könnten. Die Identifikation von Intellektuellem Kapital ist ein Muss: 1. weil übliche Bilanzen nur die finanzielle/ materielle Vergangenheit widerspiegeln. 2. Erfolgssteigerung für wissensintensive Unternehmen durch Ausschöpfung immaterieller Vermögenswerte, über die in der Regel wenige o. keine verlässliche Daten vorliegen. 3. Wissen = Rohstoff der Zukunft, wir müssen eine klare Vorstellung davon erlangen, welches Wissen für unseren Erfolg von Bedeutung ist."

Der General Manager, jetzt mehr und mehr nachdenklich geworden, sagt: „Es geht uns also darum, den Überblick über interne und externe Daten, Informationen und Fähigkeiten zu behalten."

Der Consultant jetzt mehr ins Detail gehend erläutert: „Die Strukturierung der immateriellen Vermögenswerte wird nach folgender Systematik vorgenommen. 1. Geschäftsprozesse (GP): Welche zentralen wertschöpfenden Prozesse beeinflussen Geschäftserfolge? Welches sind die zentralen Produkte oder Dienstleistungen, mit denen das Geld verdient wird? Welche Hauptprozesse sind notwendig, um die Produkte/ Leistungen zu erstellen, zu vermarkten? Welches sind die wichtigsten Prozess-Kennzahlen? 2. Geschäftserfolge (GE): Über welche zentralen Leistungsprozesse werden die Geschäftsergebnisse erstellt? Was wird produziert? Was wird verkauft? Welche Geschäftsergebnisse müssen mittelfristig sichergestellt werden, um die Vision und Strategie zu erreichen? Woran misst sich der Erfolg Ihres Unternehmens (Gewinn, Umsatz, Kundenstruktur, Marktposition, Image, Markenwert)? 3. Humankapital (HK): umfasst alle Eigenschaften/ Fähigkeiten, die einzelne Mitarbeiter in das Unternehmen einbringen: Mitarbeiterqualifikation, soziale Kompetenz, Mitarbeitermotivation, Führungskompetenz. Humankapital ist im Besitz der Mitarbeiter und verlässt mit ihnen das Unternehmen. 4. Strukturkapital (SK): sind alle Strukturen, die Mitarbeiter für den Geschäftserfolg einsetzen: Unternehmenskultur, Kooperation, Kommunikation, Führungsprozesse, Motivationstechnik, explizites Wissen, Wissenstransfer/ -sicherung, Prozess-/ Verfahrensinnovation. Strukturkapital ist im Besitz der Organisation und bleibt auch beim Verlassen einzelner Mitarbeiter (weitgehend) bestehen. 5. Beziehungskapital(BK): beinhaltet alle Beziehungen zu organisationsexternen Gruppen/ Personen: Kundenbeziehungen, Lieferantenbeziehungen, Beziehungen zur Öffentlichkeit, Beziehungen zu Kapitalgebern/ Investoren/ Eignern, Beziehungen zu Kooperationspartnern."-

Der Informationsmanager zu Portfolio- und Ampel-Auswertungen des Intellektuellen Kapitals: „Aufgrund der aktuellen Entwicklung und Dynamik der Märkte ist die Nutzung von Portfolio-Techniken auch für die Bilanzierung von intellektuellem Kapital von Bedeutung. Bei der Anwendung von Portfolio-Instrumenten geht es um die Verknüpfung zwischen strategischer und operativer Planung. Vorteile der Portfolio-Analyse sind: unterschiedliche Produkte werden für strategische Entscheidungen vergleichbar gemacht, die knappen Budgetmittel können gemäß Prioritäten zugeteilt werden, Produkt- und Marktstrategien werden aufgrund zukünftiger Entwicklungschancen (nicht aufgrund vergangenheitsbezogener Daten) erstellt.

Auswertung mit dem QQS-Portfolio: Das QQS-Portfolio stellt die Ist-Werte der Bewertungsdimensionen Quantität (Qn), Qualität (Ql) und Systematik (Sy) grafisch als Bubble-Diagramm dar. Bei der Interpretation sind zwei Informationen wichtig: Lage und Größe des Bubbles (=Kreis, der für jeweils einen Einflussfaktor steht). Liegt der Bubble im 1. Quadranten (oben rechts), dann ist der Einflussfaktor in Quantität und Qualität gut ausgeprägt (hier liegen Stärken des Intellektuellen Kapitals). Je kleiner der Umfang des Bubbles, desto größer das Verbesserungspotential der Bewertungsdimension (hier besteht Gefahr, dass dieser Einflussfaktor noch nicht ausreichend unter Kontrolle ist, um ihn gezielt zu entwickeln). Liegt der Bubble im 2. oder 4. Quadranten (oben links oder unter rechts) besteht (je nach betroffener Achse) Verbesserungspotenzial in einer Beurteilungsdimension. Liegt der Bubble im 3. Quadranten (unten links), dann gibt es in Quantität und Qualität Verbesserungspotenzial. Diese defizitären Faktoren müssen besonders überwacht werden. Ein Stern in einem Bubble bedeutet, dass mindestens eine Bewertungsdimension nicht bewertet wurde.

Die Einflussfaktoren können in Bezug auf zwei unterschiedliche Perspektiven bewertet werden: a) aus der Sicht des operativen Geschäfts (wie ist der jeweilige Einflussfaktor im Hinblick auf den reibungslosen Ablauf des operativen Geschäfts zu bewerten?) b) aus Sicht der strategischen Ausrichtung (wie ist der jeweilige Einflussfaktor im Hinblick auf die strategische Positionierung unseres Unternehmens zu bewerten?). Dabei wird jeder Einflussfaktor nach drei vorgegebenen Bewertungsdimension bewertet: 1. Quantität (Qn) : Ist die Menge des Einflussfaktors ausreichend? Ist genug Menge da, um die Ziele zu erreichen? 2. Qualität (Ql): Ist die Qualität des Einflussfaktors ausreichend? Hat man die richtige Qualität? Stimmt die Qualität des Faktors, um die Ziele zu erreichen? 3. Systematik (Sy): gibt es systematische, regelmäßige Maßnahmen und Verfahren, um den Faktor zu pflegen und zu verbessern? Die absoluten Bewertungen sind zunächst nachrangig, in erster Linie müssen die Relationen der Bewertungen zueinander stimmen!

Ampel-Übersicht mit einem QQS-Balken- und – Profildiagramm: das QQS-Balkendiagramm stellt die Ist-Werte der Bewertungsdimensionen Quantität (Qn), Qualität (Ql) und Systematik (Sy) grafisch als Balken dar. Interpretation: der rote, gelbe und grüne Hintergrund entspricht dem Ampel-Bewertungssystem: man erkennt auf einen Blick, in welcher Bewertungsdimension noch Verbesserungspotenzial vorhanden ist. Die Balkenlänge entspricht den Prozentangaben aus den Bewertungen der Einflussfaktoren. Dabei liegen die Balken aller drei Bewertungsdimensionen für jeweils einen Einflussfaktor übereinander. Pro Kapitalart gibt es ein QQS-Bewertungsdiagramm. Bei Einflussfaktoren, deren Balken im roten Bereich endet, besteht ein relativ großes Verbesserungspotential. Einflussfaktoren, deren Balken im gelben Bereich endet, sollten beachtet werden (mittleres Verbesserungspotenzial). Einflussfaktoren, deren Balken im grünen Bereich endet: kein Verbesserungspotenzial. QQS-Profildiagramm: die Ist-Werte einer Bewertungsdimension werden für alle Einflussfaktoren als Säulendiagramm dargestellt. Interpretation: Es kann jeweils eine Bewertungsdimension für alle Einflussfaktoren angezeigt werden. Die Säulenlänge entspricht den Prozentangaben der Bewertung der Einflussfaktoren: alle Einflussfaktoren stehen nebeneinander. Dadurch wird angezeigt, wie die jeweilige Bewertungsdimension zwischen den Faktoren verteilt ist. Der rote, gelbe und grüne Hintergrund entspricht dem Ampel-Bewertungssystem.

Eine Potentialanalyse rückt Verbesserungsmöglichkeiten ins Blickfeld: das Potential-Portfolio stellt das Entwicklungspotenzial der einzelnen Einflussfaktoren als Portfolio in vier Quadranten dar. Dabei bildet die x-Achse den Mittelwert der QQS-Bewertung ab: sie gibt das durchschnittliche Verbesserungspotenzial eines Einflussfaktors wieder. Je weiter links ein Einflussfaktor steht, desto schlechter seine Bewertung und desto größer sein Verbesserungspotenzial. Auf der y-Achse ist das Einflussgewicht des Einflussfaktors, also die Wirkungsstärke auf das Gesamtsystem, dargestellt. Je weiter oben ein Einflussfaktor steht, desto größer ist seine Wirkung im System des Intellektuellen Kapitals und dem Geschäftsmodell. Interpretation: Beim Potenzial-Portfolio muss auf die Lage der Bubbles geachtet werden: liegt der Bubble im 2. Quadranten (oben links), dann besteht ein großes Entwicklungspotenzial oder konkreter Handlungsbedarf. Der Einflussfaktor sollte unbedingt entwickelt werden da er vergleichsweise schlecht ausgeprägt ist. Dabei ist die Wirkung des Einflussfaktors auf andere Faktoren sehr hoch (= hohe Hebelwirkung). Liegt der Bubble in dem 1. oder 3. Quadranten (oben rechts oder unten links), dann besteht nur bedingtes Entwicklungspotenzial. Liegt der Bubble im Quadranten "Stabilisieren", dann sollte in Zukunft darauf geachtet werden, dass der Faktor auf diesem Niveau bleibt. Denn: dieser Faktor weist ein gute Bewertung auf und hat eine hohe Hebelwirkung. Liegt der Bubble in dem 4. Quadranten (unten rechts), dann besteht kein Entwicklungspotenzial. Der Faktor ist bereits gut ausgeprägt und eine Maßnahme zur Verbesserung hätte kaum Auswirkungen auf das Gesamtsystem."

Der Senior Manager fährt fort: „Auswertung-Zusammenfassung und Vorbereitung nach individuellen Bilanzmodulen: 1. Potenzial-Portfolio betrachten. 2. Zustand überprüfen: sind die relevanten Einflussfaktoren zur Entwicklung des intellektuellen Kapitals identifiziert? ist deutlich, welche Faktoren die größte Hebelwirkung besitzen und das Unternehmen am stärksten beeinflussen? 3. Wirkungsnetze betrachten. 4. Generatoren identifizieren. 5. Zeitverzögerungen beachten. In der Interpretation werden die Analyseergebnisse zusammengefasst und die Einflussfaktoren mit dem größten Verbesserungspotenzial und dem größten Einfluss im Geschäftsmodell identifiziert. Man erhält Hinweise, wo man intervenieren sollte, um die größtmögliche Wirkung auf den Geschäftserfolg zu erzielen. Externe Vision: Für externe Zielgruppen kann eine kleinere Version sinnvoll sein. Vor allem die Visualisierungen mit den Interpretationstexten eignen sich gut, um die Bewertungen zusammen zu fassen und nur die wesentlichen Punkte hervorzuheben. Die Glaubwürdigkeit lässt sich weiter steigern, indem auch Defizite offen gelegt werden. Jedoch sollte man sich auf Schwächen konzentrieren, an denen man auch tatsächlich arbeitet und in den Folgeperioden mit großer Wahrscheinlichkeit Erfolge melden kann."

Der General Manager schaltet sich ein: „Sollen Kapitalgeber angesprochen werden, kann eine Auswahl der Indikatoren helfen, ein glaubwürdiges Zahlenwerk vorzulegen. Intern muss auf Nachvollziehbarkeit geachtet werden und dann der Schwerpunkt auf diejenigen Indikatoren gelegt werden, die man entwickeln will. Die Wissensbilanz gibt hoffentlich

Antwort auf folgende Fragen: Wer sind wir? Welche zentralen Leistungen erbringen wir? Womit verdienen wir unser Geld? Was haben wir an besonderen immateriellen Ressourcen vorzuweisen? Was zeichnet unsere Mitarbeiter aus? Was sind unsere Alleinstellungsmerkmale, die sich aus unserem spezifischen Wissen ergeben? In welche Netzwerke sind wir eingebunden? Wo liegen unsere besonderen Stärken? Welche Strategie verfolgen wir und was tun wir, um sie umzusetzen? Welche Defizite haben wir erkannt und welche Verbesserungen setzen wir in diesen Bereichen um?"

Der Wissensmanager bezieht Stellung zur Erstellung von Wirkungsnetzen: „In wissensintensiven Unternehmen lässt sich ein Großteil der Ressourcen aus der Vernetzung von intellektuellem Kapital herleiten. Die hierbei wirkenden Zusammenhänge sind meist sehr komplex und insbesondere hinsichtlich ihrer zahlreichen Wechselwirkungen undurchschaubar. Es werden also Methoden und Instrumente benötigt, die solche komplexen Zusammenhänge analysieren und transparent machen können. In unserer Wissensbilanz werden Wirkungszusammenhänge zwischen den Einflussfaktoren in Form einer Matrix bewertet/ eingegeben, die Auswertung kann in Form von individuell darstellbaren Wirkungsnetzen erfolgen. Ein solches Wirkungsnetz stellt die Wirkungszusammenhänge der Einflussfaktoren dar: wechselseitige Abhängigkeiten können über die netzförmige Darstellung identifiziert werden. Sich gegenseitig verstärkende Einflussfaktoren können über Generatoren dargestellt werden. Ein solcher Generator: beschreibt einen Regelkreis im Wirkungsnetz. Er besteht aus zwei oder mehr Einflussfaktoren, die sich durch Rückkoppelung gegenseitig verstärken. Maßnahmen in diesen Einflussfaktoren sind besonders wirkungsvoll.

Interpretation: Aufschlussreich ist die Betrachtung der Einflussfaktoren des Intellektuellen Kapitals, die ein hohes Entwicklungspotenzial besitzen. Diese Faktoren wurden zuvor im Potenzial-Portfolio identifiziert. Diese werden nun in der Wirkungsanalyse betrachtet: die Einflussfaktoren des intellektuellen Kapitals werden in einen Zusammenhang mit den Geschäftsprozessen und den Geschäftserfolgen gesetzt. Dann werden die Generatoren identifiziert und erkannt: wie stark ein Einflussfaktor auf einzelne Geschäftsprozesse und Geschäftserfolge wirkt (wird durch Dicke der Verbindungslinien angezeigt), wie groß der Wirkungszeitraum (Verzögerung) ist, wird durch Buchstaben an den Verbindungslinien angezeigt. Achtung: wenn zu viele Einflussfaktoren auf einmal betrachtet werden, geht vielleicht der Überblick verloren und es können wichtige Zusammenhänge übersehen werden.

Es werden die Wechselwirkungen der Einflussfaktoren analysiert: 1. Es wird der Wirkungszusammenhang zwischen zwei unterschiedlichen Einflussfaktoren betrachtet, also der Einfluss eines Faktors auf einen anderen (paarweise). 2. Neben positiven müssen zusätzlich auch negative Wirkungen untersucht werden, also Verschlechterungen innerhalb des Intellektuellen Kapitals: was kann unter den gegebenen Umständen mit dem jeweiligen Einflussfaktor im negativen Fall passieren? Es werden zusätzliche Erkenntnisse über interne Risiken erlangt. Das Wirkungsnetz analysiert Fragen wie: wie wirken sich Veränderungen des Intellektuellen Kapitals auf den Geschäftserfolg aus? wo liegen die größten "Quellen der Dynamik" unseres Unternehmens und wie können wir diese Energien am besten in Geschäftserfolge ummünzen? Es geht um die dynamischen Zusammenhänge der immateriellen Ressourcen. Mit einer Wirkungsanalyse können Aussagen zur Steuerbarkeit einzelner Faktoren und zu zeitlichen Verzögerungen bei den Wirkungszusammenhängen getroffen werden. Wir erhalten Anhaltspunkte, was die einzelnen Faktoren für die angestrebten Veränderungen bedeuten. Wir erhalten dadurch ein umfassendes Wirkungsnetz mit zwei Aspekten: a) Stärke der Wirkung, b) Wirkungszeitraum (Zeitverzögerung bis zum Eintritt der Wirkung). Bestimmung der Wirkungsstärke in vier Stufen: 0 = keine Wirkung, 1 = schwache Wirkung, 2 = mittlere Wirkung, 3 = starke Wirkung. Aktivsumme = Summe aller Wirkungsstärken, die von einem Einflussfaktor ausgehen. Das heißt wie stark ein einzelner Faktor das gesamte System beeinflusst. Passivsumme = Summe aller Wirkungsstärken, die auf einen Einflussfaktor einwirken. Bestimmung des Wirkungszeitraums (= Dauer bis die Veränderung eines Einflussfaktors auf einen anderen Einflussfaktor einsetzt) in 4 Stufen: a = sofort, b = kurzfristig (max. zwölf Monate), c = mittelfristig (max. 24 Monate), d = langfristig (mehr als vierundzwanzig Monate).

Fazit – hat sich die Sache gelohnt?

Beratereinsätze gehen für die Mitarbeiter von Unternehmen immer mit Veränderungen (ansonsten hätte sich die Unternehmensleitung das teure Geld auch sparen können) einher. Menschen aber wollen keine Veränderungen. Einem Berater sollte daher im Vorhinein klar sein, dass er für seine Tätigkeit (und sei sie auch noch so erfolgreich) keine Dankbarkeit zu erwarten hat. Als oberstes Gebot (als Warnung vor Überheblichkeit) für Beratungseinsätze sollte gelten: man sollte sich nicht einbilden, dass man alles (höchstens einiges weniges) besser wisse. Während kleinere Beratungsfirmen oft versuchen, konziliant aufzutreten und betonen, Dinge gemeinsam entwickeln zu wollen, treten die „Großen" der Zunft oft rigider auf und fordern strikte Befolgung ihrer penibel ausgearbeiteten Projektplanungen. Berater müssen auch mit einer Mauer des Schweigens umgehen können, wenn man ihnen seitens der Mitarbeiter eines Unternehmens (zumindest zu Beginn) eher ablehnend gegenübertritt (tarnen, ducken, täuschen). Psychologische Unterstützung erhält der Berater von seiner Firma eher selten, sondern wird meistens in das kalte Wasser einer fremden und ungewohnten Umgebung geworfen. Einen Weg, mit solchen widrigen Bedingungen umzugehen, muss er meist auf sich allein gestellt herausfinden. Geht es bei dem Beratungsprojekt (wie so oft) um Umstrukturierung und schmerzhafte Arbeitsplatzeinsparungen sollte der Berater für sich zulassen, dass es ihn persönlich betroffen macht, Schicksale (bis hin zur Existenzfrage) zu beeinflussen. Bleibt der Berater bei seiner Arbeit freundlich und verbindlich (und trotzdem hartnäckig) öffnen sich viele (manche) Mitarbeiter des Unternehmens, früher oder später fällt die Fassade. Bis dahin heißt es: Abneigungen nicht persönlich nehmen. Unabdingbar dafür: der Berater muss die Stimmung in einem Raum lesen können. Kommuniziert der Berater Botschaften ohne Unterlagen, projizieren die Mitarbeiter die Probleme automatisch auf den Berater. Dieser sollte deshalb schlechte Nachrichten immer mit Hilfe von Unterlagen (Papiere, Folien) erläutern. Mit dem Einsatz von Schaubildern lassen sich manche Barrieren vielleicht nicht abbauen, aber zumindest etwas abtragen.

Der Senior Manager hat hierzu in der Vergangenheit auch so seine Erfahrungen gesammelt und geht vor diesem Hintergrund nun über zur Zusammenstellung einer endgültigen Wissensbilanz: „Herzstück der Wissensbilanz ist die Zielverknüpfung hinweg über sämtliche Unternehmensbereiche. Probleme bei der Umsetzung von Strategien können nicht zuletzt auch dadurch entstehen, dass eine Strategie so unklar formuliert ist, dass die für die Umsetzung Verantwortlichen nicht immer genau wissen, was überhaupt umgesetzt werden soll. Damit eine Strategie die durch sie erwünschten und erhofften Veränderungen aber überhaupt auslösen kann, muss sie auch nachvollziehbar an diejenigen kommuniziert werden, die sie umsetzen müssen. Grundsätzlich lässt sich eine Wissensbilanz auch dadurch kennzeichnen, dass sie unterschiedliche Perspektiven nicht nur berücksichtigt, sondern sich auch mit diesen sehr konkret auseinandersetzt. Dahinter steht die sinnvolle Einsicht, dass die Erreichung finanzieller Ziele letztlich immer nur bei ganzheitlicher Sichtweise, also unter Einbeziehung auch des immateriellen Vermögens, möglich ist. Die Auswertung von Indikatoren und das Entdecken von "Weak Signals" ist komplizierter als die traditionellen Verfahren. Aber der Aufwand lohnt sich: mögliche Ursachen für Turbulenzen können früher entdeckt und entsprechende Gegenmaßnahmen getroffen werden."

Der Wissensmanager erläutert hierzu weitere Details: "1. Eine Wissensbilanz als internes Managementinstrument: Schwachstellen und Potenziale aufdecken, möglichst detaillierte Erfassung der immateriellen Faktoren, Zusammenhänge erfolgskritischer Faktoren untereinander analysieren, Stärken und Schwächen analysieren, Wertschöpfungszusammenhänge transparent machen. Aufzeigen, wie wichtig eine Ressource für den Geschäftserfolg ist, mit welchen Unwägbarkeiten, Zeithorizonten, Veränderungen bei deren Entwicklung zu rechnen ist. Durch konsequentes Identifizieren von internem und externem Wissen soll dieses besser überwach- und steuerbar gemacht werden und über die Stärkung der spezifischen Kernkompetenzen unseres Unternehmens somit in dessen Wertschöpfung einfließen. Mit Hilfe der Wissensbilanz wird aufgezeigt, wie alles zusammenhängt und welche Hebel mit bestimmten Erfolgsfaktoren eingesetzt werden können. Spezifische Stärken und Innovationspotentiale können gezielt weiterentwickelt werden, durch mehr Transparenz über das vorhandene Wissen lässt sich der zu schließende Wissensbedarf exakter ermitteln. 2. Wissensbilanz als externes Berichtsinstrument: Verbesserung der Kommunikation mit dem Geschäftsumfeld, Informationsdefizite mit externen Zielgruppen (Kunden, Kapitalgebern) abbauen, mehr und qualitativ bessere Informationen zu Zukunftsfähigkeit und Innovationspotential unseres Unternehmens liefern."

Der Controller: „Richtig! In klassischen Bilanzen wird immer nur die Vergangenheit und diese zudem beschränkt auf materielle Vermögenswerte abgebildet. Investoren oder Kreditgeber wollen sich bei ihren Investitionsentscheidungen aber nicht nur auf materielle Bilanzrechnungen verlassen müssen, sondern zusätzlich auch erfolgskritische Kompetenzen und Potenziale bewerten können. Die Wissensbilanz bietet einen eleganten Ausweg aus diesem Dilemma und ergänzt die traditionelle Bilanz um die noch fehlenden Kriterien. Vor dem Hintergrund der Kreditvergaberichtlinien des Basel II-Abkommens können damit auch für kleine und mittlere Unternehmen Kreditaufnahmen erleichtert und Finanzierungskosten gemindert werden. Mit der Wissensbilanz können nun also auch KMU ihre Bonität und Zukunftsfähigkeit transparent aufbereiten, ihren gesamten Unternehmenswert inclusive des immateriellen Vermögens ausweisen. Je mehr Transparenz mit Hilfe der Wissensbilanz generiert werden kann, desto geringer wird damit auch das Risiko für Kapitalgeber umso leichter die Akquisition von Kapital."

Der Senior Manager: „Die eigentliche Zusammenstellung der Wissensbilanz wird wie folgt durchgeführt: Je nach Zielgruppe können die Inhalte maßgeschneidert zusammen gestellt werden. Die Wissensbilanz sollte sich in Inhalt und Form möglichst nahe an sonstigen, bewährten Dokumentationen orientieren. Der Aufbau kann beliebig verändert werden: je nachdem, wofür die Wissensbilanz schwerpunktmäßig eingesetzt werden soll, können verschiedene Versionen angefertigt werden, die unterschiedlich in die Tiefe gehen. Frage:

Welche kommunikativen Ziele werden verfolgt? Daraus ergeben sich die relevanten Inhalte und die Form der Aufbereitung. Eine ausgewogene Darstellung schafft Glaubwürdigkeit. Zusammen mit der Geschäftsleitung sollte entschieden werden, wofür die Wissensbilanz eingesetzt werden soll. Für Kunden und Partner sind vor allem die Stärken herauszustellen und die Inhalte in den Kontext von laufenden Marketingaktivitäten zu stellen. Kapitalgeber wollen Indikatoren sehen. Die Wissensbilanz kann auch für allgemeine Präsentationen genutzt werden: alle relevanten Punkte sind in einer besonders strukturierten Art vorhanden: 1. Einleitung: Wer sind wir, was wollen wir erreichen? 2. Wissensbewertung: Was ist das erfolgskritische intellektuelle Kapital für das Geschäft? Was haben wir und wie gut sind wir? 3. Wissensinitiativen: Wo müssen wir etwas tun? Was tun wir bereits und was hat es uns gebracht? So mühsam der Entwicklungsprozess einer professionellen Wissensbilanz auch sein mag: der Aufwand lohnt sich schon allein deshalb, weil alle Beteiligten neue Erkenntnisse über Zusammenhänge gewinnen und das Verständnis für Probleme anderer Funktionsbereiche wächst."

Der Wissensmanager ist einer von jenen, die allein durch ihre Präsenz fast überlebensgroß wirken. Bei ihm funktioniert das Denken in Elektronengeschwindigkeit. Man setzt sich vor seinen Schreibtisch und fühlt sich sofort von allen Seiten umzingelt. Meine Güte, fragt man sich, was geht in dem Kerl bloß vor? Und weiß, dass er jedes Wort, das man sagt, schon dreimal gedreht und gewendet hat, bevor man das nächste überhaupt herausbekommt. Und diese Art seiner geistigen Fingerfertigkeit geht mit einer mit viel Erfahrung geschärften menschlichen Kenntnis einher. Wofür das alles eingesetzt wird, ist nicht so eindeutig. Er scheint immer auf der Überholspur zu fahren, jede Diskussion mit ihm ist eine Art Kräftemessen. So als bewege er sich nicht unter Normalsterblichen, sondern irgendwo in der Nähe des Olymp. Mit jeder seiner für einen Außenstehenden wohl freundlich scheinenden Bemerkungen lässt er sein Gegenüber spüren, dass er immer genau weiß, was dieser meint. Dieser aber von ihm selbst nicht das Geringste weiß.

Das Projekt „Wissen" ist allein schon von der Sache her sein Baby. Er sagt: „Mit der Hinwendung zum Wissensmanagement wird der Wandel unserer Unternehmenskultur zu einer Innovationskultur vollzogen. Um Business-Probleme und -Entscheidungen nicht einfach aus dem Bauch heraus anzugehen, müssen unsere immateriellen Ressourcen systematisch gesteuert und entwickelt werden. Diese wissensbasierten Kapitalarten werden nur selten systematisch erhoben, klassifiziert und dokumentiert (mehr Transparenz in das intellektuelle Kapital bringen). Mit der Wissensbilanz soll deshalb dargestellt werden, wie wir uns entsprechend dem zur Verfügung stehenden intellektuellen Kapital positionieren: es müssen vorrangig/ ausschließlich die immateriellen Kapitalien und Vermögenswerte identifiziert und bewertet werden. Um Motivation und Loyalität zu fördern, braucht unser Unternehmen ein Wertemanagement. Wenn Fluktuation und Krankenstand hoch sind, ist dies oft auch ein Zeichen für Vertrauenskrisen. Diese können durch effektives Wertemanagement bekämpft werden. Insbesondere in einem wissensintensiven Unternehmen wie dem unsrigen, wo eigenverantwortliches Handeln immer eine wichtige Voraussetzung für den Geschäftserfolg ist (Verbindung von Handlungs- und Entscheidungsorientierung), lassen sich durch Wertemanagement entscheidende Wettbewerbsvorteile erzielen, das heißt, das Wertemanagement muss Bestandteil unseres Leitbildes sein/ werden. Ein klares Leitbild und transparente Strukturen sollen Selbstverpflichtung und Eigeninitiative der Mitarbeiter und damit das Betriebsklima fördern/ schützen.

Vor allem Leitbild und Unternehmensstrategie sind für die Erreichung der von uns angestrebten Marktstellung ausschlaggebend. Eine gelebte Unternehmenskultur muss agile und flexible Strukturen zulassen, die Optimierung von Innovationsprozessen und Generierung neuer Produkte bis zur erfolgreichen gewinnbringenden Markteinführung unterstützen. Die gelebte Unternehmenskultur (Leitbild) prägt die Fähigkeit und Bereitschaft der Mitarbeiter, sich proaktiv zu beteiligen, neue Ideen zu entwickeln und umzusetzen."

Der Senior Manager: „Das Fazit für intellektuelles Kapital könnte also sein: Ihre größten Stärken liegen im Bereich Humankapital. Hinsichtlich der Komponente Wissensbilanzierung nehmen Sie im Vergleich zu anderen eine Vorreiterfunktion wahr und haben sich dadurch bereits erkennbar einen erheblichen Wettbewerbsvorteil erarbeitet. Obwohl das finanzielle Vermögen im Vergleich zu anderen geringer ist, verbergen sich hierunter trotzdem dem Humankapital vergleichbare große Stärken (auch deshalb, weil in Software-Anwendungen, Controlling-Tools das Wissen des Humankapital gespeichert ist). DIe größten Schwächen liegen noch im Bereich des Beziehungskapitals, das Schwergewicht der zukünftigen Arbeit sollte (muss) auf dieser Komponente des intellektuellen Kapitals liegen."

Basisinstrument für Qualität und schnelle Innovation: erfolgreiche Produkte werden heute zwar immer schneller kopiert und Geschäftsprozesse austauschbar gemacht. Was aber nicht kopierbar ist, ist das intellektuelle Kapital, das der Nährboden für immer wieder erfolgreiche Geschäftsmodelle ist. Das intellektuelle Kapital im Unternehmen ist somit einer der wichtigsten Differenzierungsfaktoren im Wettbewerb. Es wirkt wie ein starker Magnet, wenn es darum geht, die besten Köpfe zu gewinnen und High Potentials auszuschöpfen. Unternehmen, die das Wissen und Knowhow ihrer Mitarbeiter optimal einzusetzen wissen, sind im Wettbewerb schneller und besser als ihre Konkurrenten. Eine professionell erstellte Wissensbilanz ist das Basisinstrument für Qualität und schnellere Innovation, denn sie sichert, dass die Zukunft auf dem besten vorhandenen Wissen aufgebaut wird und die vorhandenen Potentiale systematischer ausgeschöpft werden. Die Wissensbilanz trägt dazu bei, Wissen in bare Münze zu verwandeln, die Qualität von Produkten und Dienstleistungen zu sichern und neue Geschäftsfelder zu erschließen. Um die Ressource „Wissen" bewerten und rentabilitätssteigernd ausschöpfen zu können, muss im Unternehmen zuvor das relevante Wissen lokalisiert werden. Dabei wird in der Wissensbilanz das nicht direkt greifbare Vermögen eines Unternehmens, einer Organisation dargestellt. Obwohl dieses intellektuelle Kapital nicht direkt greifbar ist, ist es für den zukünftigen wirtschaftlichen Erfolg von entscheidender Bedeutung, die systematische Steuerung solcher "weichen" Erfolgsfaktoren rückt immer stärker in den Vordergrund. Nachdem es heute weitgehend gelungen ist, Faktoren wie Mitarbeitermotivation, Kundenzufriedenheit zu systematisieren, besteht das nunmehr dringende Problem darin, auch solche Faktoren wie Innovations- und Wissenspotentiale mit nachvollziehbaren Fakten und Indikatoren zu unterlegen. Dabei hat nicht nur das Unternehmen selbst sondern immer mehr auch externe Gruppen (z.B. potenzielle Kreditgeber, Partner u.a.) ein Interesse an größtmöglicher Transparenz aller Strukturen und Kompetenzen, welche die zukünftige Wertschöpfung nachhaltig beeinflussen könnten.

Alphatiere sind Führungskräfte, die von sich selbst eingenommen sind, sehr ehrgeizig, wenig kooperativ, die Verantwortung an sich ziehen und gut delegieren können. Und steigen durch ihre klare Fokussierung auf messbare Ergebnisse schneller auf. Alphatier zu sein, lässt sich nur schwer lernen: man wird es nicht, man ist es! Wer bereit ist, auch mögliche Hindernisse vorwegzunehmen, gelangt vielleicht schon im Vorfeld zu konkreten Lösungen. Es geht darum, sich zunächst den Weg vorzustellen und nicht schon Zukunft zu erträumen, die reale Situation nicht aus den Augen zu verlieren, die Vision immer mit der Realität zu kontrastieren: gut geerdet ist man gegen verpuffende Luftschlösser gefeit. Dem General Manager gefällt an dem Projekt besonders die nicht zu übersehende Förderung des strategischen Denkens. Er sagt: „Das Instrument der Wissensbilanz kann auch genutzt werden, um Strategien zu überprüfen

(Messung der wichtigen Einflussfaktoren, Herausfiltern von Engpässen und Potentialen). Das hier erarbeitete Modell muss jedoch für jeden Einzelfall in einen Kontext mit unseren spezifischen Rahmenbedingungen und strategischen Ausrichtungen gestellt werden. Die jeweils bewerteten und gemessenen Einzelergebnisse können nicht zu einem aggregierten Wert aufsummiert werden, da die Indikatoren der verschiedenen Wissensarten nicht gegeneinander aufgerechnet werden können. Mit Hilfe der Wissensbilanz können unsere an sich bekannten Prozesse unter völlig neuen Gesichtspunkten durchleuchtet werden: Zusammenhänge zwischen unseren Zielen, Geschäftserfolgsfaktoren und Geschäftsprozessen einerseits sowie den Komponenten des intellektuellen Kapitals andererseits (Human-, Struktur- und Beziehungskapital) andererseits werden sichtbar gemacht. Dynamik, Stärke und Dauer von Zusammenhängen werden mit Hilfe von Indikatoren mess- und nachvollziehbar gemacht. Angesichts dieser Komplexität und Vielfalt der in die Wissensbilanz einfließenden Eingangsdaten liefert diese überraschend klare und strukturierte Aussagen, Hinweise auf geeignete Maßnahmenoptionen. Der Stellenwert der für unser Unternehmen wichtigen Erfolgsfaktoren wird deutlich und damit die notwendige Voraussetzung für eine Priorisierung von erforderlichen Aktivitäten geschaffen."

Der Consultant fügt hinzu: „Vor allem kleine und mittlere Unternehmen (KMU) stehen vor der Frage, wie sie in einem sich immer mehr verschärfenden internationalen Wettbewerbsumfeld ihre wirtschaftliche Zukunft sichern können. Ein allen gemeinsamer strategischer Eckpfeiler ist hierbei ihr jeweils unternehmensspezifisches Wissen, ihr "Intellektuelles Kapital". Zur besseren Steuerung wird das im Mittelpunkt der Wissensbilanz stehende intellektuelle Kapital in die Dimensionen Human-, Struktur- und Beziehungskapital gegliedert. Mit einer Neuausrichtung auf die Ressource Wissen als Basisfaktor sind erhebliche Chancen verbunden. Strategie wird damit zu einem Instrument der systematischen Ausrichtung auf den Aufbau von Wissensbeständen sowie das bewusste Management der Ressource Wissen. In der Praxis bedeutet dies die Konzentration auf eine begrenzte Anzahl von Aktivitäten sowie eine gezielte Pflege der für den Erfolg besonders wichtigen Wissensbestände. Die Wissensbilanz macht deutlich, wie ein Unternehmen in seinem Inneren mit allen Beziehungen funktioniert, gemeinsame Zielsetzungen können damit besser aufeinander abgestimmt werden."

Digitalisierung und Vernetzung haben zwei Gesichter: fortschrittlichen Elementen des Internets steht eine ungehemmten Ausspähung und Vermarktung privater Daten gegenüber. Licht und Schatten der Digitalisierung könnten in ein schädliches Ungleichgewicht gelangen. Idealtypische Betrachtungen dürfen eine dringende Risikoanalyse nicht verdecken oder gar blockieren. Big Data ist unter uns, tagtäglich unser Leben beeinflussend, wenn nicht sogar bereits bestimmend. Potenziale und Gefahren müssen identifiziert und gegeneinander gewichtet werden.

Der Controller erklärt die in sich geschlossen Abbildung des Betriebsgeschehens: „Eine Reihe von Vorteilen der Bilanzierung von intellektuellem Kapital lassen sich bereits aus dem Prozess der Erstellung herleiten: a) ganzheitliche Perspektive auf die Organisation und Zusammenhänge zwischen Personal und Strukturen. b) Identifizierung des Stellenwertes immaterieller Ressourcen für den Geschäftserfolg. c) Priorisierung erforderlicher Aktivitäten und Maßnahmen. d) Konzentration auf den Kunden und dessen Bedürfnisse. e) Ausrichtung auf Wertschöpfungs- und Wettbewerbsprozesse. f) Wissensbilanz kompatibel zu anderen Managementinstrumenten. g) Nachvollziehbarkeit, wie Ressourcen investiert werden und wo hieraus in welche Höhe eine entsprechende Wertschöpfung generiert wird. Eine Kernidee der Wissensbilanz ist die Transformation von Visionen und

Strategien in quantitative und qualitative Ziele und Messgrößen, die für jeden nachvollziehbar und transparent sein sollen. Dabei sind einzelne Komponenten zunächst nichts grundlegend Neues. Das eigentlich Neue entfaltet sich erst aus der Verknüpfung dieser Ansätze sowie aus der Fähigkeit zur Ingangsetzung und Förderung der strategischen Kommunikationsprozesse. So wird das gesamte Betriebsgeschehen erfasst und transparent auf die entscheidungsrelevanten Aspekte komprimiert. Die fünf Standard-Perspektiven (Geschäftsprozesse, Geschäftserfolge, Humankapital, Strukturkapital und Beziehungskapital) der Wissensbilanz stehen daher nicht voneinander losgelöst mehr oder weniger lose nebeneinander, sondern sollen demgegenüber eine in sich geschlossene Geschäftslogik des Unternehmens abbilden: Ebenso wie die Finanzziele zu den zentralen Erfolgsparametern des Unternehmens zählen, sind es erst die „weichen" Erfolgsfaktoren des intellektuellen Kapitals, die für entsprechende Erlöse sorgen. Grundsätzlich vorteilhaft ist die Erfassung des intellektuellen Kapitals (Wissen, Kreativität) vor allem deshalb, weil übliche Bilanzen nur die finanzielle und materielle Vergangenheit widerspiegeln. Durch die Zuordnung von Zielen entsteht ein vollständiges Bild darüber, wie wissensintensive Prozesse zu steuern, zu messen und zu überwachen sind. Der Wert unseres

Unternehmens bemisst sich nach unseren nachhaltigen Wettbewerbsvorteilen (der Dauer der Zeitspanne, in welcher unser Unternehmen stärker wächst, größere Wertsteigerungen erzielt als andere). Im Zeichen eines globalen "Hypercompetition" (die erhöhte Wettbewerbsintensität zeigt sich anhand einer großen Anzahl von Indikatoren) gibt es für Unternehmen keine nachhaltigen Wettbewerbsvorteile in Form von dauerhaften Produkt-/ Dienstleistungsvorteilen. Der konsequente, professionelle Aufbau einer Wissensbilanz (einschl. der kontinuierlichen Pflege und Weiterentwicklung) ist ein erfolgversprechender Ansatz, um unsere Wettbewerbsposition nachhaltig zu stärken."

Hierbei ist im Rahmen der Wissensbilanzierung die Selbstbewertung ein Schlüsselprozess, der eine Plattform für die Diskussion und Erarbeitung von Themen liefert, mit denen ein Unternehmen konfrontiert wird und sichert die Mitwirkung und das Engagement von Schlüsselpersonen. Damit ist die Selbstbewertung auch ein leistungsfähiger Mechanismus zur Einführung und Unterstützung von Verbesserungsmaßnahmen. Als Vorteile im Detail bietet das Instrument der Selbstbewertung: einen gründlichen und strukturierten Ansatz für Verbesserungsaktivitäten, eine Bewertung auf Grundlage von Fakten statt individueller Wahrnehmungen, ein Instrument zur Festlegung eines

Orientierungsrahmens und zur Konsensfindung hinsichtlich notwendiger Maßnahmen, ein leistungsfähiges Diagnoseinstrument, eine objektive Bewertung anhand von praxisbewährten Kriterien, ein Mittel zur Messung der im Zeitablauf erzielten Fortschritte. Ein Instrument, das die Verbesserungsaktivitäten auf diejenigen Bereiche konzentriert, in denen sie am nötigsten sind. Eine Methode, die sich auf allen Unternehmensebenen anwenden lässt, von einzelnen Einheiten bis hin zum Gesamtunternehmen. Eine Chance zur Förderung und zum Austausch erfolgreicher Methoden

Die Wissensbilanz liefert ein Instrument für wissensintensive Organisationen, die ihre zukünftige Entwicklung unter systematischer Einbeziehung ihres intellektuellen Kapitals steuern wollen/müssen. Die Wissensbilanz unterstützt a) Grundlagen für ein systematisches Risiko- und Chancenmanagement, b) Schaffung einer breiten Grundlage von Umfelddaten, c) Blick/ Orientierung auf Märkte/ Kunden und deren Bedürfnisse. In der Wissensbilanz werden umfangreiche Analyseergebnisse zusammengefasst und die Einflussfaktoren mit dem größten Verbesserungspotenzial und dem größten Einfluss im Geschäftsmodell identifiziert. Man erhält Hinweise, wo man intervenieren sollte, um die größtmögliche Wirkung auf den Geschäftserfolg zu erzielen.

Auch der Personalchef ist jetzt voll überzeugt: „Geschicktes Wissensmanagement trägt dazu bei, an die in unserem Unternehmen versteckten "skills" heranzukommen. Investitionen in Wissensressourcen sind oft viel profitabler als solche in materielles Anlagenkapital, denn: Wissen ist die einzige Ressource, welche sich durch Gebrauch nicht abbaut, sondern sich sogar noch vermehrt. Die Mitarbeiter unseres Unternehmens sind Wissensträger, sie besitzen Wissen. Unser Unternehmen selbst kann hingegen nur über Wissen verfügen (das die Mitarbeiter besitzen). In unserem sogenannten Strukturkapital besitzen wir aber auch Wissen, das in Dokumenten, Datenbanken, Softwareanwendungen, Technologien, Prozessen oder Produkten enthalten ist. Zu diesem Unternehmenswissen sind auch Informationen über Märkte, Kunden und Lieferanten hinzuzurechnen. Werte und Einstellungen der Mitarbeiter haben durch diese Verknüpfung nicht nur Einfluss auf ihr eigenes Wissen, sondern gleichzeitig auch auf unser Unternehmenswissen insgesamt. Die Wissensbilanz kann diese Zusammenhänge und Wechselwirkungen bewusst machen und gestalten. Das Instrument der Wissensbilanz ermöglicht eine ansonsten sehr aufwendige Analyse von Kausalnetzen, deren Knoten innerhalb und außerhalb unseres Unternehmens liegen können. Dabei treten viele, ansonsten kaum erkennbare Wissenszusammenhänge zutage. Der Markterfolg unseres Unternehmens ist letzten Endes doch das Ergebnis des Zusammenspiels von systematisch verbundenen Teilstrategien. In diesem Strategiebündel nehmen Wissensmanagement und Wissensbilanz einen herausragenden Platz ein. Das Verständnis eines exzellenten Unternehmens beruht auf einer Reiher von immer weiter entwickelten und fortgeschriebenen Wissensbilanzen, die immer wieder auch zu temporären strategischen Vorteilen führen."

Der letzte Schliff im Fein-Tuning

Seit seiner Jugendzeit als Ruderer betätigte sich der Manager regelmäßig als Jogger. Besonders liebte er dabei die Stille und Klarheit der ersten Morgenstunden. Allein oder nur mit einem seiner Kollegen unterwegs konnte er die Frische und Unberührtheit des beginnenden Tages am besten genießen. Viel unterwegs auf seinen Reisen war dieses Gefühl eines leichten Windes, der angenehm über seine Haut strich, besonders intensiv. In solchen Augenblicken glaubt er, noch mehr Ausdauer zu haben, was sicher am Sauerstoffgehalt der ihn umgebenden Luft lag. So oder so, er war in guter Form und lief in ausgreifenden, federnden Schritten, wiegte sich in seinen eigenen Rhythmus hinein, brachten seinen Körper mit seiner gleichmäßiger werdenden Atmung in einen wohltuenden Einklang. Das Laufen gehörte ihm ganz allein und war seine Kraftquelle für den vor ihm liegenden Tag. Er genoss dieses Insichruhen der nur langsam fließenden Gedanken. Zurück genoss er auch sein Frühstück umso mehr, fühlte die angenehme Kraft und Ruhe in seinem Körper.

Das entwickelte Projekt Wissen hat den Anspruch, möglichst umfassend zu sein und dabei gleichzeitig einen hohen Detaillierungsgrad (optimale Anpassungsfähigkeit an individuelle Gegebenheiten) zu ermöglichen. Die Wissensbilanz errechnet im konkreten Fall für 20 relevante Gestaltungsfelder aus Geschäftsprozessen, Erfolgsfaktoren, Humankapital, Strukturkapital und Beziehungskapital wie gut das Projekt-Unternehmen in der Lage ist, Wissensprozesse erfolgreich zu gestalten. Damit erhält das Projekt-Unternehmen eine gestaltungsfeldübergreifende Auswertung des Intellektuellen Kapitals. Ausgehend von Bilanzierungsbereich, Geschäftsumfeld, Vision und Strategie des Unternehmens werden die einzelnen Gestaltungsfelder im Überblick dargestellt und bewertet (Indikatorenübersicht). Für die Bereiche, die Verbesserungspotentiale aufweisen (Potential-Portfolio, Wirkungsnetz), werden Praxisbeispiele und weiterführende Handlungsempfehlungen (Maßnahmenübersicht) an die Hand gegeben, die Anregungen liefern können, um die Wettbewerbs- und Entwicklungsfähigkeit des Unternehmens weiter zu stärken. Um das Modell sinnvoll zu implementieren, muss das Intellektuelle Kapital für jeden Bereich individuell und aus unterschiedlicher Blickrichtung eingeschätzt und bilanziert werden. Nach der mehrstufigen (1. Geschäftsmodell, 2. Intellektuelles Kapital, 3. Bewertung, 4. Messung, 5. Wirkung, 6. Auswertung, 7. Maßnahmen, 8. Fazit, 9. Ausblick) Erarbeitung einer individuellen Wissensbilanz ist auch die Frage zu klären, welche Details nur intern verwendet und welche auch extern kommuniziert werden sollen (welche Informationsanforderungen welcher Zielgruppen sollen bedient werden?). Auch wäre weiter zu untersuchen, wie sich die Wissensbilanz in das übrige Berichtsinstrumentarium (z.b. Business-, Marketingpläne, Geschäftsberichte) einfügt.

Die Ergebnisse der Wissensbilanzberichte können in der Kommunikation mit Dritten, z.b. bei Banken zur Unterstützung bei der Kreditvergabe/ Einschätzung der Zukunftsfähigkeit oder im Rahmen von Auditierungen unterstützend eingesetzt werden. Bei den Non-Financials wird über unternehmerische Aspekte berichtet, die vom Projekt-Unternehmen im Rahmen der gewöhnlichen Performancemessung verwendet werden und die unter nachvollziehbaren Kriterien und Interpretationen auditiert werden können. Der Wandel auf den Finanzmärkten hat die Kreditinstitute veranlasst, dem Risikoaspekt größere Bedeutung zuzumessen. Die Intensität der Kommunikation zwischen Unternehmen und Kreditinstitut wird sich deshalb in Zukunft noch weiter verstärken. Potentielle Kreditgeber haben das größte Interesse daran, sowohl die Visionen und Ziele als auch das operative Geschäft ihrer Kunden einschließlich aller Erfolgsfaktoren und -indikatoren zu verstehen. Es ist für Investment Professionals unabdingbar, Risiken eines Unternehmens realistisch und konkret einschätzen zu können. Hierfür ist eine entsprechende Bereitstellung geeigneter Informationen durch das Unternehmen unverzichtbar. Die Darstellung in Floskeln oder nicht greifbaren Beschreibungen würde die Gefahr in sich bergen, dass die Glaubwürdigkeit des Managements beschädigt wird. Denn beim Fehlen konkreter Beschreibungen der unternehmerischen Risiken würden Investment Professionals Annahmen treffen müssen, die das größtmögliche Risiko unterstellen. Mit einer Wissensbilanz kann das Projekt-Unternehmen daher auch über Non-Financials, Intangibels in strukturierter und vergleichbarer Form berichten. Voraussetzung hierfür ist, dass man über alle Fakten im eigenen Haus genauestens informiert ist, Zahlen transparent aufbereiten und offen kommunizieren kann. Die Wissensbilanz ist in diesem Zusammenhang ein äußerst effektives Instrument (für das vor allem kleinere Unternehmen allerdings noch großen Aufholbedarf haben): Risiken werden konkret und ausführlich beschrieben, auf Floskeln und abstrakte Beschreibungen wird verzichtet.

Eine Wissensbilanz ermöglicht dem Unternehmer, sich optimal auf das Gespräch mit seiner Bank vorzubereiten: schwarz auf weiß erhält er einen umfassenden Überblick über den Status seines Betriebes. Der Unternehmer kann nicht nur seine Stärken und Schwächen erkennen, er wird darüber hinaus auch in die Lage versetzt, schon vor dem Gespräch mit seiner Bank mögliche Maßnahmen zur ergreifen, um geplante Aktivitäten dann in einem Kreditgespräch direkt und für Dritte nachvollziehbar kommunizieren zu können. Die Wissensbilanz bildet zunehmend mehr eine wichtige Grundlage für ein erfolgreiches Bankgespräch, ein positives Rating und damit möglichst geringe Fremdkapitalkosten. Die Wissensbilanz macht nicht nur auf mögliche Schwächen aufmerksam, sondern gibt auch wertvolle Hinweise auf die einzuschlagende Richtung einschließlich hierbei realisierbarer Potentiale. Ergebnis: Das Procedere wird abgekürzt/ erleichtert, d.h. für Finanzierungsgespräche bleibt somit mehr Zeit für das Wesentliche. Basierend auf den multidimensionalen Kriterien der Wissensbilanz geht es beim Ratingverfahren um eine Prognose der Zahlungsfähigkeit/ Erfolgspotentiale des Unternehmens. Berichte und Fakten zu Non-Financials und weichen Faktoren helfen Investment Professionals, ein möglichst realistisches Bild von den das Unternehmen betreffenden exogenen und endogenen Einflussfaktoren zu gewinnen. In der Praxis eröffnet ein positives Rating den Zugang zu Finanzmitteln, gute Bewertungen ermöglichen meistens auch bessere Konditionen. Gerade in finanziell turbulenten Situationen werden Unternehmen mit den besten und transparentesten Bewertungen bei der Kreditvergabe bevorzugt: ein gutes

Rating schafft Vertrauen und kann mit Hilfe einer Wissensbilanz besonders für spezifische, innovative Geschäftsfelder sensibilisieren.

Der Manager ist sich sicher: „Es werden immer mehr geschäftlich relevante Daten produziert und analysiert. Business Intelligence generiert vor allem Basisinformationen für zukunftsorientierte Prognosen und Planungen. Mögliche Gefahr: Auswertungen immer größerer Datenmengen bringen nur abnehmende Zusatzerkenntnisse und verwässern eine bereits mühsam erarbeitete Wissensessenz. Die unablässige Suche nach immer mehr Informationen versperrt den Blick für das, was wirklich wichtig ist. Oft ist weniger mehr. Bei der einseitigen Ausrichtung auf „harte" Key Performance Indikatoren (KPI), gerät nur allzu leicht das eigentliche Management der „weichen", qualitativen Erfolgsfaktoren in den Hintergrund. Die Jagd nach immer mehr Information ist manchmal nur der Vorwand, Entscheidungen aufzuschieben. Man gerät in eine Endlosschleife. Auch wenn bereits die relevanten Fakten auf dem Tisch liegen und man bereits in einem Wust der Irrelevanz unterzugehen droht, werden vielleicht noch neue Arbeitskreise gebildet oder Gutachten eingeholt. Der Informationsflut droht eine Informationsverschmutzung im immer undurchsichtigeren Informationsdschungel. Ein Zuviel an Informationsmenge suggeriert leicht eine Sicherheit, die es so gar nicht gibt, nicht geben kann. Für die Entscheidungsfindung werden zunehmend erfolgskritische Informationen auf Basis relevanter Kennzahlen eingefordert. Business Intelligence ist ein wirksames Gegenmittel gegen ungebremste Informationssammelwut."

Ausblick als Konzept mit festem Willen zur positiven Veränderung: der Schlüsselfaktor für die Zukunft ist ein proaktives Change Management, d.h. die Bereitschaft zur Veränderung von Spielregeln. Dazu kommt die Qualität der Umsetzung durch eine gezielte Entwicklung der inneren Schlagkraft des Unternehmens in Menschen bzw. deren Fähigkeiten und abgeleitet daraus in Strukturen, Systeme und Prozesse. Es genügt eben nicht, nur besser zu sein. Vielmehr müssen die Grundrichtungen und Konzepte mit dem festen Willen zur positiven Veränderung (nicht nur Verbesserung!) gezielt verfolgt und mit gestalterischem Denken genutzt werden. Die Ziele des Change Management sind: Verankerung der schnellen Leistungsbereitschaft des Unternehmens, Suche nach zeitorientierten Wettbewerbsfaktoren für die Planungsunterstützung, organisatorische Planung hin zu beweglichen und am Markt direkt messbaren Leistungseinheiten, Vereinfachung der Planungs- und Konsensprozesse auf der Entscheidungsebene, Reduktion der Durchlaufzeiten für Angebots- und Auftragsabwicklung, Verkürzung der Zyklen für Produkt- und Verfahrensinnovationen, Flexibilisierung der Produktion und Konzentration auf Leistungsschwerpunkte.

Die allgemeine Medienentwicklung ist gekennzeichnet durch weltweite Vernetzung durch Massenmedien, Image und Kommunikation als Erfolgsfaktoren, zunehmende Veränderungsgeschwindigkeit, Potentialausschöpfung über schnelle Kommunikation, Schlüsselrolle der Medien für Unternehmensperspektiven. Aus dieser Entwicklung folgt: a) Zukunftsorientierung: der rein vergangenheitsorientierte Umgang mit Steuerungsinformationen bietet keine ausreichende Basis für die Zukunftssicherung, b) Komplexitätsreduktion: erfordert aktive Unterstützung durch Analyseprozesse, c) Szenarien: die Fähigkeit, alternative Szenarien interaktiv zu modellieren, ermöglicht die Simulation von optionalen Zukunftsstrategien, d) Soft Facts: Neben Kennzahlen ist auch die Integration von „weichen" Informationen notwendig.

Trendforscher haben Thesen erarbeitet, die auch die Zukunft des Projekt-Unternehmens tangieren könnten wie beispielsweise: 1. Sich wiederholende Tätigkeiten werden entweder vollständig von Computersystemen übernommen oder in Niedriglohnländer verlagert.

Computer und Internet werden die Arbeitswelt noch weiter verändern: über kurz oder lang werden alle sich wiederholenden Tätigkeiten an Maschinen delegiert oder ins Ausland verlagert. 2. In Hochlohnländern verbleiben nur noch außerhalb von Routine liegende Tätigkeiten, Arbeit hierzulande entsteht nur noch außerhalb von Routine (Produktlabel: Designed in Germany, made in China). 3. Damit wächst der Bedarf an kreativen Wissensarbeitern erheblich. Denn gerade solche kreativen Wissensarbeiter verachten Routine und sind deshalb auch nicht ersetzbar. Der Dienstleistungssektor (Anwälte, Wirtschaftsprüfer, Steuerberater) wird die wegfallenden Routine-Jobs nicht auffangen oder ausgleichen. Im Gegenteil: hier greift die zukünftige Automatisierung manchmal noch stärker als in der Industrie. 4. Die Kernbelegschaften der Unternehmen schrumpfen, die flexiblen Randbelegschaften gewinnen an Bedeutung. Unternehmen arbeiten beispielsweise in der Zukunft verstärkt auf Projektbasis: jeweils für ein Projekt stellt ein Projektleiter der Kernbelegschaft Teams (zum Teil von außen) zusammen, die über das Internet zusammenarbeiten. 5. Die Projektarbeit nimmt zu, die Unternehmen wollen "Arbeitszeit on demand". Der Projektleiter handelt die Verteilung der Aufgaben und die Einkünfte zu Beginn des Projektes mit den Beteiligten aus. Damit wird die pauschale Entlohnung von Arbeitszeit zum Auslaufmodell, d.h. ein über Stundenzahlen geregeltes Arbeitspensum ist für Wissensarbeiter überholt. 6. Die Grenzen zwischen Arbeits- und Freizeit verschwimmen immer mehr, die Wissensarbeiter wollen "Freizeit on demand". Die Arbeit von Kreativen und Wissensarbeitern ist durch wenig strukturierte Prozesse und manchmal unsichere Resultate gekennzeichnet und passt somit nicht mehr in die herkömmlichen Arbeitszeitmodelle. 7. Die Individualisierung hält damit auch in die Arbeitswelt Einzug: der Anteil der Selbständigen wird stark zunehmen, Nichtselbständige werden zu einem großen Teil Werkverträge oder befristete Arbeitsverträge haben. Die guten Leute werden sich als "Selbst-Unternehmer" nicht mehr auf Dauer an Unternehmen binden/ verkaufen, sondern in wechselnden Netzwerken arbeiten. 8. Die Kinder von heute werden in ihrem Leben verschiedene Berufe ausüben und zwischen verschiedenen Erwerbsformen wechseln. 9. "Crowdsourcing" statt Outsourcing: die Unternehmen verlagern Teile ihrer Wertschöpfungskette nicht mehr nur an Lieferanten, sondern an die Konsumenten. Schon heute wickeln Kunden Bestellvorgänge komplett selbst über das Internet ab, IKEA übergibt Teile der Produktion (den Zusammenbau) an seine Kunden. D.h. der Kunde muss für ein Produkt seine Freizeit einsetzen und erhält dafür einen Rabatt. 10. Management of Change ist für die überschaubare Zukunft ein Mega-Erfolgsfaktor: nur wer sein Management of Change perfektioniert wird in seinem Markt immer auf nachhaltigen Erfolg setzen dürfen. Das immer noch beliebte "Business as usual" wird nicht mehr überlebensfähig sein. 11. Eine Vielzahl von Märkten tendiert zu immer ähnlicheren, in Qualität und Preis einander verwandten Produkten. Für ein Unternehmen bedeutet dies, dass Differenzierung immer schwieriger, gleichzeitig aber immer notwendiger wird. Insbesondere hat dies Konsequenzen im Hinblick auf die Wissensbilanzierung: den harten, sachlich-rationalen Fakten wird immer mehr der Boden entzogen. Immer stärker in den Vordergrund rückt eine auch emotionale Sichtweise (Faszination, Begeisterung) der sogenannten weichen, bisher zu wenig beachteten Faktoren. Wichtiger als das Wissen um die Eigenschaften des Produktes wird folglich das Studium der entscheidenden Kundenwerte.

Der Manager erinnert sich noch genau an so etwas wie den Flügelschlag eines Schmetterlings, der die Welt des Internet erschütterte: „Tausende von Banken auf allen Erdteilen betroffen: durch einige Programmzeilen eines kleinen, unbedeutenden, unbekannten Programmierers. Bei einem Programm zur Verschlüsselung von Daten im Internetverkehr ist eine Lücke festgestellt worden. Und das nach Jahren der millionen- und milliardenfachen Nutzung. Man konnte es kaum glauben: trotz aller

Sicherheits-, Diagnose- und Analyseprogramme ein Herzfehler mitten im zentralen Nerv des Internet. Hackern wurde ein Möglichkeitsraum eröffnet, falsche digitale Identitäten vorzutäuschen, von Banken angeblich so sicher verwahrte Passwörter zu stehlen und zu benutzen. Niemand konnte genau feststellen, was das so alles geschah, ob und welcher Schaden angerichtet wurde und noch angerichtet werden könnte. Betroffen sind Netzwerkrechner als so etwas wie Knotenpunkte im Internet. UNGLAUBLICH! UNGLAUBLICH! UNGLAUBLICH!"

Für sich kaum der zu dem Schluss: „Alleine schon das Vermeiden großer Fehler und Dummheiten über eine längere Zeit hinweg kann einen wesentlichen Beitrag zum Geschäftserfolg leisten. Einfachheit ist eine weitere wichtige Lehre: Unser Unternehmen kann nicht Meister in allen oder zu vielen Disziplinen sein. Daraus folgt: Wir sollten hinsichtlich unserer organisatorischen Strukturen und Prozesse möglichst schlank aufgestellt sein. Dabei sollten vor allem bewährte Prinzipien und der sogenannte gesunde Verstand nicht vergessen werden: wir sollten deshalb nicht den angeblich neuesten Managementmethoden des jeweiligen Tages folgen.

Aber gleichzeitig gilt auch, die Zukunft liegt im Rohstoff „Wissen": der Anteil des Wissens an der Gesamtwertschöpfung wird mittlerweile auf über sechzig Prozent geschätzt. Auch wir unterliegen einem dynamischen Wandel und Anpassungsdruck: insbesondere der Umgang mit Wissen als Ressource wird für die Zukunft immer mehr zum entscheidenden Erfolgsfaktor, unsere Wettbewerbsfähigkeit wird wohl noch stärker vom bewussten und gezielten Umgang mit diesem immateriellen Rohstoff abhängen. Die vorhandenen Ressourcen müssen somit auf den Erhalt und Ausbau von Innovation und Wissen optimiert werden. Wissen manifestiert sich sowohl in internen Kommunikationsnetzwerken, unserem „Unternehmensgedächtnis", als auch im Verbund mit externen Kooperationspartnern. Gegenüber dem Management klassischer Produktionsfaktoren hat das Management des Wissens seine Zukunft noch vor sich: es wird zunehmend wichtiger, auch über die Einflussfaktoren des intellektuellen Kapitals im Unternehmen genau Bescheid zu wissen. Durch mehr Transparenz und nachvollziehbare Bewertung/ Messung knapper Wissensressourcen können diese im Wettbewerb zielgerichteter genutzt werden. Denn es wird immer mehr darauf ankommen, dass wir vor allem wissensgestützte Produkte und Dienstleistungen nutzen: der Marktwert heutiger Produkte und Dienstleistungen basiert zu einem immer größeren Teil auf deren Informationsgehalt. Dabei werden verschiedene

Entwicklungsstufen durchlaufen: von der Daten- über die Informations- bis hin zur Wissensstufe.

Der Wert unseres Unternehmens ermittelt man immer mehr dadurch, indem man auf das Verhältnis von Daten, Informationen und Wissen schaut. Wenn wir uns „informationalisieren" können, werden wir besser da stehen als andere, die dies nicht können. Wenn wir darüber hinaus vorhandene Wissensbestände zu nutzen wissen, werden wir sogar noch stärker und wertvoller sein als die, die nur auf Informationen basieren. Zwischen Informationsproduzenten und -konsumenten werden neue Interaktionsformen realisiert. Es geht um die Lösung der Fragen: wie können wir mit der Dynamik des uns umgebenden Umfeldes mithalten? aus welchen individuellen und kollektiven Wissensbeständen setzt sich unsere Wissensbasis zusammen, auf die wir zur Lösung unserer Aufgaben zurückgreifen können? besitzen unsere Mitarbeiter die notwendigen Fähigkeiten, um das vorhandene Informationsangebot produktiv nutzen zu können?

Wissensmanagement ist für uns somit ein Muss, da wir in der Wissensgesellschaft unsere Markt-/ Wettbewerbsposition ja noch ausbauen wollen: in der informationsbasierten Arbeitswelt finden gewaltige Umstrukturierungen statt: wenn der Wettbewerb immer weniger über Faktoren wie Kosten oder Finanzmittel gewonnen werden kann, müssen wir nach anderen, tiefer liegenden, bisher noch ungenutzten Faktoren suchen. Während das Management klassischer Produktionsfaktoren schon sehr weit ausgeschöpft ist, wird das Management der Wissens-Rohstoffe seine Zukunft noch vor sich haben. Achtung Zeitfaktor!: Wenn bei der Nutzung von Wissen gegenüber der Konkurrenz zu viel an Zeit verloren geht, kann es vielleicht schon zu spät sein (brachliegende Wissensressourcen werden nicht in entsprechende Wettbewerbsvorteile umgesetzt). Im Geschäftsleben ist Schnelligkeit meist gleichbedeutend mit Erfolg, das heißt wir müssen unser Geschäftsmodell schneller als Konkurrenten durch die Wertekette hindurch bewegen."

Zeitfresser Meeting – damit die Sache nicht aus dem Ruder läuft

Je mehr Experten am Tisch sitzen, desto mehr Details kommen zur Sprache. Dann wird nur beschlossen, sich noch mehr Informationen zu beschaffen und die Entscheidung zu vertagen. Den überwiegenden Teil ihrer Arbeitszeit verbringen Manager in Meetings. Nicht etwa mit konzentriertem Arbeiten oder strategischen Überlegungen. Nein, sie sitzen in immerwährenden Gesprächsrunden mit Kollegen, Geschäftspartnern oder Mitarbeitern zusammen. Darf man das, was sich an vielen runden Tischen abspielt, wirklich zur produktiven Arbeitszeit zählen? Meetings, so ein geflügeltes Wort, sind das, wo viele reingehen, aber nichts herauskommt. Eben klassische Arbeitsverhinderungsmaßnahmen. Der Meeting-Wahn ist überall. Diskussionen, Brainstorming und wenig Lösungs- und Entscheidungsfindung. Damit die Sache nicht aus dem Ruder läuft, braucht es in jedem Fall einen Gesprächsleiter, der als Moderator taugt. Er sollte nicht nur fachlich gut sein, sondern auch rhetorisch und sozial kompetent. Denn jede Sitzung ist immer nur so gut wie ihr Leiter.

Ein guter Moderator muss sich zurücknehmen können. Moderator ist kein Posten für Selbstdarsteller. Auch nicht für Kontrollfreaks, die ein Meeting leicht als

Kontrollinstrument missverstehen könnten. Vorgesetzte neigen nur allzu oft dazu, Monologe zu halten. Die eigentlichen Fachleute haben dann nur wenige Chancen, zu Wort zu kommen. Vor diesem Hintergrund übernahm der Senior Manager diese Aufgabe, um weitere Maßnahmen und Entwicklungspotentiale zu diskutieren: „Die vorgesehenen Maßnahmen sollten vor ihrer Umsetzung mit Blick auf die strategische Ausrichtung und unter Berücksichtigung der im Wissensbilanz-Prozess zusammengetragenen/ dokumentierten Informationen diskutiert werden. So können Maßnahmen verhindert werden, die an der falschen Stelle ansetzen oder denen Wirkungen unterstellt werden, die in der Analyse nicht identifiziert wurden. Frage: gibt es Hinweise, dass die Geschäftsstrategie geändert werden muss? Falls ja, sollte genau jetzt die Gelegenheit zur Anpassung der Strategie genutzt werden! Außerdem lassen sich spätestens jetzt ganz konkrete Wissensziele definieren, die eine Gesamtstrategie unterstützen. Fundamentale Änderungen der Strategie sollten der Ansatz für die nächste Wissensbilanz sein (eine nachträgliche Änderung in der aktuellen Berichtsperiode würde möglicherweise den Bewertungsmaßstab verfälschen, da die jeweilige Strategie die "Messlatte" der gesamten Analyse darstellt.

Gerade erst gestern vertrödelte er noch fast einen halben Tag im Fitness-Studio. Aus den Augenwinkeln beobachtete er die anderen dort trainierenden Männer wie Frauen, alt und jung. Er hatte dort schon öfter die Zeit verbracht und mehr geistesabwesend mal kurz an diesem oder jenem Gerät herumgespielt. Ohne sich ernsthaft zu bemühen. Nach dem ewigen abendlichen Herumhocken in Bars hatte er jedoch einfach mal wieder ein Verlangen danach. Mit einem Handtuch um den Hals sprang er in seinem schon etwas abgetragenen und verwaschenen Trainings-Dress auf das Laufband, tippte ein paar Zahlen ein und sprang wieder ab, sobald sich das Ding in Bewegung gesetzt hatte. Kurz darauf zog er ein paarmal an den Gewichttrainern und fand schließlich jemanden, mit er reden konnte. Eines von den sinnlosen Schwätzchen, nach denen er mit der Zeit ein sogar starkes Bedürfnis entwickelt hatte, bei dem er so tun konnte, als wäre er ein ganz anderer, als er wirklich war. Als er auf Politik zu sprechen kam war er kurz davor, in ein Lamento auszubrechen. Wie man es oft von ihm auch bei ähnlichen Themen vernehmen konnte, lauter Klagen darüber, wie bitterhart das Leben ist, dass kein Entschluss was daran ändert und man obendrein immer wieder auf das falsche Pferd gesetzt hat.

Aber hier und jetzt konzentriert er sich wieder voll und ganz auf seine Empfehlungen: „Die Argumentationen der QQS-Bewertung betrachten! Diese enthalten meistens Lösungsvorschläge für existierende Probleme oder machen zumindest die Defizite deutlich, an denen angesetzt werden sollte. Die Wirkungsnetze helfen, die Konsequenzen der Maßnahmen transparent zu machen und weiter zu spezifizieren. Auch auf bereits vorhandene Best-Practices achten: bereits erprobte Managementinstrumente sind meistens erfolgreicher als neue Instrumente. Um Markterfolg zu sichern, müssen Sie besser sein als die Konkurrenz. Der Schlüssel dazu liegt in der gezielten Steuerung von Faktoren, die die Wissensfähigkeiten Ihres Unternehmens bestimmen. Hierzu müssen systematisch die Ausprägungen der wissensrelevanten Gestaltungsfelder der Managementebene abgefragt werden. Damit erfolgt eine Positionierung der Wissens- und Leistungsfähigkeit, das betriebliche Wissensgeschehen wird in seiner ganzen Bandbreite erfasst. Auf Basis unserer Wissensanalyse können Sie in Ihrem Unternehmen zuvor identifizierte Potenziale ausschöpfen, sich selbst verbessern und dadurch wettbewerbsfähiger werden. Eine wiederholte Nutzung der Selbstbewertungsinstrumente ermöglicht die kontinuierliche Erfolgskontrolle von umgesetzten Maßnahmen. Aus den Analyseschritten werden solche Maßnahmen abgeleitet, die für Ihr Unternehmen das größte Entwicklungspotenzial versprechen.

Und, Einflussfaktoren betrachten: Definition der im vorliegenden Fall relevanten Indikatoren-Sollwerte, die für eine erfolgreiche Maßnahmen-Umsetzung erreicht werden müssen. Optional können auch Soll-Werte für die einzelnen Bewertungsdimensionen der QQS-Bewertung vergeben werden. Man erhält dadurch ein Controlling-Instrument und kann bei der nächsten Wissensbilanz die Erfolgswirksamkeit der Maßnahmen mit einem Soll-Ist-Vergleich valide messen. Maßnahmen definieren: diskutieren ob Maßnahmen sinnvoll sind, Namen und Ziele von Maßnahmen notieren, beschreiben wie man vorgehen wird, Dauer der Maßnahme definieren, bestimmen wann die Maßnahme umgesetzt werden soll, Wirkung der Maßnahme einschätzen und beschreiben, Verantwortlichen benennen, Ressourcen festlegen. Ist-Werte und Indikatoren betrachten: in welchen Bewertungs-dimensionen soll die Maßnahme schwerpunktmäßig greifen? mit welchen Indikatoren ist dieser Aspekt am besten zu messen? Soll-Werte für Quantität, Qualität und Systematik definieren. Betroffene Einflussfaktoren notieren: überlegen, welchen Einflussfaktoren die eben definierte Maßnahme auch noch zugeordnet werden kann. Dabei auch an Generatoren, sich selbst verstärkende Regelkreise, denken. Alle Einflussfaktoren notieren, die auch von dieser Maßnahme betroffen sind."

Der Personalchef meldete sich zu Wort: „Wir sollten hierzu in jedem Fall begleitend eine Mitarbeiterbefragung machen, Denn wir ja nicht nur externe Kunden, sondern auch interne Kunden, nämlich in diesem Fall unsere Mitarbeiter. Diese internen Kunden haben ähnliche Eigenschaften und Bedürfnisse wie die externen Kunden. Mitarbeiter sind mit ihren Fähigkeiten einer der teuersten Produktionsfaktoren, auf die sich letztlich die Produktivität aller anderen Faktoren zurückführen lässt. Die Humanfaktoren sind zudem der einzige Produktionsfaktor, der aus sich selbst heraus wachsen kann: alle anderen unterliegen einem ständigen, abzuschreibenden Werteverzehr. Die Investitionen in eine Mitarbeiterbefragung müssten allerdings ebenso strategisch wie im Bereich des Anlage- und Umlagevermögens oder in unserem Projekt „Wissen" geplant und vorbereitet werden. Es geht im Detail um: dem Betriebsklima auf die Spur kommen, Andocken am Gerüst der Wissensbilanz, Ausgangslage: Bewertung Wissensfaktoren, Ausgangslage: Wissensbilanz- Ampeldiagramme, Ausgangslage: Wissensbilanz-Portfolios, Marktforschung beim Kunden „Mitarbeiter", sechsundsechzig wichtige Fragen an die Mitarbeiter, Rasterfahndung nach Leistungsbremsen, Mitarbeiterbefragung im Potenzial-Portfolio, Verknüpfung Mitarbeiterbefragung-Wissensbilanz. Es ist doch wohl jedem klar: ein gutes Betriebsklima gehört zum wichtigen Kapital unseres Unternehmens, das allerdings in keiner Bilanz aufgeführt wird. Und wir sollten auch nicht vergessen: die Selbsteinschätzung von Vorgesetzten und ihre Bewertung durch deren Mitarbeiter driften oft auseinander. Dieser Diskrepanz zwischen Selbstbild und Fremdbild liegt ein Kommunikationsdefizit zugrunde, das mit Hilfe von Mitarbeiterbefragungen abgebaut werden kann."

De Senior Manager konzentriert sich auf eine Maßnahmen Checkliste: „Grundsätzlich muss eine Maßnahme im Vergleich zu mehreren Alternativen zweckmäßig sein, bewertet und kompetent beschlossen sein. Zur Umsetzung der betreffenden Maßnahme muss es einen Verantwortlichen, eine Durchführungskontrolle und einen möglichst genauen Terminplan geben. Die Ergebnisse einer solchen Maßnahmenplanung beinhalten eine Bewertung (Kosten-, Nutzenanalyse) und Abschätzung des jeweiligen Zielbeitrages. Name der Maßnahme: der Maßnahme einen sprechenden Titel geben. Ziel/Ergebnis: welche wesentlichen Ziele werden verfolgt? Vorgehen: was ist zu tun? In welcher Reihenfolge sollten welche Schritte umgesetzt werden? Dauer (in Monaten): Für welchen Zeitraum ist die Maßnahme angesetzt? Wann soll das Ziel erreicht sein? Status: in Planung/in Bearbeitung/ abgeschlossen. Start:

wann wird angefangen? Wirkungsprognose: Welche Auswirkungen innerhalb des intellektuellen Kapitals sind zu erwarten? Was bewirkt die Maßnahme direkt/ indirekt? Verantwortlich/ Ressourcen: Wer ist für die Umsetzung und die Zielerreichung verantwortlich? Wer arbeitet mit? Einflussfaktoren: auf welche Einflussfaktoren soll die Maßnahme wirken? Wie sind diese aktuell bewertet (QQS)? Indikatoren: mit welchen Kennzahlen können die angestrebten Veränderungen am besten gemessen und überwacht werden? Welche Soll-Werte müssen die Indikatoren annehmen, um das Ziel zu erreichen?

Achtung! Die vorgesehenen Maßnahmen sollten vor ihrer Umsetzung mit Blick auf die strategische Ausrichtung und unter Berücksichtigung der im Wissensbilanz-Prozess zusammengetragenen/ dokumentierten Informationen diskutiert werden. So können Maßnahmen verhindert werden, die an der falschen Stelle ansetzen oder denen Wirkungen unterstellt werden, die in der Analyse nicht identifiziert wurden. Maßnahmen und Entwicklungspotenziale zu Wissens-Geschäftsprozess GP-1 Leitbild und Unternehmensstrategie. Zur Entwicklung dieses Geschäftsprozesses folgende Maßnahmen vorgesehen: Benchmarking, Leitbild überarbeiten und vertiefen, Strategieplanung verbessern und ausbauen, Szenario (was-wäre-wenn?)-

Analysen, SWOT-Analyse, Krisenmanagement optimieren, Portfolio-Analyse, Impact-Matrix, Kostenmanagement von Geschäftsprozessen, Balanced Scorecard-Unternehmenssteuerung (BSC), Wertmanagement, Unternehmenszielsystem verbessern, strategische IT-Planung, strategische Kostenplanung, Analyse der Cost-Driver, Target Costing - marktorientiertes Zielkostenmanagement. Zusammenfassung der Maßnahmen- Entwicklungspotenziale: Ihr Unternehmen sollte zukünftig auch seine eigenen Strategien immer wieder in Frage stellen, sie bei Bedarf anpassen und gegebenenfalls auch sogar in ihr Gegenteil verkehren. Die Unternehmensführung sollte sich hierbei noch stärker als bisher auf Schnelligkeit, die Flexibilität und die Bereitschaft auch zu radikalen Änderungen einstellen. Leitbild und Unternehmensstrategie sollten sich an einer konstanten, alle Geschäftsaspekte durchziehenden Spitzenleistung orientieren = Business Excellence als Wertschöpfungsstrategie. Der Weg zu dieser "Business Excellence" (BE) ist ein stetiger Verbesserungsprozess, der als ganzheitlicher, Betriebswirtschaftlicher Qualitätsprozess verstanden wird. Ihr Unternehmen verbindet mit anderen Unternehmen, die Business Excellence bereits erreicht haben oder ebenfalls anstreben folgende Merkmale: Zwar versprechen viele je nach Belieben integer, innovativ, kooperativ zu sein, sie wollen Eigenverantwortung stärken, Vertrauen schaffen und als Vorbilder leuchten. Das Wichtigste hierbei ist jedoch immer: gelingt es, hierbei glaubwürdig zu sein. Werte zu definieren allein reicht nicht aus; sie müssen umgesetzt, gelebt und verinnerlicht werden. Denn auch von Ihren Mitarbeitern wird im Berufsleben bestimmten Werten gerade heute wieder ein hoher Stellenwert eingeräumt.

Der Unternehmensplaner wollte hinter dem Personalchef nicht zurückstehen und das Projekt „Wissen" gleichzeitig nutzen, um seinen Fachbereich mehr ins Licht zu rücken: „Planungsinstrumente müssen richtig verstanden und eingesetzt werden: sie liefern nicht automatisch sichere Aussagen über eine unsichere Zukunft. Planung heißt auch nicht, in eine Kristallkugel zu sehen, sondern ist nicht zuletzt eine Projektion der Vergangenheit, die man verstehen muss, bevor man etwas voraussagen kann. Planung als Vorausabwägen verschiedener Entscheidungsmöglichkeiten ist heute mehr denn je eine Wurzel des Geschäftserfolges. Manchmal wird einer Forderung nach detaillierter Planung der Einwand entgegen gehalten, dass eine präzise Form der Planung ohnehin unmöglich sei, da niemand in die Zukunft schauen könne. Gerade aber weil diese ungewiss ist, müssen die Maßnahmenplanungen konkret gesetzt werden, um über notwendige Orientierungsmarken für grundsätzliche Entscheidungen verfügen zu können.

Neben „harten" quantitativen Daten müssen für die Geschäftsplanung auch sogenannte „weiche" qualitative Einschätzungen -beispielsweise unter Zuhilfenahme einer Wissensbilanz- bereitgestellt werden. Dazu könnte jetzt vielleicht eine Wissensbilanz besonders anregen, niemals das Ganze aus dem Blickfeld zu verlieren und jede Maßnahme über ihre gesamte Wirkungskette hinweg eng mit allen sie umgebenden Einflussfaktoren zu vernetzen und eng zu überwachen. Es könnten daher auch die von mir kürzlich entwickelten Checklisten als Zubringer für die Wissensbilanz genutzte werden."

Der Manager fragte ihn: „Und welche wären das wohl im Detail?". Der Unternehmensplaner sofort antwortend: „Unter anderem, in alphabetischer Reihenfolge: „A-B-C-Checkliste Kunden, Betriebsklima Checkliste, Bewerberstrategie Checkliste, Bewerber Eigenbild Checkliste, Beziehungskapital Checkliste, Bildungsmonitor Checkliste, Change Management Checkliste, CRM Prozesse Checkliste, Fitness-Check Standortbilanzprojekte, Frühwarnindikatoren Checkliste, Geschäftsbeziehung Monitoring Checkliste, Geschäftsprozesse Checkliste, Güte kommunale Verwaltung Checkliste, Image-Bekanntheitsgrad Checkliste, Innovation, Ideenmanagement Checkliste, Kapitalstruktur Checkliste, Kompetenznetzwerke Checkliste, Kundenbindung Checkliste, Kundenmanagement Checkliste, Kundenzufriedenheit Checkliste, Leistungsqualität Checkliste, Managementwissen Checkliste, Markt- u. Konjunkturbeobachtung Checkliste, Maßnahmen Checkliste, Mitarbeiterbefragung Checkliste, Mitarbeiterzufriedenheit Checkliste, Potenzialausschöpfung Checkliste, Qualifizierungserfolg Checkliste, Quin-Win-Projekte Checkliste, Standortbeziehungskapital Checkliste, Standorterfolgsfaktoren Checkliste, Standortgeschäftsprozesse Checkliste, Standortgeschäftsumfeld Checkliste, Standorthumankapital Checkliste, Standortstrukturkapital Checkliste, Standortbewertungsbedarf Checkliste, Standortverlagerung Checkliste, Standort Grundsatzfragen Checkliste, Standortindikatoren Checkliste, Standortzufriedenheit Checkliste, Star- u. Cashprodukte Checkliste, Strategiefragen Checkliste, Strukturkapital Checkliste, Umfeldbedingungen Checkliste, Umfeldbeobachtung Checkliste, Unternehmensstrategie Checkliste, Unternehmensziele Checkliste, Weiterbildung Checkliste, Werttreiber Checkliste, Wissensmanagement Checkliste, Zielkosten Checkliste."

Der Senior Manager ergänzt für das konkrete Projekt speziell das Thema der

Ergebnisorientierung: „Ansprüche aller für das Unternehmen relevanten Gruppen mit Blick auf das gemeinsame Interesse ausbalancieren. Kundenorientierung: Qualität der Produkte und Dienstleistungen am Kundenbedarf ausrichten. Führung und Konsequenz: individuelle und kollektive Spitzenleistungen durch Vorbild und Kommunikation fördern. Geschäftsabläufe anhand zuverlässiger Informationen verstehen und steuern. Mitarbeiterentwicklung: Leistungspotentiale heben, gemeinsame Wertmaßstäbe entwickeln. Lernbereitschaft, Pflege und Transfer von Wissen fördern. Partnerschaften: Austausch von Wissen fördern."

Dies auch ganz im Sinne des Managers: „Unser Unternehmen will sich für die Zukunft auf folgende strategische Kernfragen konzentrieren: Fokussiert unser Unternehmen Kundenzufriedenheit oder Umsatz? Wird danach gefragt, was Kunden an Anstrengungen unternehmen müssen, um aus dem Nutzen zu ziehen, was wir ihnen verkaufen? Suchen wir explizit nach Gelegenheiten, unsere Produkte durch zusätzliche Dienstleistungen aufzuwerten? Fokussieren wir uns auf unsere Kernkompetenzen? Verkaufen wir Fähigkeiten, Wissen und Informationen in einer langfristigen Kundenbeziehung? Wissen unsere Kunden die gelieferten Informationen zu schätzen oder zahlen sie nur für das physische Produkt? Sind unsere Produkte oder Dienstleistungen konfigurierbar oder unflexibel? Wenden sich die Kunden auch deshalb an uns, weil wir schnell auf Sonderwünsche eingehen? Werden interdisziplinäre Kundenteams genutzt? Sind Informationen für uns jederzeit dort verfügbar, wo sie gebraucht werden? Wird unser geistiges Eigentum ebenso geschützt wie es mit anderen geteilt wird? Werden Produkte durch Teambildung mit den Kunden auch gemeinsam entwickelt? Wird die Geschwindigkeit unserer Entscheidungsfindung in Stunden, Tagen, Wochen, Monaten oder gar Jahren gemessen? Erfinden wir uns konstant neu? Werden Wandel und anscheinendes Chaos als Chance erkannt? Werden jene, die Risiken übernehmen und manchmal scheitern, für ihre Initiative belohnt? Wird mit Kunden proaktiv umgegangen? Sind Menschen oder Kapitalwerte die knappen Ressourcen? Werden die Fähigkeiten und das Wissen der Menschen als Vermögenswert behandelt? Wird zusätzliche Bildung als Wertzuwachs betrachtet? Basieren Wettbewerbsanteile auf Werten, Erfahrungen und Kernkompetenzen? Werden die Kernkompetenzen gebenchmarkt? Nehmen die Erträge aus Informationen zu? Nimmt der Informationsgehalt der Produkte zu? Wird der Wert des Informationsgehaltes unserer Produkte gemessen?"

Der Consultant präsentiert nunmehr auch Maßnahmen und Entwicklungspotenziale zu Wissens-Geschäftsprozess GP-2 Innovationsmanagement: „Zur Entwicklung dieses Geschäftsprozesses sind folgende Maßnahmen vorgesehen: Proaktives Change Management, Innovationsprozesse optimieren, Amortisations-Payback-Rechnung, Cash-Inflow-Prognoserechnung, Zukunftsaussichten mit Lebenskurve, Wegweiser Break-even-Diagramm, Innovationsinstrument Wertanalyse, Lebenszyklus-Finanzrechnung. Zusammenfassung der Maßnahmen-Entwicklungspotenziale: Auch Ihr Unternehmen plant, zukünftig einen Schwerpunkt auf eine bessere Ideenauswertung zu legen. Zukünftig soll jede Idee ein bestimmtes Prüfschema durchlaufen. Wie eignet sich die Idee für unsere Entwicklung: ist entsprechende Erfahrung vorhanden? ist Kapazität vorhanden? wie sieht es patentrechtlich aus? wie viel Zeit wird benötigt? wie hoch sind die Kosten? Wie eignet sich die Idee für unsere Beschaffung: sind Rohmaterial und Teile verfügbar? sind die erforderlichen Betriebsmittel vorhanden? gibt es ausreichend qualifiziertes Personal? welche Dienstleistungen sind zu erbringen? wie eignet sich die Idee für unsere Produktion: sind Maschinen und Werkstoffe vorhanden? kann die erforderliche Qualität sichergestellt werden? welche Energie-, Umweltprobleme können auftreten? Wie eignet sich die Idee für unseren Vertrieb: ist die benötigte Kompetenz vorhanden? liegen entsprechende Erfahrungen vor? ist der Vertrieb für das neue Produkt glaubwürdig? wie sind die Beziehungen zu potenziellen Abnehmern? Wie eignet sich die Idee für den Markt: welches Marktvolumen kann erreicht werden? wie ist das Potenzial des Marktes/ Segmentes? Welche Preispolitik ist realisierbar: welche Störmöglichkeiten hat die Konkurrenz? wie konjunkturabhängig ist die Idee? wie hoch ist der Innovationsvorsprung? wie schnell kann die Konkurrenz nachziehen? welche gesetzlichen Bestimmungen könnten berührt werden? welchen Lebenszyklus kann das Produkt haben? Wie ist die Idee wirtschaftlich geeignet: welchen Umsatz kann das neue Produkt bringen? wie hoch ist der Kapitalbedarf? wie hoch ist der Deckungsbeitrag? wie ist die Amortisationszeit? welche Fördermittel können in Anspruch genommen werden?"

Dem Informationsmanager kommen hierbei besonders Gedanken zu Bodenschätzen im digitalen Königreich, das Recht auf Vergessenwerden und das Streben nach Gefundenwerden, Informationspartikel und Datenraster, wenn das Datenuniversum neue Geschäftsmodelle kreiert, Entdeckung der Zukunft im Gewesenen oder algorithmengesteuerte Suchroboter und Absauger in den Sinn: „Alle (berechtigte) Kritik an Suchmaschinen geschieht vor dem Hintergrund, dass Inhalte diesen meistens freiwillig überreicht werden: oft wird versucht, diese möglichst windschlüpfrig in die Algorithmengerüste der Suchroboter einzupassen. Gleichzeitig wird das Recht auf Vergessenwerden eingefordert, das kostenlose Absaugen von Daten bis hin zur Manipulation von Suchergebnissen angeprangert. Auf der einen Seite die Ängste, dass aus Informationspartikeln Datenraster erwachsen, weiter zu unentrinnbaren Netzen versponnen werden und Menschen dadurch zu willenlosen Kauf- und Konsummaschinen reduziert werden. Auf der anderen Seite die manchmal schon krankhafte Sucht, im Orbit des Internet nicht vergessen, sondern auf möglichst vorderen Plätzen der Suchergebnisse wahrgenommen zu werden: denn nur so können aus dem unendlichen Datenuniversum heraus neue Geschäftsmodelle entstehen. Suchmaschinen sollen nach dem Willen der Internetgemeinde also keinesfalls verschwinden (man will ja gefunden und beachtet werden), sondern allenfalls so algorithmengesteuert arbeiten, dass die eigenen Profile noch heller und in einem maximal günstigen Licht erscheinen. Suchmaschinen sollen nach dem Willen der Internetgemeinde also keinesfalls verschwinden (man will ja gefunden und beachtet werden), sondern allenfalls so algorithmengesteuert arbeiten, dass die eigenen Profile noch heller und in einem maximal günstigen Licht erscheinen. Je weiter aber die

Exploration von Daten ungehindert voranschreitet, desto wertvoller werden die dabei abgesaugten Datensätze, desto eher entdecken die von allen so geliebten Suchmaschinen im Gewesenen vielleicht doch das bereits Zukünftige: desto mehr werden die neuen Bodenschätze der digitalen Revolution vielleicht zum unkontrollierten Machtfaktor."

Der Consultant seinerseits versucht den Faden mit der Erklärung von Maßnahmen und Entwicklungspotenziale zu Wissen-Geschäftsprozess GP-3 Customer-Relationship wieder aufzunehmen: „Zur Entwicklung dieses Geschäftsprozesses sind folgende Maßnahmen vorgesehen: Optimierung der CRM-Prozesse, Auswertung von Kaufkraft-Kennziffern, Auftragsanalyse, Verbesserung der Qualität von Adressdaten, Kostenkalkulation für die Anmietung von Fremdadressen, Direktwerbung. Zusammenfassung der Maßnahmen-Entwicklungspotenziale: Orientierungsrahmen bildet eine Kaufentscheider-Strukturanalyse. Werbung soll denjenigen erreichen, der für den Kauf des zu bewerbenden Produkts in Frage kommt oder zumindest eine Rolle für die Kaufentscheidung spielt. Entscheider-Strukturanalysen haben aufgezeigt, dass professionelle Kaufentscheidungen sehr komplexer Natur sind und über Vorbereitung, Beratung, Gremienstrukturen von unterschiedlichsten Personenkreisen geprägt und beeinflusst werden. Die Zeichnungsberechtigten für Aufträge stehen nicht selten erst am Ende einer Kette von Entscheidungsdeterminanten, für die gut informierte Spezialisten die Verantwortung tragen.

In der komplexen Welt von Kaufentscheidungsprozeduren geht es darum, genau dorthin zu gelangen, wo die Weichen gestellt werden, wo Werbung auch wirklich etwas bewirken kann. Je nach nachdem, ob Kaufentscheidungen professionell (Zentraleinkäufer) oder privat (als Endverbraucher) getroffen werden, müssen sie nach Qualität und Charakter sehr unterschiedlich beurteilt werden: bei professionell-beruflichen Kaufentscheidungen geht es in der Regel um erheblich größere Umsatz-Volumina, professionelle Kaufentscheidungen stehen deshalb unter einem höheren Entscheidungsrisiko und Legitimationsdruck, professionelle Entscheidungen werden in aller Regel gründlicher vorbereitet und geplant. Fazit: Professionelle Kaufentscheidungen sind nicht nur auf Investitionsgüter beschränkt, sondern finden auf einer Vielzahl von Angebotsmärkten statt. Risiko, Verantwortung und Legitimationsbedarf professioneller Entscheider erzeugen zwangsläufig auch höheren Informationsbedarf. Sobald Entscheidungsbedarf anfällt, zieht quasi ein „Pull-Effekt" unmittelbar wie mittelbar Beteiligte zu entscheidungsabsichernden Informationsquellen hin wie Außendienst, Direktwerbung, Messen, Fachzeitschriften, beruflich genutzte Wirtschaftspresse.

Für fünf Entscheidungsphasen wurde anhand einer Skala von 1=völlig unwichtig bis 10=äußerst wichtig die Wichtigkeit/ Bedeutung eines Werbeträgers erfragt. Je höher der Durchschnittswert ist, umso wichtiger ist für die jeweilige Entscheidungsphase der Werbeträger: hinsichtlich der Wichtigkeit für Phase 1 kontinuierliche Marktinformation, wie bleibt man auf dem Laufenden) steht als Informationsquelle die Fachpresse an erster Stelle, hinsichtlich der Wichtigkeit für Phase 2 Anstöße, Impulse, Bedarfsweckung, (Anregungen für neue Märkte/ Produkte) steht als Informationsquelle ebenfalls die Fachpresse an erster Stelle, hinsichtlich der Wichtigkeit für Phase 3 (aktive Orientierung, was bietet der Markt?) rücken Messen –unter anderem als Informationsquelle für die Entscheider- gleichauf zu Fachzeitschriften. Gleiches gilt für Phase 4 (Angebotsvergleich und Vorentscheidung und Phase 5 (Entscheidung, welches Angebot wird ausgewählt). Erst in der letzten Entscheidungsphase erlangt der Außendienst die gleiche Wichtigkeit wie die von Fachzeitschriften."

Der Manager fragt in die Runde, ob es auch unerwünschte Botschaften gibt: „Nach Schätzungen sollen täglich etwa 29 Milliarden unerwünschte Botschaften, diese Spam, durch das Netz gejagt werden: von drei verschickten Mails sind zwei Spam. Jedermann mit Emailadresse flattern diese lästigen Botschaften in sein Postfach: zum Glück gibt es zur Abschirmung der Posteingänge Spamfilter, die vor dem Gröbsten abschirmen. Es geht um Schnelligkeit: manchmal landen hunderttausende Mails in den Postfächern, bevor die Filter auf eine neue Masche reagieren und sich anpassen können. Zwischen Spamversendern und Filterherstellern findet ein richtiges Wettrüsten statt: mal haben die einen und mal die anderen die Nase vorne: der Leidtragende für diese Plage ist immer der Internetnutzer. Auch über die Erfolgsquote solcher Spam-Attacken haben sich einige Gedanken gemacht und beispielsweise herausgefunden: von 10.000, die per Spam-Klick reagieren, wollten 28, oder ganze 0,000008 Prozent, etwas kaufen. Auf den ersten Blick scheint dies so etwas wie die Goldwäscherei an einem Fluss. Um in kürzester Zeit Millionen von Nachrichten zu verbreiten (bevor die Filter sie abwehren) brauchen Spammer viel Rechenleistungen: diese besorgen sie sich, indem sie Millionen von Computern kapern und hieraus sogenannten Botnetze gewaltigen Ausmaßes knüpfen.

Der normale Internetnutzer bemerkt, wie immer, von alledem nichts (wie sollte er auch)."

Den Consultant seinerseits interessieren im Augenblick allerdings eher konkrete Maßnahmen und Entwicklungspotenziale zu GP-4 Marketingcontrolling: „Zur Entwicklung des Geschäftsprozesses sind folgende Maßnahmen vorgesehen: Aufbau eines Markt-Informationssystems, Marktattraktivität-Produktstärke-Analyse, Segmentanalyse, Schaffung von Kundenloyalität. Zusammenfassung der Maßnahmen-Entwicklungspotentiale: Märkte sind keine monolithischen Blöcke, sondern bestehen aus einer Vielzahl von getrennten Segmenten. Es kommt darauf an, dass Ihr Unternehmen in seinen eigenen Marktsegmenten über genügend Ressourcen und Potenziale verfügt, um erfolgreich sein zu können. Die Segmentierung eines Zielmarktes, die genaue Definition und Abgrenzung des marktbezogenen Aktionsfeldes gehören damit zum wichtigsten Planungsobjekt. Aufgabe der Segmentierung ist die Bildung von Zielgruppen mit einer weitgehend homogenen Problemlandschaft, weitgehend homogenen Nutzenvorstellungen, Auflösung heterogener Kundenstrukturen (Zerlegung des Marktes in homogene Kundengruppen, Analyse von Segmentierungsmerkmalen zur Beschreibung des strategischen Handlungsspielraums, Segmentbewertung zur -auch quantitativen- Bestimmung der Attraktivität des jeweiligen Marktsegmentes. Mit Hilfe von Segmentierungsverfahren könne Sie die wichtigsten Kriterien und Stärken einzelner Geschäftsfelder herausarbeiten.

Analog lassen sich auch unterschiedliche Verkaufsstrategien entwickeln: für jedes Segment können bestimmte Normstrategien unterlegt werden, nach denen unterschiedliche Vertriebsaktivitäten entwickelt werden, in Verbindung mit derart aufgebauten Segmenten lassen sich direkte Planungsvorgaben ableiten sowie Hinweise für differenzierte Marketingstrategien gewinnen. Die innerhalb eines Portfolios aufgezeigten Segmente sind Geschäftsfelder mit eigenen Chancen und Risiken und lassen sich daher auf Basis ihrer Gewinne, ihres Cash Flow oder ihres Potenzials individuell kennzeichnen. Auf der horizontalen Portfolio-Achse kann beispielsweise die relative Wettbewerbsposition des Segmentes angegeben werden, also die Stellung relativ zum Wettbewerb. Auf der senkrechten Portfolio-Achse könnte die Marktattraktivität des Segmentes angegeben werden. Besondere Segmentierungspotenziale liegen darin, sich stärker mit den Gegebenheiten der Märkte auseinanderzusetzen anstatt ausschließlich aus der eigenen Anbieterwelt heraus zu agieren."

Der Wissensmanager liefert hierzu einen Diskussionsbeitrag nach seinem persönlichen Empfinden: „Daten zu erheben ist nicht schwer, damit etwas Sinnvolles anzufangen dagegen sehr! Im Bereich von Website-Analysen galt (gilt noch immer?) die Zahl der Besucher, sprich Seitenaufrufe, als Maß aller Dinge. Dieser Erfolgsmaßstab gerät ins Wanken, denn die Qualität eines Textes lässt sich damit kaum messen: was aber sollte man stattdessen messen? Es gäbe vielfältige Werkzeuge in großer Zahl, beispielsweise: In-Page-Analysen bilden grafisch ab, welche Wege die Besucher einer Webseite auf dieser zurücklegen,

es wird gemessen, wie lange jemand auf einer Seite verweilt, wie weit er scrollt

es wird gemessen, welche Betriebssysteme, Browser von den jeweiligen Besuchern einer Website eingesetzt werden. Wenn selbst hohe Abrufraten wenig Konkretes über Qualitäten aussagen, sollte sich das bisherige Klick-Web wohl besser zum Aufmerksamkeits-Weg hin entwickeln. Aufmerksamkeit wiederum lässt sich nur schwerer messen: gegenüber Durchklicken, Scrollen gewinnt hierbei die Verweildauer als aussagefähigeres Maß an Bedeutung. Trotz vieler Tücken und Ungenauigkeiten: das Niveau eines Textes hängt immer auch mit der hierbei gemessenen Verweildauer zusammen. Hohe Verweildauer ist ein Hinweis auf Tiefe und Substanz eines Textes: und nichts anderes ist es, was man von einer guten Website verlangen darf. Leute, die weniger als 15 Sekunden auf einer Website verweilen, gehören in den seltensten Fällen zur bevorzugten Zielgruppe."

Der Senior Manager löst als echter Teamworker jetzt einmal seinen Consulter im Vortrag ab und erläutert nunmehr auch Maßnahmen und Entwicklungspotenziale zu GE-1 Image und Bekanntheitsgrad: „ Zur Entwicklung dieses Erfolgsfaktors sind folgende Maßnahmen vorgesehen: Fremdbild- und Eigenbildanalyse, Analyse Werbeträgerdaten, Reputationsmanagement neu positionieren. Zusammenfassung der Maßnahmen-Entwicklungspotenziale: Kunden, die mit großer Sicherheit nur Gelegenheitskäufer bleiben, brauchen kostengünstigere Werbeansprachen als Stammkunden. Die operativen Einzelmaßnahmen der Werbestrategie, das heißt „wem werden wann welche Angebote gemacht", müssen sich auch immer stärker an den insgesamt über bestehende und potentielle Kunden verfügbaren Informationen orientieren. Die beschränkten Zeitbudgets der Kunden haben bei diesen eine zunehmend selektivere Wahrnehmung zur Folge. Jeder eingesetzte Werbeeuro bietet einen immer kleineren Gegenwert, da die stark wachsenden Werbeaufwendungen um die gleiche Wahrnehmungszeit des Kunden konkurrieren müssen. Die datenmäßige Analyse der Werbehistorie eines Kunden lässt wichtige Rückschlüsse auf dessen Rentabilität zu: beispielsweise ob er teure Haupt- und Spezialkataloge, eine Nachfasswerbung oder ein Neukunden-Mailing erhalten hat.

Erfasst und gespeichert werden ebenfalls telefonische Kontakte sowie die gesamte personen- und unternehmensbezogene Kommunikation einschließlich der in diesem Zusammenhang angefallenen Kosten. Die Werbeausgaben werden je Kundengruppe bis hin zu Einzelkunden ausgewertet und in Relation zu den erzielten Umsätzen gesetzt. Vorteile sind: die Kundenansprache kann gezielter gestaltet werden, bei bestehenden Kunden können zusätzliche Umsatzchancen herausgefiltert werden, es können neue potentielle Zielgruppen erkannt werden und das Timing von Werbemaßnahmen kann verbessert werden. Ergänzt werden die Daten zur Werbehistorie der Kunden durch entsprechende Reaktionsdaten. Zu konkreten Werbeimpulsen werden Daten zu Anforderungen von Informationsmaterial, Teilnahme an Umfragen, Teilnahme an Gewinnspielen, Bestellungen, Vertriebsweg über den der Kunde gewonnen wurde, erfasst. Folgeverhalten: wann, wie häufig und mit welchen Auftragswerten hat der Kunde gekauft. Welche

Dienstleistungen hat der Kunde in Anspruch genommen, Zahlungsverhalten, Retouren und Reklamationen in Beziehung gesetzt.

Maßnahmen und Entwicklungspotentiale zu GE-2 Marktstellung, Wettbewerbsposition. Zur Entwicklung dieses Erfolgsfaktors sind folgende Maßnahmen vorgesehen: Frühwarnsystem aufbauen, Analyse Marktanteil und Marktausschöpfung, Bestimmung von Marktattraktivität und Wettbewerbsposition, Konkurrenzanalyse, Kaufkraftanalyse, Recherche Unternehmensregister im Internet, Branchenanalyse. Zusammenfassung der Maßnahmen-Entwicklungspotenziale: Als Grundlage für zukünftige Entscheidungen werden Daten zu Kundenbindung und -kaufverhalten verwendet. Messung der Kaufreihenfolge: hierbei wird die Markentreue eines Konsumenten anhand der Abfolge der von ihm innerhalb eines bestimmten Zeitraumes gekauften Marken gemessen: ungeteilte Markentreue = der Kunde hat innerhalb einer bestimmten Periode nur eine Marke gekauft, geteilte Markentreue = der Kunde kauft in zwei aufeinanderfolgenden Perioden unterschiedliche Marken, instabile Markentreue = nach dem mehrmaligen Wiederkauf einer Marke in der untersuchten Periode kauft der Kunde wiederholt auch eine andere

Marke, ohne Markentreue = der Kunde kauft nach dem Zufallsprinzip.

Messung des Marken-Anteils am gesamten Einkaufsvolumen: als Maßgröße der Kundenbindung/ Markentreue wird der Anteil der von einem Kunden in einer bestimmten Zeit am häufigsten erworbenen Marke an seinem Gesamteinkaufswert dieser Produktkategorie gemessen. Schätzung der Wiederkaufwahrscheinlichkeit: hierbei wird Kundenbindung durch das Maß an Wahrscheinlichkeit definiert, mit der ein Kunde ein von ihm in der Vergangenheit gekauftes Produkt auch beim nächsten Mal wieder kaufen wird. Dabei wird die chronologische Folge der in der Vergangenheit getätigten Käufe als Stichprobenfunktion eines stochastischen Prozesses angesehen. Warenkorbanalyse: Die Warenkorbanalyse beschäftigt sich im Rahmen des Category Management mit der Frage, welche Produkte gleichzeitig mit den eigenen Produkten gekauft werden, man erhält warengruppenübergreifende Aussagen über das Kaufverhalten und Informationen zum Einfluss durchgeführter Aktionen auf die Kundenfrequenz. Analyse der Käuferkumulation und -penetration: Für die Beurteilung einer Marke wird untersucht, ob diese bei Neueinführung oder Relaunch genügend Käufer dazu bringt, diese zumindest einmal zu kaufen (ein Käufer, der in einer Periode gekauft hat, kann in den folgenden Perioden nicht mehr als Käufer gezählt werden).

Der Vertriebsmanager bemerkt dazu: „Es geht darum, das Kundenverhalten nachhaltig zu verstehen, um die Kundengewinnung, Kundenbindung und damit letztlich vor allem die Kundenrentabilität nachhaltig zu verbessern. In der heutigen Marktsituation ist es unerlässlich geworden, durch eine systematische Datensammlung zu allen Transaktionen die den Kontakt eines Kunden mit unserem Unternehmen repräsentieren, das Wissen und Verstehen grundlegend zu verbessern, um darauf basierend durchdachte Strategien und Maßnahmen definieren zu können, die der Erwartungshaltung dieser Kundengruppen entsprechen und somit zur dauerhaften Bindung an unser Unternehmen beitragen. Als Orientierungsrahmen hierfür könnten u.a. folgende Einzelpunkte herangezogen werden: Zufriedenheit ist keine 100-Prozent-Garantie, vom Undifferenzierten zum Individuellen, Anreicherung durch qualifizierte Indikatoren, Wissensbilanz-Rahmengerüst – Kundenzufriedenheit konkret, Dauerthema Kundenbindung - das Wesentliche vom Unwesentlichen trennen, rechenbare Auftragswahrscheinlichkeiten, Geschäftsbeziehung – Wirtschaftlichkeit, im Portfolio und Wirkungsgeflecht der Firma, Kundenbeziehungs-

Lifecycle, strategische Perspektiven, Bestimmung und Bewertung von Einzelfaktoren, dynamische Potential-Wirkungsbeziehungen, Datenumwandlung in Wissen ist unverzichtbar, verborgene Informationsadern aufspüren."

Nach dieser Einlassung kommt der Senior Manager nun auf Maßnahmen und Entwicklungspotentiale zu GE-3 Entwicklungspotentiale, Umfeld- und Kundenbeobachtung zu sprechen: „Zur Entwicklung dieses Erfolgsfaktors sind folgende Maßnahmen vorgesehen: Umfeldbeobachtung, Economic Value Added (EVA), Return on Capital Employed (ROCE), Potentialanalyse, Außenorientierung der Unternehmensplanung. Zusammenfassung der Maßnahmen-Entwicklungspotenziale: Selten ist heute noch eine in die Zukunft gerichtete Kundenbewertung, also die Frage danach, was ein Kunde morgen und übermorgen Ihnen an Gewinn einbringen wird. Informationen über Kundenpotentiale oder Kundenlebenszyklen sind gar nicht oder nur sehr lückenhaft verfügbar. Ihr Unternehmen will deshalb eine kundenwertbezogene Strategie verfolgen: anhand von Informationen über Nutzen und Kosten sollen sich damit Kundenbindungsstrategien zielgenauer umsetzen lassen.

Schwierigkeiten für die Ermittlung von Kundenwerten ergeben sich unter anderem dadurch, dass die Daten im Rechnungswesen eher abteilungs- und produktorientiert als kundenorientiert aufgebaut sind und in der Kundendatenbank nur wenig Informationen über Kosten und Nutzen von Geschäftsbeziehungen gespeichert werden. Eine nach Kunden-Deckungsbeiträgen erstellte Rangliste soll deshalb zu einer Optimierung der Preis- und Konditionspolitik führen. Dies hätte dann gleichzeitig auch positive Auswirkungen auf die absoluten und relativen Deckungsbeiträge. Für eine optimale Kundensegmentsteuerung braucht man deshalb neben artikel- zusätzlich auch kundenspezifische Deckungsbeiträge. Da Kundenbeziehungen in der Regel mit zunehmender Dauer profitabler gestaltet werden können, muss das Ermittlungs-Schema für Kunden-Deckungsbeiträge zusätzlich für einen Betrachtungszeitraum von mehreren Perioden (Jahren) zu einer mehrperiodigen Analyse erweitert werden. Der Lebenszeitwert (Customer lifetime value) eines Kunden gibt die Höhe des abgezinsten Ertrages an, den Ihr Unternehmen aus einer Beziehung zu einem Kunden über eine bestimmte Anzahl von Jahren hinweg generiert hat. Das Instrument der Kunden-Portfolioanalyse ermöglicht die Bestimmung der Priorität von Kundenbeziehungen anhand von Messgrößen wie Kaufvolumen, Umsatz, Einkaufspotential, Bonität, Zahlungsverhalten, Image, Preissensibilität, Reklamationsverhalten, benötigte Beratungsintensität, Kundenwachstum, Deckungsbeitrag, Qualitätsanforderungen, Innovationspotentiale.

Maßnahmen und Entwicklungspotentiale zu Geschäftserfolgsfaktor GE-4 Leistungsqualität. Zur Entwicklung dieses Erfolgsfaktors sind folgende Maßnahmen vorgesehen: Servicequalität-Management Cockpit, Optimierung/ Verkürzung Durchlaufzeit, Qualitäts-Reifegradkonzept, Management der Ressource "Zeit". Zusammenfassung der Maßnahmen-Entwicklungspotenziale: Das Qualitätsmanagement soll ein sichtbareren Beitrag zum Unternehmenserfolg leisten. Zielsetzungen hierfür wie beispielsweise "Höhe der Kosteneinsparungen", "Steigerung von Umsatz/Gewinn" sollen zu einem Paket des "Return on Quality" geschnürt werden.

Wissenstransfer und Präsentationsfolie

Freie Rede und Spickzettel – Panikängste und begnadete Redner – Von der Berater-Domäne zur Folie für jedermann – Soziale und kommunikative Kompetenz – Studierende und Foliensätze – Lehrende im Präsentations-Schlepptau – Ablesen und Konzentration auf das Wesentliche – Ummantelung mit einem Satz von Folien – Konservierung von Struktur und Systematik. Transferbegleitende Maßnahmen: bei immer kürzeren Innovationszyklen wird Wissen zum strategischen Erfolgsfaktor. Die Entwicklung hin zur Informationsgesellschaft sorgt nicht nur für partielle Veränderungen, sondern kündigt bereits die künftige Gesellschaft an. Die Halbwertzeit des Wissens sinkt dramatisch ab. D.h. ohne regelmäßiges Aktualisieren und Auffrischen ist manches Wissen in kurzer Zeit nur noch die Hälfte wert. Vor diesem Hintergrund wird Lernen zu einer Muss-Investition. In diesem Sinne besteht die Aufgabe des Wissensmanagement darin, Prozesse für die Transformation von Wissen bereitzustellen. Hierzu zählen u.a.: Planung, Analyse, Steuerung und Koordination der Bildungsmaßnahmen. Ermittlung der aktuellen Bildungskosten in Relation zum Bildungsnutzen. Organisation und Konzeption unternehmensinterner Weiterbildungsmaßnahmen. Lernberatung und Coaching von Mitarbeitern und deren direkten Vorgesetzten. Entwicklung von transferfördernden Maßnahmen. Marktbeobachtung von externen Dienstleistern im Bereich Weiterbildung, Bereitstellung von Lernmaterialien.

Rolle des Moderators, Tutors oder Coaches: die veränderten Inhalte der Qualifizierungsmaßnahmen stellen personalverantwortliche Manager, Trainer und Lehrer ebenfalls vor veränderte Herausforderungen. Mehr denn je werden Anleitung und Hilfe zum Selbstlernen im Mittelpunkt stehen: der Trainer übernimmt die Rolle des Moderators, Tutors oder Coaches. Gleichwohl wird jeder einzelne stärker als bisher gefordert sein. Nicht nur deswegen, weil eine kontinuierliche Weiterbildung aus eigenem Antrieb vorausgesetzt werden muss und der Mitarbeiter in Zukunft von sich aus mehr Freizeit für die eigene Qualifizierung investieren muss. Während im gesamten Aus- und Weiterbildungsbereich die Vermittlung von Wissen und kognitiven Fähigkeiten im Vordergrund stehen, werden bei der praktischen Umsetzung dieses erlernten Wissens auch persönliche, soziale und kommunikative Kompetenz benötigt.

Präsentations-Folie – einstige Domäne der Beraterzunft: einst die Domäne von (vorwiegend amerikanischen) Unternehmensberatern: die Präsentations-Folie. Heute beherrscht sie flächendeckend alles vom Klassenzimmer über Seminare bis hin zu Meetings und Konferenzen. Der Nutzen allerdings: von Mal zu Mal abnehmend und eher bescheiden: der Referent liest von seiner Folie ab, was jeder ohnehin auch selbst lesen kann. Nebeneffekt im dämmrigen Schimmer des abgedunkelten Seminarraumes ist oft wohltuendes Abschalten oder Einnicken. Aneinanderreihung von Gemeinplätzen und inhaltlose Grafiken, Von den Präsentationsfluten überrollt wird manchenorts schon über eine ausufernde „Vermüllung" geschimpft. Nichtsdestotrotz spart man sich in mancher Studentenszene wohl lieber das Lesen umfangreicher Fachbücher und greift stattdessen mit umso größerer Begeisterung auf ganze Foliensätze der Lehrenden zurück. Angenehmer Nebeneffekt: Aufmerksamkeit ist nicht mehr oberstes Gebot, das lästige Mitschreiben entfällt.

Vor dem Hintergrund einer allumfassenden Negativkritik sollte allerdings eines bedacht werden: gute Redner sind Mangelware, begnadete Redner müsste man wohl mit der Lupe suchen. Folien als unterstützende Spickzettel: die Mehrheit der Menschen scheut (anhand mancher Fernseh-Show mag man es kaum glauben) öffentliche Auftritte und wäre vor dem Muss eines Vortrages wohl nicht selten mit Panik-Attacken konfrontiert. Folien sind nicht zuletzt ein oft willkommener Spickzettel, an dem sich ein Redner gerne orientieren und festhalten mag. Folien zwingen einen Redner, sich auf das Wesentliche (deshalb der oft entstehende Eindruck von Allgemeinplätzen) zu konzentrieren und nicht allzu weit ins Nebensächliche abzuschweifen. Ohne Folien, würde so mancher Vortrag wie ein Kartenhaus in sich zusammenfallen: die Ummantelung eines Vortrags mit einem Satz von Präsentations-Folien erzeugt Systematik und Struktur und vermag diese durch das gesamte Ablaufgeschehen hindurch zu konservieren. Es ist also nicht alles schlecht an Folien: der Eindruck ihrer Beliebigkeit rührt auch daher, dass heutzutage Folien zu einem Mittel für Wissenstransfer für jedermann geworden sind. Alles ist gut: solange sich ein Redner nicht hinter Folienbergen verschanzt und sich im Verlauf des Vortrages ergänzend auch einmal zu freier Rede aufzuraffen vermag.

Der Consultant raunt seinem Nachbarn leise zu: „Wirtschaft und Gesellschaft sind doch gezwungen, sich auf digitale Vernetzung auszurichten und sich ihr anzupassen. Wir durchleben eine Phase radikalen technologischen Umbruchs. Auch für unsere Präsentationen nutzen wir natürlich alles, was uns die Sache leichter macht. Auch wir laufen ja nicht Tag für Tag zur Hochform auf, müssen manchmal auch schon einmal die eine oder andere Lücke oder Schwäche kaschieren. Die Digitalisierung hat als sogenannte vierte industrielle Revolution ähnlich gravierende Auswirkungen wie jene drei industriellen Revolutionen zuvor: Dampfmaschine, Fließband, Roboter. Immer mehr, gerade auch höher qualifizierte Arbeitsplätze werden wegdigitalisiert. Wie bereits viele auf der Ebene des mittleren Managements, auf der früher noch ganze Teams mit Kalkulations- und Planungsrechnungen beschäftigt wurden. Aber die Arbeit verschwindet nicht, sie wird nur neu definiert. Gefragt sind Neugier und Lernbereitschaft. Auswendig gelerntes schmilzt schneller ab als der Schnee in der Sonne. Flexibilität, Medienkompetenz, interdisziplinäres Denken und Selbstorganisation werden wichtiger. Die Arbeitsinhalte müssen sich neu erfinden. Dem ihm vom Senior Manager aufgetragenen Projektleitfaden unbeirrt folgend konzentriert er sich auf Maßnahmen und Entwicklungspotenziale des Humankapitals HK-1 Unternehmerische Kompetenz: „Zur Entwicklung dieses Humankapitals sind folgende Maßnahmen vorgesehen: Kernkompetenzen sichern/ ausbauen, Personalauswahl und -integration verbessern, Chef-Kennzahlen optimieren, Professional Development und Leadership forcieren, Managementtechniken der Entscheidungsfindung, Business Intelligence Konzepte einführen, Personalcontrolling optimieren, Zeitmanagement verbessern. Zusammenfassung der Maßnahmen-

Entwicklungspotenziale: Die Führungskräfte Ihres Unternehmens müssen sich für die Zukunft insbesondere folgenden Herausforderungen stellen: Entwicklung neuer Strategien, Management der menschlichen Erfolgsfaktoren, Balance zwischen Innovation und konsequenter Umschichtung von Geschäften, Heben von Effizienzsteigerungs-Potenzialen, Forward-Marketing, Risikomanagement, Identifikation der Mitarbeiter mit einem attraktiven Unternehmensleitbild, Entscheidungsfindung unter Unsicherheit analysieren, Offenheit und rechtzeitiges Reagieren auf neue Markttrends, persönliche Lernbereitschaft und Lernfähigkeit, Konfliktbereitschaft und Lösungsorientierung miteinander kombinieren, Mut zu Kreativität und Unkonventionalität, emotionale Intelligenz mit hohen Verhaltensbandbreiten und Aufnahmebereitschaft für Feedback, Flexibilität mit Blick auf gesellschaftliche Trends und neue Werte.

Ohne zu stocken geht er sofort zu Maßnahmen und Entwicklungspotenziale des Humankapitals HK-2 Aus-/Weiterbildung, Fachqualifikation über: „Zur Entwicklung dieses Humankapitals sind folgende Maßnahmen vorgesehen: Fachqualifikation erweitern, Bewertung des Weiterbildungs-Outputs, Analyse des Qualifikationsbedarfs, Employer Branding. Zusammenfassung der Maßnahmen-Entwicklungspotenziale: Vorrang hat eine mittel- und längerfristige Betrachtungsweise: es kommt darauf an zu wissen, welche Talente gebraucht werden, wie man diese Talente erkennen und so fördern kann, dass sie dem Unternehmen möglichst lange erhalten bleiben. Ein solches systematisches Talentmanagement unterscheidet sich nicht vom Sport, das heißt bei der Jagd nach den Besten bildet eine Ansammlung von Stars nicht zwangsläufig auch eine gute Mannschaft. Vielmehr kommt es darauf an, gute Mitarbeiter ohne Starkult in die Kultur des Unternehmens zu integrieren. Sie müssen daher diesen Mitarbeitern Perspektiven und Möglichkeiten bieten, auch im eigenen Unternehmen ihren Marktwert steigern zu können. Um solche Entwicklungen zuzulassen müssten Sie sich ein noch genaueres Bild einerseits von den Fähigkeiten Ihrer Mitarbeiter und anderseits von Ihren konkreten und sehr vielfältigen Stellenanforderungen verschaffen.

Ihr Unternehmen plant, wie festzustellen war, sich zu einer lernenden Organisation hin zu entwickeln. Generelles Ziel ist die Sicherung eines qualifizierten Mitarbeiterstammes durch Nachwuchssicherung, Verbesserung der Qualifikation zur kompetenten Aufgabenerfüllung und Erhöhung des Qualifikationspotentials. Die Aufgabe hierfür besteht darin, Prozesse für die Qualifizierung bereitzustellen. Hierzu zählen: Planung, Analyse, Steuerung und Koordination der Bildungsmaßnahmen, Ermittlung der aktuellen

Bildungskosten in Relation zum Bildungsnutzen, Organisation und Konzeption unternehmensinterner Weiterbildungsmaßnahmen, Lernberatung und Coaching von Mitarbeitern und deren direkten Vorgesetzten, Entwicklung von transferfördernden Maßnahmen, Marktbeobachtung von externen Dienstleistern im Bereich Weiterbildung, Bereitstellung von Lernmaterialien, Auswertung von Seminarbeurteilungen."

Für den Personalleiter ist klar, dass eine Folge der digitalen Revolution auch ein Strukturwandel der Privatheit ist: „Jede Person als vernunftbegabtes Subjekt muss selbst darüber bestimmen dürfen (und können), was wie mit allen jenen unzähligen Informationen geschieht, die heutzutage mehr oder weniger automatisch (in jedem Fall umfassend) für viele Zwecke gesammelt und (wie ?) ausgewertet werden. Tausendfach proklamiert doch konkret kaum wirklich beachtet. Nicht nur in unserem Bereich der Wirtschaft, sondern bereits im öffentlichen Bereich unterliegt jedermann einer unüberschaubaren Zahl von Ermächtigungsgrundlagen. Seit technische Entwicklungen einer Verarbeitung personenbezogener Daten nach Menge, Inhalt, Zweck, Zeit oder Ort keine Grenzen mehr setzen, werden Personendaten elektronisch doch entschlüsselt, virtualisiert, lokalisiert, vernetzt und dokumentiert. Ganze Branchen machen doch solche Daten zur reinen Verfügungsmasse für neue Geschäftsmodelle. Mit der meist unbewussten, dennoch meist ungewollten Aufgabe bzw. dem Verlust der Verfügungsmacht über Daten wird die Person als Mittel für zahllose (oft unbekannte) Zwecke gewissermaßen „entpersonalisiert". Denn Daten zum Zweck der Weitergabe gegen Bezahlung, wie digitalisierte Adressen, persönliche Fotos, biometrische Angaben, individuelle Präferenzen, Konsumverhalten, Kommunikationsinhalte und vieles mehr repräsentieren einen hohen Markt- und Vermögenswert. Vieles (nahezu alles), was früher als „privat" dem Zugriff entzogen war, wird heute ungehemmt (teilweise unter Mitwirkung der „Eigentümer" persönlicher Daten) vermarktet. Zwar gibt es wohl nur wenige Internutzer, die etwa nicht gegen Spurenverfolgung, Informationsspeicherung, Datenhandel votieren würden: aber nicht um den Preis des ansonsten über viel Kleingedrucktes, Unverständliches in den Geschäftsbedingungen erzwungenen Verzichts der elektronischen Kommunikation und Teilhabe. Der gegenwärtige Preis (durch Verlust der Verfügungsmacht über personenbezogene Daten) für die Teilhabe an Vorteilen der Kommunikationsgesellschaft: Tracking Kommunikationsaktivitäten, Scoring durch intransparente, weil geheime Algorithmen, unbekannte, unbewusste Profilbildungen, Fehlbeurteilungen bis hin zum Identitätsdiebstahl und manches mehr. Der Preis ist in jedem Fall sehr hoch, vielleicht auch schon zu hoch?: bezahlen und tragen müssen ihn alle jene Personen, auf die sich Daten beziehen (oder auch nur indirekt abgeleitet beziehen könnten), also wir alle. Ich bin daher fest entschlossen, alle uns nur möglichen Vorkehrungen zu treffen, dass zumindest in unserem Unternehmen solchen Entwicklungen ein Riegel vorgeschoben wird. Der Transparenzanspruch dieses Projekts „Wissen" bezieht sich daher auf unsere Mitarbeiter nur sehr eingeschränkt und nach hier klar definierten Regeln."

Der Senior Manager konnte dem nur zustimmen und weist deshalb auf den engen Zusammenhang mit den nächsten auf der Tagesordnung stehenden Punkt hin, den Maßnahmen und Entwicklungspotenzialen zu Humankapital HK-3 Mitarbeiterzufriedenheit, -motivation : „ Zur Entwicklung dieses Humankapitals sind folgende Maßnahmen vorgesehen: effektives Teamworking, Mitarbeiterbefragung durchführen, Analyse von Fehl- und Ausfallzeiten, Fluktuationsanalyse, Diversity Management. Zusammenfassung der Maßnahmen-Entwicklungspotenziale: Eine Mitarbeiterbefragung ist nicht mit der Veröffentlichung ihrer Ergebnisse beendet: denn die Mitarbeiter erwarten, dass ihre Aussagen zu Veränderungen führen. Zu kritischen Bereichen müssen sich deshalb weitere

Untersuchungen anschließen und dann in erkennbare Verbesserungen umgesetzt werden. Mitarbeiterbefragungen sind nicht zuletzt auch eine Feedback-Aktion für Führungskräfte. Die Schwierigkeit einer solchen Beurteilung „von unten" liegt darin, Mitarbeitern die Angst zu nehmen, dass ihre Aussagen negativ auf sie zurückfallen können. Kein anderes Instrument liefert aber eine solche Fülle von Daten, die helfen, betriebliche Schwachstellen auszumerzen. Einen Eindruck darüber, den die Mitarbeiter vom Unternehmen haben, erhält man, wenn man ihnen nachfolgende Fragen stellt: Welches Profil würden Sie zeichnen, wenn Sie Ihrem besten Freund Ihre Firma beschreiben sollten: fortschrittlich - rückständig ? wirtschaftlich - unwirtschaftlich ? klar - verwirrend? aufgeschlossen - verschlossen? großzügig - kleinlich? unbürokratisch - bürokratisch? zukunftsvoll - aussichtslos? weitsichtig - kurzsichtig? fördernd - hemmend? beratend - befehlend? traditionsreich - traditionslos? zuverlässig - unzuverlässig? sozial - unsozial? offen - verheimlichend? gerecht - ungerecht? sicher - unsicher? beweglich - starr? freundlich - unfreundlich? anregend - langweilig? kollegial - unkollegial? demokratisch - undemokratisch?"

Während er mit seiner ganzen Routine diese vielen Details herunterbetet, denkt er sich insgeheim:

„Während wenige arbeiten und Roboter erfinden, müssen dann viele in einem Heer der Wegrationalisierten einfach in die Welt hinein glotzen? Kommt vielleicht eine Art Maschinensteuer 4.0, um die Digitalisierungsrendite zu sozialisieren, erhalten dann alle, ohne dafür jemals eine Gegenleistung erbringen zu müssen, eine vom Staat garantierte finanzielle Zuwendung als Grundrente? Wird der Staat als Beruhigungspille jedem seinem Bürger jene im Diskussionsraum herumgeisternden anstrengungslosen etwa tausend Euro zum Dolcefarniente überweisen?"

Aber er möchte diesen Themenblock „Humankapital" abschließen, mit Bemerkungen zu Maßnahmen und Entwicklungspotenziale zu Humankapital HK-4 Wissensmanagement: „Zur Entwicklung dieses Humankapitals sind folgende Maßnahmen vorgesehen: Wissensbilanz-Fitness-Check, Umsetzung des Wissensbilanz-Projektes, Beschreibung des Geschäftsmodells, Identifizierung Intellektuelles Kapital, Bewertung nach Quantität, Qualität und Systematik (QQS), Indikatoren und Messgrößen entwickeln, dynamische Wirkungszusammenhänge erfassen, Auswertungen nach Stärken-Schwächen-Potenzialen, Maßnahmen mit dem größten Entwicklungspotential herausfinden, Dokument Wissensbilanz entwickeln, Wissensmanagement einführen und umsetzen, Ideenmanagement, Wissen erwerben, Wissen schützen (undichte Informationslecks schließen), Nutzung Patentserver. Zusammenfassung der Maßnahmen-Entwicklungspotenziale: Die Wissensbilanzierung ist auf dem Weg zu einer zahlenmäßigen Erfassung auch immaterieller Vermögensbestandteile inzwischen ein gutes Stück des Weges vorangekommen und hat hierfür auch praxistaugliche Instrumente, Verfahren und Software entwickelt. Diese ermöglichen es Ihnen nicht nur, sich in einem hochkomplexen Wissensumfeld Wettbewerbsvorteile zu verschaffen, sie machen durch ihre Annäherung an die in der Wirtschaft gängige Zahlenwelt auch eine Nachvollziehbarkeit für außenstehende Dritte möglich."

Der Controller stellt seinerseits fest: „Das Vermögen unseres Unternehmens lässt sich also nicht nur über herkömmliche Bilanzen von seiner materiellen Seite her durchleuchten, sondern nunmehr auch über das Instrument der Wissensbilanz von seiner immateriellen Seite des intellektuellen Kapitals her. Besonders wir wissensbasierten Unternehmen werden damit erst vollständig und sicher bewertbar. In einer zunehmend informationsbasierten Wirtschaftswelt könnte damit die Wissensbilanz nicht nur zu einem Führungsinstrument der Zukunft, sondern auch in den Beziehungen zu Kapitalgebern, Investoren, Kreditinstituten zum unverzichtbaren Bestandteil der Unternehmensdokumentation werden. Gegenüber der üblichen

Bilanzierung materieller Wirtschaftsgüter hätte das Instrumentarium der Wissensbilanzierung bereits einen entscheidenden Vorteil: es werden auch die zwischen einzelnen Kapitalkomponenten bestehenden Beziehungen hinsichtlich ihrer Wirkungsstärke und Wirkungsdauer sichtbar gemacht. Aus diesem ohne entsprechende Instrumente kaum durchschaubaren Beziehungsgeflecht lassen sich diejenigen Maßnahmen herausfiltern, die aufgrund ihrer hohen Hebelwirkung für die zukünftige Entwicklung unseres Unternehmens das größte Potential erwarten lassen."

Computer als Controller

Die Mitarbeiter des Mandanten beim zwanglosen Feierabend-Bier über ihren Chef: "Manisch, geradezu besessen ist der. Körper und Gesichtszüge schmal, schmale Lippen, schmale Nase, dunkles, sich lichtendes Haar, das seine schwarzgerahmte Brille riesig wirken ließ. Seine Augen sind immer undurchdringlich, schienen einen nie direkt anzusehen, nie ganz wahrzunehmen – und diese Eigenart, diese vehemente Undurchdringlichkeit ist für sein ganzes Wesen bestimmend. Jede Unterhaltung mit ihm läuft doch praktisch auf einen Monolog hinaus. Es ist ein eruptiver Redner, wenn auch nicht immer und für alle verständlich. Aber: Er gilt als hervorragender Stratege, angeblich der beste im ganzen Laden. Nur haben wir persönlich davon noch nicht viel gemerkt. Vielleicht hat er sich noch nicht eingeschossen. Denn an sich ist der Typ ein Erlebnis. Das kleine (und große) Einmaleins des Managements scheint er jedenfalls draufzuhaben. Von allen, die im Laufe der Zeit schon vor ihm auf seinem Sessel gesessen haben gefällt er mir eigentlich noch am besten."

Und wieder der Consultant zu Maßnahmen und Entwicklungspotenzialen für das Strukturkapital SK-1 Informationssysteme und Softwareanwendungen: „Zur Entwicklung dieses Strukturkapitals sind folgende Maßnahmen vorgesehen: IT strategisch planen, Kosten-

Nutzen Analyse der IT, CRM-Softwareanwendungen, Collaborative Geschäftsprozesse, Prozessmanagement, Data Mining-Prozesse nutzen, IT-Wirtschaftlichkeit, Informationsmanagement, Granularität – Aggregationsgrad der Daten festlegen, "Rebalancing" der Informationsstruktur. Zusammenfassung der Maßnahmen-Entwicklungspotenziale: Um Wettbewerbsvorteile durch Informationen zu erzielen, sollten Sie sich auf die folgenden Strategieziele konzentrieren: schnellere Reaktion der Informationsverarbeitung auf Veränderung der Geschäftsprozesse, gezielte Identifikation von Risikofaktoren, Anbindung großer Kunden und Lieferanten, Optimierungspotentiale in Infrastruktur-Projekten ausschöpfen, IT-Unterstützung für Wandel im Business durch Verkürzung von Entwicklungszyklen der Anwendungssysteme, Wissen über Kunden und ihr Verhalten, interne und externe Kunden besser bedienen, Kundengeschehen über Zahlen hinaus transparent machen können.

Rationalisierungsaufgaben: hierzu zählen alle Ansätze, mit Hilfe der Informationstechnologie Zeit und Kosten zu reduzieren. Dies bezieht sich vor allem auf die Beschleunigung von Ablauf und Durchlauf, schnelleren Zugriff auf Informationen und verbesserte Auskunftsbereitschaft. Management-Information: hierzu zählen alle Vorgänge, um Informationen vorteilhafter aufzubereiten und den Servicegrad zu verbessern. Es werden Informationen gesucht, die die Transparenz erhöhen und die Entscheidungsgrundlagen absichern helfen. Informationsstrategie: hierunter zählen alle Maßnahmen, um über den Wettbewerbsfaktor Information für Ihr Unternehmen strategische Erfolgspositionen aufzubauen und aufrechtzuerhalten. Je wechselhafter sich die Märkte darstellen, desto mehr kommt es darauf an, primär in den entscheidenden Kernkompetenzen über den vollen Informationsfluss zu verfügen. Kunden- und Produktnutzen: dieser Ansatz besteht darin, die Informationstechnologie unmittelbar für den Kundennutzen oder zur Verbesserung der Produkte und ihrer Eigenschaften einzusetzen. So gehen in immer mehr hochwertige Produkte wesentliche Elemente der Informationstechnologie ein. Die moderne Informationstechnologie eröffnet dementsprechend neue Potenziale: bestehende Produkte können neu vermarktet und kombiniert werden, neue Produkte lassen sich auf unterschiedlichsten Plattformen anbieten. Das Internet unterstützt den engen Kontakt zu den Kunden auf lokalen und regionalen Märkten. Durch den Einsatz von geeigneten Kommunikationstechnologien wird weltweites Handeln, auch ohne Vertriebsniederlassungen im Ausland machbar. Die globalen Wettbewerbs- und Kooperationsstrukturen werden damit einem grundlegenden Wandlungsprozess unterzogen. Zielgruppenorientierte Angebote ermöglichen die Bündelung vielfältiger Inhalte, Produkte und Dienstleistungen für spezifische Nutzergruppen mit gemeinsamen Interessen und Präferenzen."

Der Informationsmanager: „Systemwechsel finden dann statt, wenn sich Macht- und Vertrauensverhältnisse und die für selbstverständlich gehaltenen Regeln des Alltagslebens verändern. Immer deutlicher wird erkennbar, welche digitalen Fußspuren jedermann hinterlässt, indem mehr oder weniger unbewusst private Daten abgegriffen oder preisgegeben werden. Als Folgen der allgegenwärtigen Datenerfassung verschieben sich lange Zeit für unverrückbar gehaltene Grenzen zwischen privatem und öffentlichem Raum. Wenn es ein Gegenmittel gegen jene digitale Ernte gibt, die von privaten und öffentlichen Akteuren ungehemmt eingefahren wird, so ist es ein allgemein verbreitetes Verhalten, dass viele alles anders machen, als man es von ihnen erwarten würde. Umso weniger Verhalten transparent wird, umso weniger Möglichkeiten der Manipulation und Steuerbarkeit gibt es. Nischen des Privaten und der Intransparenz bieten gewissen Schutz vor den Folgen der Digitalisierung. Es müssten vielleicht auch einmal andere Formen der Kommunikation gefunden und umgesetzt werden. Ein Strukturwandel der digitalisierten Kommunikation könnte vielleicht die

Verfügungsmacht über eigene Daten zurückgewinnen und erhalten. Wenn für alles, was man für wichtig hält, auf Internet und Telekommunikation verzichtet würde, man auch bereit sein würde, sich aus normal gewordenen Kommunikationsformen herauszuhalten, ließe sich die bisherige informationelle Fremdbestimmung vielleicht neu sortieren und orientieren."

Der Senior Manager lächelte, und war nicht wenig erstaunt, solche Worte gerade aus dem Munde eines IT-Freaks zu vernehmen. Und sagte unbeirrt seinem internen Gesprächsfaden folgend zu Maßnahmen und Entwicklungspotentialen für das Strukturkapital SK-2 Planungs- und Controlling-Tools: „Zur Entwicklung dieses Strukturkapitals sind folgende Maßnahmen vorgesehen: Grad der Abdeckung von Problemfeldern, Tools mit EIS-Funktion, Tools mit DSS-Funktion. Zusammenfassung der Maßnahmen-Entwicklungspotenziale: Zur Unterstützung und Ausbau der Controlling-Tools wollen Sie ja in Zukunft selbst den Einsatz von statistisch-mathematischen Verfahren voranbringen. Für den Einsatz des richtigen statistischen Verfahrens sind folgende Punkte zu berücksichtigen: Untersuchungszeitpunkt, -zeitraum, Anzahl der Variablen (uni-, bi-, multivariat), Dependenz und Interdependenz, Datenniveau der Variablen (metrisch, nicht-metrisch),

Abhängige und nicht-abhängige Variablen, Untersuchungsgegenstand.

Zu den multivariaten Verfahren zählt die Kontingenzanalyse, im Zweivariablenfall Kreuztabellenanalyse genannt: es wird von nicht-metrischen abhängigen und unabhängigen Variablen ausgegangen. Die in der Stichprobe gefundenen beobachteten Werte werden in einer mehrdimensionalen Tabelle dargestellt und die Randhäufigkeiten berechnet. Auf Basis der Randhäufigkeiten werden für jede Zelle der Tabelle die aufgrund einer Gleichverteilung erwarteten Häufigkeiten berechnet. Die Kontingenztabellenanalyse vergleicht die Unterschiede zwischen den beobachteten und den erwarteten Zellenhäufigkeiten multidimensional über alle Variablen hinweg. Analysierte Fragestellungen können beispielsweise sein: Sind einem Testmarkt unterzogene Produkte erfolgreicher als nicht getestete? Die Regressionsanalyse untersucht die Beziehung zwischen einer abhängigen und mindestens einer unabhängigen Variablen, beispielsweise: hängt die Höhe des Verkaufsumsatzes von der Zahl der Kundenbesuche ab? wie ändert sich der Marktanteil, wenn die Werbung verdoppelt wird? gibt es einen Zusammenhang zwischen Einkommen, Alter und Konsum? kann der Verkaufspreis eines Produktes um zehn Prozent erhöht werden, wenn der Wert der Zusatzausstattung um fünf Prozent und der

Werbeetat um fünf Prozent angehoben werden? Die Varianzanalyse untersucht die Streuungen (Varianzen) für die Ausprägungen von nicht-metrischen unabhängigen Variablen um deren einzelne Mittelwerte: beispielsweise soll die Wahrnehmung von Käufern untersucht werden, die sie gegenüber zwei alternativen Verpackungsformen für das gleiche Produkt empfinden. Die Diskriminanzanalyse untersucht Gruppenunterschiede, wobei die abhängige Variable die Gruppenzugehörigkeit beschreibt und die unabhängigen Variablen die Gruppenelemente identifizieren beispielsweise: kann der Kunde anhand seines Alters, Einkommens und der Anzahl der Schufa-Einträge als kreditwürdig eingestuft werden? hängt die Wahl eines Automodells von seiner Höchstgeschwindigkeit, seinem Verbrauch und dem Preis ab?"

Der Informationsmanager ergänzt unmittelbar hierzu: „Die Faktorenanalyse ist dagegen ein Verfahren der Datenreduktion bezüglich einer Vielzahl von gleichgerichteten Variablen: sind bestimmte Eigenschaften eines Produktes nach den Analyseergebnissen gleichgerichtet und sehr stark voneinander abhängig so können die Einzelvariablen ohne großen Verlust an Aussagekraft durch einen Ober-Faktor gebündelt werden. Multidimensionale Skalierung: Mit diesen Verfahren werden Objekte als Punkte in einem möglichst zweidimensionalen Raum so positioniert, dass eine geometrische Ähnlichkeit der Objekte abgebildet wird, beispielsweise: welche Marken sind nach Meinung der Käufer ähnlich oder unähnlich, gemessen durch ein semantisches Differential mit fünfzehn items für zwölf Marken? welche Produktpositionierung weisen nach Meinung der Käufer fünf Modelle anhand zwölf für alle fünf Modelle gemessenen Kaufentscheidungsdimensionen auf? Conjoint-Analyse: untersucht Strukturen zwischen Merkmalsausprägungen verschiedener Variablen und bringt sie in eine Reihenfolge, beispielsweise: gibt es Kombinationen von Verkaufsunterstützungsmaterial (Display, Geschenke, Seminare u.a.) welche von den Großkunden im Handel bevorzugt werden? welche Produktkombination aus zwei Design-Varianten, Ausstattung und Bildgröße bevorzugt der Käufer?"

Einige Projektteilnehmer zeigen mit ihrem abwesenden Gesichtsausdruck, dass diese viele Details ihnen langsam über den Kopf wachsen und sie Gefahr laufen, bezogen auf das Projekt langsam den Faden zu verlieren. Project Member 1 flüstert seinem Nachbar zu: „Weißt Du eigentlich, was uns droht, wenn alles mit allem vernetzt ist? Denn es gibt zwei Arten von Menschen: Jene, die schon gehackt wurden. Und solche, die gehackt wurden, und es noch nicht wissen. Denn von Hackern kann (und wird) alles angegriffen, was vernetzt ist. Vor allem Menschen, die wie Du ihre Häuser mit allerlei technischem Schnickschnack zu angeblich klugen Gebäuden veredeln wollen. Schon heute, und wir stehen erst am Beginn einer sehr anderen Welt, gibt es etwa fünfzehn Milliarden vernetzter mobiler Geräte, in wenigen Jahren sollen es doppelt so viele sein, miteinander kommunizierende Wasserkocher, Toaster, Kameras oder Bügeleisen. Wer Schaden anrichten will, so hat man mir erzählt, findet schnell eine Anleitung im Netz, Attacke-Hilfen gibt es schon für fünfzig Dollar. Ein Verkäufer hat mich zwar einmal ausdrücklich ermahnt, immer nach Updates zu schauen und jedes mitgelieferte Standard-Passwort zu ändern. Aber meinst Du nicht auch, dass wir das überhaupt tun müssen, ist schon fatal genug?"

Der Nachbar nickt, will aber trotzdem den Ausführungen des Senior Manager zu Maßnahmen und Entwicklungspotenziale für Strukturkapital SK-3 Frühwarn- und Risikokontrollsystem etwas Aufmerksamkeit widmen, denn dieses Thema interessiert auch ihn: „Zur Entwicklung dieses Strukturkapitals sind folgende Maßnahmen vorgesehen: Kennzahlen-Instrumente verbessern, Risikokontrolle ausbauen, Kultur der Risikobereitschaft fördern, Liquiditätssicherung, Erfassung von Frühwarn-Signalen, Risikostruktur-

Analyse. Zusammenfassung der Maßnahmen-Entwicklungspotenziale: Das aktive Management von Risiko hat wesentlichen Anteil am Ertragserfolg. Wer Risiken identifizieren, messen, limitieren und steuern kann, ist in der Lage, Risiko zum positiven Produktionsfaktor zu machen und aus der Unsicherheit im Geschäft Kapital zu schlagen. Die Aktualität und Qualität der verwendeten Methoden für Bewertung, quantitative Risikoanalyse und deren Aufbereitung ist von zentraler Bedeutung nicht nur für einzelne Geschäfte, sondern für den Gesamterfolg Ihres Unternehmens. Mit einer Risiken-/ Ertragschancen-Bewertung können qualitative und quantitative Umsetzungsrisiken bewertet werden, Eintrittswahrscheinlichkeiten bewertet werden, Auswirkungen auf den Deckungsbeitrag bewertet werden und eine ausgewogene Mischung für risikosichere Geschäfte angestrebt werden. Geschäftsprozesse können heute mehr denn je von Risiken begleitet und negativ beeinflusst werden. Zweck eines systematischen Risikomanagements ist es daher, trotz vorhandener oder sogar zunehmender Risiken, das Erreichen der Unternehmensziele erfolgreich zu gestalten. Viele Risikosituationen sind auf dem besten Weg, sich mathematisch darstellen zu lassen. Beispielsweise lässt sich mit Application-Scoring, Attrition-Scoring und Credit-Scoring prüfen, für welche Angebote ein Kunde überhaupt in Frage kommt und ob sich erste Hinweise dafür erkennen lassen, dass sich eine Kundenbeziehung aufzulösen droht. Oder wie die Zahlungsfähigkeit und Zahlungsweise eines Kunden zu bewerten ist."

Der Controller nach wie vor sehr lebhaft: „Stimmt, mit Hilfe von Attrition-Scoring-Modellen kann innerhalb der Kundendatenbank nach Erkenntnissen gefahndet werden, die einen bevorstehenden Verlust eines Kunden signalisieren. Anhand von Risikomerkmalen können Credit-Scoring-Modelle zur Prognose von Kreditrisikowahrscheinlichkeiten dienen: nach einer Faustregel kann ein Forderungsausfall den Ertrag von bis zu zehn guten Neukunden kosten. Mit diesem Verfahren können deshalb alle zum Zeitpunkt der Risikobewertung verfügbaren Daten hinsichtlich der Forderungsausfälle und der normalen Zahler miteinander verglichen werden, um daraus risikorelevante Merkmale herauszufiltern. Analysiert werden beispielsweise die Forderungsausfälle unter den Neukunden der letzten zwölf Monate sowie Stichproben der normalen Zahlen desselben Zeitraums. Grundsätzlich geht es immer darum, über ein geeignetes IV-System die Wahrnehmung des Risikos und der Wahrscheinlichkeiten zu unterstützen. Dabei ist eine Risikosituation an ein Möglichkeitsspektrum gebunden, das von einer Wahrscheinlichkeit bestimmt ist, die sich auf Ereignisse bezieht, deren Eintritt einen Verlust beziehungsweise Kosten oder einen Gewinn beziehungsweise Einnahmen bedingt. Einzelne Risikosituationen unterscheiden sich unter anderem dadurch, ob sie kontrollierbar sind oder nicht. Informationsverarbeitung bedeutet daher bis zu einem gewissen Grade gleichzeitig auch Risikomanagement. Nicht zuletzt auch deshalb, weil mit Erhöhung des Risikos nicht immer automatisch auch eine Erhöhung der Chancen verbunden sein muss."

Dem Manager fällt auf, dass bisher ein in seinen Augen existenzbestimmendes Thema noch nicht angesprochen wurde, nämlich das der Standortfrage. Denn je besser eine Stadt im Kampf um Unternehmensstandorte dasteht, desto besser sind die Zukunftsaussichten nicht nur für diese Stadt, sondern auch für die dort angesiedelten Firmen. Der Konkurrenzkampf um Standorte zukunftsträchtiger (in wissensintensiven Industrien sind überdurchschnittlich viele hochqualifizierte Arbeitskräfte beschäftigt) Unternehmen findet nicht nur zwischen deutschen Städten, sondern auch auf internationaler Ebene statt. Studien zeigen, dass speziell junge (innovativ agierende) Industrien die Entwicklung einer Region positiv beeinflussen können.

In diesem Sinne äußerte sich auch der Manager selbst: „Hinsichtlich raumdifferenzierender Faktoren spielt vor allem die Zahl qualifizierter Arbeitsplätze eine Rolle. Die durchschnittliche Qualifikation dieser Arbeitsplätze ist regional uneinheitlich und führt deshalb zu regionalen Unterschieden. Insbesondere Möglichkeiten für einen intensiven Austausch von Wissen (sowohl innerhalb der Region als auch zwischen Agglomerationen und benachbarten Standorten) spielen eine Rolle für die Bildung von innovativen Milieus (ein Indikator ist beispielsweise die Zahl Patente aus technologieorientierten Branchen je eine Mio. Einwohner). Eine Stadt mit einem modernen Image und Arbeitsplätzen in zukunftsorientierten Branchen stärkt gleichzeitig seine Stärken als Wohnstandort. Bei der Bindung hochqualifizierte Arbeitskräfte an den Standort geht es u.a. um Vereinbarkeit von Beruf und Familie (Kinderbetreuung), Pflegeinfrastruktur, Bildungslandschaft (Schule, Ausbildung, Weiterbildung, lebenslanges Lernen, Kooperationen zwischen Schule und Wirtschaft), Integration von Bürgern/innen mit Migrationshintergrund, Kultur- und Freizeiteinrichtungen(-angebote) für alle Altersgruppen, Gesundheitsinfrastruktur und Wellnessangebote, Wohnungssituation, Anbindung an Verkehrsmöglichkeiten. Und aus unserer Sicht besonders wichtig: durch Übertragungseffekte (Wissens-Spillover) können auch andere Branchen von einem Innovations-Pool des Standortes profitieren. Dabei fließt generiertes Wissen in Innovationen anderer

Unternehmen ein (die nicht in derselben Branche tätig sein müssen). Rahmenbedingungen zur Stärkung der lokalen Wirtschaft, zur Anwerbung von Unternehmen sind: gute Infrastruktur, überschaubarer bürokratischer Rahmen (Genehmigungsverfahren; Zuverlässigkeit, Berechenbarkeit und Schnelligkeit kommunalpolitischer Entscheidungen), Ansprechpartner für die Belange der Wirtschaft, unternehmensfreundliches Umfeld, Messen und Kongresse, Kompetenznetzwerke. Gerade (junge) Technologien weisen eine hohe Wissenschaftsbindung auf und sind auf einen engen Austausch mit universitärer Forschung angewiesen. Die räumliche Nähe zu Forschungseinrichtungen ist wichtig für die Intensität solcher Beziehungen. Der Austausch von komplexem Wissen wird durch persönliche Kontakte erleichtert. Ein zentraler Standortfaktor ist auch das Flächenpotenzial. Neben den Kosten (und der Verfügbarkeit) für die notwendigen Flächen spielt auch die Beschaffenheit der Grundstücke eine Rolle Erreichbarkeit, vorgeschriebene Nutzungen u.a.). Bei der Gestaltung der Infrastruktur geht es um Siedlungsentwicklung: Wohnungsbestand, Wohnungsbedarf, Wohnungswünsche, Service-, Betreuungs-, Bildungsangebote in Wohnortnähe, Vereinbarkeit zwischen Wohngebieten und Gewerbegebieten, Anpassungsfähigkeit der Siedlungs- und Wohnsituation. Verkehrswege: Anbindung an Autobahnen, Bahn,

Flughafen, ÖPNV. IT/Kommunikation: Vernetzung, Ausstattung der Netze, e-Government. Räumlich konzentrierte Innovationsnetzwerke: durch die Bildung von Netzwerken lassen sich Kooperationsbeziehungen mit Partnern organisieren, durch den damit verbundenen Wissensaustausch lassen sich Technik- und Marktunsicherheiten reduzieren. Solche Netzwerke haben eine starke räumliche Komponente und ermöglichen aufgrund von Lokalisationsvorteilen zusätzliche Synergieeffekte."

Der Senior Manager bedankt sich für dieses Stichworte und geht sofort auf dieses Thema ein, mit der Erläuterung von Maßnahmen und Entwicklungspotenzialen zum Strukturkapital SK-4 Standortfaktoren: „Zur Entwicklung dieses Strukturkapitals sind folgende Maßnahmen vorgesehen: Vergleich potentieller Standorte. Zusammenfassung der Maßnahmen-Entwicklungspotenziale: Bei der Standortsuche und bei der Auswahl der Methoden der Standortsuche ist vor allem die Anpassung der Suche an die Ziele Ihres Unternehmens relevant: die unternehmensspezifischen Standortanforderungen sind immer auch abhängig von Ihrem Zielsystem. Das heißt bei der Standortsuche müssen alle Teilbereiche Ihres Unternehmens auch unternehmensspezifisch betrachtet werden: was produziert oder verkauft Ihr Unternehmen? womit werden Güter oder Dienstleistungen produziert? an wen werden Güter oder Dienstleistungen verkauft? Wenn weiterhin Fakten anstatt Einschätzungen in die Standortsuche einfließen sollen, erfordert dies eine Vielzahl von weiter zu berücksichtigenden Variablen. Sie brauchen daher eine Analyse, die simultan sämtliche potentiellen Standorte überprüft, die Prüfung anhand von Fakten (Marktforschungsdaten) vornimmt und dabei Ihre unternehmensspezifischen Standortanforderungen durch eine Vielzahl von möglichen Standortfaktoren berücksichtigt."

Der Manager hatte eine rauhe Tenorstimme, mit einem Touch von Schmirgelpapier, nicht ganz Profiqualität, aber sie verriet Intelligenz und Durchsetzungsvermögen. Er hütete sich, den Bogen zu überspannen, spielte vielmehr mit seinen Grenzen. Vollkommen, aber absolut perfide. Sein oft plötzliches Aufbrausen wirkte durchsichtig und aufgesetzt. Er wollte den anderen auch nur zu verstehen geben, dass er ihr Spiel durchschaute. Er schwört auf charismatische Vorbilder. Er glaubt allen Ernstes, natürliche Autorität ließe sich fassen, analysieren, zerlegen und anderen beibringen. Die anderen dagegen dachten sich: „Bleib auf dem Teppich. Nur Gott kann Bäume bis in den Himmel wachsen lassen."

Währenddessen besprach man jetzt Maßnahmen und Entwicklungspotenziale des Beziehungskapitals zu BK-1 Kunden-, Lieferantenbeziehungen: „Zur Entwicklung dieses Beziehungskapitals sind folgende Maßnahmen vorgesehen: Kundenbeziehung/ -bindung verstärken, Informationsanalyse der Lieferantenbeziehungen, Kundenwert- Geschäftsbeziehungen, Analyse der Markentreue, Outsourcing-Beziehungspflege, Lieferantenkooperation-Leistungstiefe, Lieferantenscore, Erfolgspotential Einkauf aktiv ausschöpfen. Zusammenfassung der Maßnahmen-Entwicklungspotenziale: In einem Scoring-Modell können sowohl monetäre als auch nicht-monetäre Größen der Kundenbeziehung durch die Vergabe von Punkten bewertet werden die dann zum Kunden-Score-Gesamtwert aufsummiert werden."

Der Controller hierzu ins Detail gehend: „ Mit der RFMR-Methode (Recency Frequency Monetary Ratio) werden die Kunden zunächst nach dem Merkmal Kaufverhalten klassifiziert. Ausgehend von einem Basiswert werden Kunden mit nur kurz zurückliegenden Käufen Punkte gutgeschrieben, Kunden mit längere Zeit zurückliegenden Käufen (Recency) erhalten dagegen einen Punkteabzug. Kunden mit Mehrfachbestellungen innerhalb einer Periode erhalten mehr Punkte als Einmal-Käufer (Frequency). Käufer mit höherem

Bestellwert erhalten ebenfalls mehr Punkte (Monetary Ratio), während Kosten der Kundenbeziehung wie z.B. Versand von Katalogen oder Warenrücknahmen mit einem Punkteabzug bewertet werden."

Für den Vertriebsleiter kommt es vor allem darauf an zu wissen, welche der Kunden profitabel sind und welche negative Effekte auf das Ergebnis auslösen: „Die häufig praktizierte Bewertung der Kunden nach A-, B-, C- und D-Umsatzgrößen ist als scheinrationales Raster als Steuerungsinstrument wenig geeignet: der Umsatz des Kunden sagt allein wenig über die Profitabilität des Kunden aus. Oft sind es die umsatzstärksten Kunden, die ohne Berechnung überproportional Serviceleistungen in Anspruch nehmen. Um die Schwächen der eindimensionalen, rein umsatzbezogenen ABC-Analyse zu vermeiden, lässt sich diese zusätzlich um den Bewertungsmaßstab Deckungsbeitrag erweitern. Die ROC-Analyse (Return on Credit) stellt zwischen dem Deckungsbeitrag des Kunden zusätzlich eine Beziehung zur Rentabilität des in den Forderungen investierten Kapitals her: ROC = Deckungsbeitrag des Kunden : Forderungen gegenüber dem Kunden. Die ROC-Formel kann auch so formuliert werden: ROC = Deckungsgrad des Kunden (prozentualer Deckungsbeitrag des Kunden) : Umschlagsdauer der Forderungen. Eine nachfolgende Analyse basiert auf a) der Attraktivität der Kunden, gemessen anhand von effektivem Umsatzpotential, Bonität, Rentabilität und Leistungszahl, b) dem eigenen Exklusivitätsgrad, gemessen anhand von Zahl der Lieferanten des Kunden, eigener Lieferanteil beim Kunden."

Radikale Veränderungen sind im Gange, haben uns schon erfasst: nichts bleibt mehr so, wie es einmal war. Veränderungen gehören zum Tagesgeschäft des Managements. Bisher aber stellte dieses nur selten das grundsätzliche Geschäftsmodell in Frage, sondern machten dieses „nur" schlanker, effizienter. „Controller sind die Hüter und Betreiber der Regelsteuerung. Sie beherrschen das komplexe System souverän, von Forecasts bis hin zu Abweichungsanalysen". Radikale Veränderungen dagegen sind anders, sind vor allem durch hohe Unsicherheit gekennzeichnet, Meinungen prallen aufeinander, verlässliche Leitplanken fehlen. Controller müssen nunmehr (im engen Schulterschluss mit den Strategieplanern) analysieren, welchen Einfluss die Digitalisierung auf die Geschäftstätigkeiten hat und haben wird. Das heißt, die bisherige straffe Regelsteuerung muss durch eine offene (losere) Steuerung ergänzt (ersetzt) werden.

Controller, die bisher mit zeitnahen Abweichungsanalysen (täglich, wöchentlich) jeder noch so kleinen Kostenüberschreitung nachspüren wollten, müssen umdenken und manche Dinge mehr eigenverantwortlich „laufen lassen". Dazu gerät mit der Digitalisierung ein weiteres Arbeitsfeld ins Wanken: wenn sich bewahrheitet, dass Computer die Auswertung von Ist- und Plandaten, das Erstellen von Abweichungsanalysen, Forecasts und Prognosen ebenso gut (zumindest schneller und genauer) wie Controller oder Menschen zu Wege bringen. D.h. durch Standardisierung und Automatisierung ein Teil der (repetitiven) Controllingaufgaben an die IT-Systeme abgegeben werden kann. „Digitalisierung könnte also für die Controllerzunft einerseits bedeuten, dass Aufgaben und Kapazitäten wegbrechen – warum sollte es im Controlling auch anders sein als auf den Absatzmärkten? Andererseits entstehen durch Big Data und Predictive Analytics potentielle neue Betätigungsfelder". Dies allerdings auf einem Feld, auf dem sich Controller unter Umständen mit einem (neuen) internen Wettbewerber, dem Data Scientist, messen und auseinandersetzen müssen.

Zulieferer gestalten Wertschöpfungsprozess aktiv mit, d.h. ähnlich wie beim Customer Relationship Management werden Geschäftspartner über Portallösungen in die Prozessplanung und -steuerung mit einbezogen. D.h. Zulieferer sind durch eProcurement in der Position, den Wertschöpfungsprozess aktiv mitzugestalten. Ein intensivierter Informationsaustausch trägt dazu bei, enge und interaktive Geschäftsbeziehungen aufzubauen, die Effektivität der Lieferkette zu erhöhen, die Profitabilität zu steigern. Hierfür bieten sich grundsätzlich zwei Kooperationsfelder an: Prozess- und Programmkooperation. Ziel einer Prozesskooperation zwischen Hersteller und Handel ist die Optimierung des physischen Warenflusses. Das Einsparpotenzial und der Nutzen solcher Prozesskooperationen ist beträchtlich durch: Verringerung der Bestandsmengen in der Versorgungskette, Verringerung der Durchlaufzeiten in der Versorgungskette, Erhöhung Auslastung der Transportkapazitäten sowie Erhöhung der Warenverfügbarkeit an den Verkaufsstellen.

Nachdem der Manager bereits viel Zeit in das Projekt „Wissen" investiert hat, überlegt er sich, ob es für seine weitere Karriere nicht förderlich sein könnte, seine mittlerweile erworbenen Kenntnisse zu publizieren. Er dachte bei sich: „Ein Journalist ohne Inhaltskompetenz ist wohl eher selten auch ein guter Journalist: weil dieser für die Vermittlung von Informationen über Kompetenzen verfügen muss, um seiner wichtigsten Aufgabe, nämlich Haupt- von Nebensachen zu unterscheiden, gerecht werden zu können. Ein Fachjournalist muss Relevantes von Irrelevantem zu trennen wissen: dafür braucht es Fachwissen. Ein

Fachjournalist vertritt zwei Seiten der gleichen Medaille: Theorie und Praxis. Es braucht den vertrauten Umgang sowohl mit ausgesuchten Wissenschaftsfeldern als auch mit praktischem Journalismus und der Kompetenz zum Schreiben. Immer öfter ist die Forderung nach tiefgreifendem außerjournalistischen Fachfeldwissen wahrzunehmen: umso stärker, je mehr das Internet auch traditionelle Bereiche des Fachjournalismus zu vereinnahmen sucht. Muss ein Fachjournalist deshalb immer gleich ein Doppelstudium absolviert haben? In Zeiten der 68er-Generation galt einmal das Studium Generale schon fast als Standard. Aber in heutigen Zeiten der G8-Philosophie? Wenn es für den Fachjournalisten nur ein Entweder – Oder gäbe, hätte er sich besser für ein nichtjournalistisches Fachstudium entscheiden sollen: Kommunikations- und Darstellungsweisen gehören zwar zum unabdingbaren Handwerkszeug, ließen sich aber als ein Fachstudium durch Learning by Doing aneignen. Zumal im Studium, welchem auch immer, manche journalistische Fähigkeiten ohnehin gebraucht und Schritt für Schritt (nebenbei?) erlernt werden. Unabhängig von solchen Überlegungen sieht sich der Manager massiven Veränderungen gegenüber: digitale Konkurrenz, zeitliche Dynamisierung, veränderte Mediennutzung, Entgrenzung der Kommunikation durch Quereinsteiger. Auf der einen Seite nimmt die Komplexität vieler

Sachzusammenhänge weiter zu, auf der anderen Seite verlangen Mediennutzer nach verständlicher, leicht verdaulicher und möglichst kurz gefasster Berichterstattung. Auf der einen Seite wird danach verlangt, dass Ereignisse und Probleme mit viel Sachverstand und Kompetenz in einen Kausal- und Sinnzusammenhang gebracht werden, auf der anderen Seite kommt dem Fachjournalisten mehr und mehr die notwendige Balance zwischen dem publizistischen und wirtschaftlichen Aspekt seiner Existenz abhanden. Möglich, dass vor einem solchen Hintergrund die digitale Gesellschaft an Wissen (nicht an Daten) zu verarmen droht: dies aber wäre dann zweifellos ein zu hoher Preis!"

Als hätte der Senior Manager eine empfindliche Antenne für Gedankengänge anderer, geht er auch hier fast punktgenau auf das im Raum stehende Thema zu Maßnahmen und Entwicklungspotentialen für das Beziehungskapitals BK-2 Kommunikationsbeziehungen ein: „Zur Entwicklung dieses Beziehungskapitals sind folgende Maßnahmen vorgesehen: Kommunikationsbeziehungen ausbauen/ bewerten, Werbeträger-Optimierungsrechnungen, mit Öffentlichkeitsarbeit Vertrauen schaffen, Anzahl Presse-Mitteilungen steigern, Pressegespräche intensivieren, Präsentationstechnik verbessern. Zusammenfassung der Maßnahmen-

Entwicklungspotenziale: Beziehungen zur Presse können die Realität nicht verändern, sie reflektieren sie lediglich. Erst wenn sich Ihr Unternehmen selbst entsprechend auf dem Markt positioniert und etabliert hat, sollte es sich um die Aufmerksamkeit der Presse bemühen. Dann aber können Pressekontakte zu einem wichtigen Bestandteil der Marketingstrategie werden. Kurzfristig ist es zwar möglich, auf dem Markt gut und in der Presse schlecht auszusehen. Langfristig lässt sich diese Situation jedoch nicht halten.

Gute Pressebeiträge sollen daher dazu beitragen, die Glaubwürdigkeit Ihres Unternehmens zu verstärken und zu verbreitern. Für gewöhnlich sind Presseartikel auch glaubwürdiger als Werbung. Erfolgreiche Pressebeziehungen kosten Zeit, Planungsaufwand und müssen ständig wieder aufgefrischt werden. Für den Erfolg notwendig ist das Wissen um die Arbeitsweise von Journalisten und die Übertragung von Informationen: Journalisten sehen sich als objektive Beobachter und mögen es nicht, wenn man sie für offensichtliche Werbezwecke zu vereinnahmen versucht. Sie sehen sich nicht gerne als verlängerter Promotion-Arm eines Unternehmens. Auch muss man darauf achten, den richtigen Zeitpunkt für Presseverlautbarungen abzuwarten. Zu frühe Erfolgsmeldungen wecken oft Erwartungshaltungen, die dann später nicht erfüllt werden und daher zu Enttäuschungshaltungen führen. Und man muss wissen, dass man nur schwer eine zweite Chance bekommt, einen ersten Eindruck zu korrigieren: ein einmal entstandenes Image ist später nur schwer zu ändern. Außerdem sollten Sie sich zukünftig verstärkt darum bemühen, sich mit Presseleute unter vier Augen zu unterhalten: Pressemitteilungen wandern oft ungelesen in den Papierkorb, Presskonferenzen besitzen keine große Durchschlagskraft, weil Journalisten zu diesem Zeitpunkt sich oft mit ihren besten Fragen zurückhalten, um der Konkurrenz keine Tipps zu geben. Nach der 90 : 10 - Regel beeinflusst zehn Prozent der Presse den Rest. Sie sollten sich daher darauf konzentrieren, Kontakte nur mit den wichtigsten Leuten herzustellen. Pressekontakte sind kein Ereignis, sondern ein Prozess, man muss Zeit und Geduld aufbringen: ein sofortiger Artikel ist daher nur selten erreichbar. Sie sollten darauf hinarbeiten, sich auch an grundsätzlichen Publikationen in der Fachpresse zu beteiligen. Statt Spezifikationen eines Produktes stehen hierbei grundsätzliche Ausführungen im Mittelpunkt, wie Sie Ihr Unternehmen und Ihre Branche im zukünftigen geschäftlichen Umfeld sehen. Pressearbeit ist keine Nebenbei-Aufgabe, sondern hierfür ist stets die "erste Garnitur" des Unternehmens gefordert."

Der IT-Manager sagte: „Gegen die Rechenleistung von Supercomputern haben die klügsten Menschengehirne keine Chance mehr. Im Schach sind die Machtverhältnisse bereits seit langem geklärt. Und: Algorithmen lernen schnell. In einer Welt, in der immer mehr Daten gesammelt werden, entwickelt sich auch die Technik zur Auswertung dieser gigantischen Informationsströme rasant weiter." Maßnahmen und Entwicklungspotenziale des Beziehungskapitals BK-3 Kompetenznetzwerkbeziehung: „Zur Entwicklung dieses Beziehungskapitals sind folgende Maßnahmen vorgesehen: Kompetenznetzwerk ausbauen, Analyse Innovations-Cluster, Recherche in Förder-Datenbank, Informationsbeschaffungsverhalten intensivieren, Forschungs- und Entwicklungskooperationen. Zusammenfassung der Maßnahmen- Entwicklungspotenziale: Es sollen möglichst viele Informations- und Wissensquellen erschlossen und vernetzt werden. Der Austausch von Erfahrungen und Erkenntnissen ist wichtig für zukünftige Geschäftserfolge. Allein ist man kaum noch in der Lage, die Business-Komplexität schnell und richtig einzuschätzen. Es werden sich immer mehr Communities of Practice, d.h. Netzwerke bilden, die über intensive Diskussionen unter den Mitgliedern Erfahrungen und Einsichten weitergeben und dadurch kreative Prozesse in Gang setzen. Dabei profitiert das Knowhow jedes einzelnen durch kollektive Beiträge

(Knowledge Networks). Das Wissensmanagement wird damit zunehmend auch als Informations- und Wissensdrehscheibe fungieren."

Für einen Erfolgsmanager wie den Controller ist Achtsamkeit Trumpf, gegen den eigenen Körper wie auch gegenüber der gesamten Schöpfung. Er achtet auf sich, auf die gesunde Ernährung, auf Sport und Bewegung. Man ist schlank, durchtrainiert, versiert in Meditation. Morgens beginnt er den Tag mit der Einkehr ins Ich. Zu den Maßnahmen und Entwicklungspotenzialen des Beziehungskapitals BK-4 Logistikleistungen sagte er: „Zur Entwicklung dieses Beziehungskapitals sind folgende Maßnahmen vorgesehen: Logistik-Benchmarking, Global Purchasing, Optimierung der Logistikkette. Zusammenfassung der Maßnahmen-Entwicklungspotenziale: Die Logistik muss als Einheit gesehen werden: a) integrierte Sichtweise des Materialflusses vom Beschaffungs- bis zum Absatzmarkt als Grundlage einer abgestimmten Optimierung von Fertigungs- und Lagerstufen, Liege- und Bearbeitungszeiten, Transportmitteln, b) integrierter Informationsfluss von der Absatzplanung bis zur Bestellabwicklung, c) integrierte Steuerungsinstrumente, entscheidungsorientiertes Berichtswesen mit abgestimmten Planzahlen und verdichteten Kennzahlen. Die Logistikleistung ist die Fähigkeit, Kunden schnell, präzise, zuverlässig, fehlerfrei und flexibel bedienen zu können (Liefertreue, Lieferfähigkeit, Lieferzeit, Lieferqualität). Unsere Wettbewerbssituation wird auch entscheidend durch unsere Logistikleistungen geprägt."

Wissen – ein Projekt, das niemals endet und rückblickend jedermann persönlich tangiert

Wissensmanagement und Netzmentalität –Tranparenz-Ideologie – Fundamentaler Wandel im Umgang mit persönlichen Daten – Prozess des „Transparentwerdens"- Datengesellschaft und Vermeidungsstrategie – Positive Resonanz als Währung – Ökonomiewandel zur Datenwirtschaft – Gesehen werden und Kampf um Privatheit – Unverständlichkeiten als Firewall – Nicht-Kommunikation und Partizipationsverweigerung. Benutzer in sozialen Netzwerken pflegen liebevoll ihre Profile, tauschen an der digitalen Eingangstür ihre Gefühlswelt gegen ein Profilbild und ein „Like": einst waren Profile dazu da, um nach kriminellen Straftätern zu fahnden. Heute strebt jeder nach positiver Resonanz, d.h. nach einer Währung, mit der (fast) alle bestechlich sind.

Mit dem Aufkommen der Sozialen Netzwerke wurden persönliche Identitäten anfangs eher spielerisch dokumentiert. Noch 1987 demonstrierten in Deutschland Millionen gegen eine Volkszählung: gegen Fragen, von denen heutzutage Nutzer ein Vielfaches mehr und sogar noch freiwillig beantworten. Mit der (ungewissen) Hoffnung gesehen oder gehört zu werden (wenn auch nur für einen kurzen Augenblick). Wahllos übertragen in alle Welt an Millionen von wahllosen Beobachtern. Innerhalb weniger Jahre hat sich der Umgang mit persönlichen Daten fundamental gewandelt: mit neu entstandener Netzmentalität werden Profile nicht mehr als privat gesehen, sondern wie ein Orden der Transparenz vor sich her getragen. Zum Kampf um Privatheit gesellt sich die Angst, nicht bemerkt oder falsch gesehen zu werden.

Wie unter einem Diktat der Offenheit befinden sich Internet-Nutzer in einem andauernden Prozess des „Transparentwerdens": jeder Schritt und jedes Erlebnis werden sogleich ins Netz gestellt, Nicht-Kommunikation kann bereits Verdacht erregen. Die Macht der Algorithmen nimmt weiter zu: auch über jene, die meinen sich ihr entziehen zu können. Kritik verliert in der digitalen Ökonomie zunehmend als Potenz: auch solches will man als Ressource ummünzen, angeblich um die Welt zu einem besseren Ort zu machen. Es gibt keine Fehler mehr, sondern nur noch Verbesserungen. Mächtige Internetkonzerne verstehen die neu entstandene digitale Sphäre besser als andere und verwandeln die gesamt Ökonomie in eine umfassende Datenwirtschaft.

Die Probleme einer Gesellschaft, in der Menschen mit ihren Daten bezahlen werden dadurch nicht weniger.

Vermeidungsstrategien wie beispielsweise Erhalt und Schutz individueller Freiräume, technische Abschottung, Partizipationsverweigerung oder Abstinenz haben in der mehr und mehr transparenten Datengesellschaft bisher nur wenig Erfolg gehabt. Manche, die sich mit diesem Thema ausführlich beschäftigen propagieren statt Entzugsmaßnahmen ein gezieltes System der Unordnung und produzierten Unverständlichkeiten, angestoßen durch Desinformationen, Rauschen, Zeichenchaos, Verstellung oder Ironie. Algorithmen, die Emotionen und Imaginationen kalkulieren, werden vielleicht aus dem Tritt gebracht, wenn sie mit Anomalien, unvorstellbaren Lebensentwürfen, schlichtweg also echter Individualität u.a. gespeist werden. Was für eine Gesellschaft also wird die digitale Gesellschaft werden? Gibt es hierbei irgendwelche Mitbestimmungsrechte? Was ist mit Konzernen, deren Entscheidungen über Institutionen, Firmen und Menschen bestimmen können? Die Dynamik, mit der sich Systeme verselbständigen und Macht über Menschen gewinnen, nimmt zu und immer dringender wird die Frage danach, an welchen Schwellen welche Korrekturen anzubringen sind.

Wie sie wurden was sie sind – Wissen und sein Wert – Verfallzeit von Schulwissen – Nutzenanalyse. In der Prozesskette „Schulbildung" fehlt eine richtige Endkontrolle. Magistri valete wir fahr´n in die Welt, ohne Cäsar und Geometrie. Es bleibt zu hoffen, dass niemand meine, wenn er denn Erfolg gehabt habe, so sei dies einzig und alleine sein Verdienst gewesen. Die Schule dürfte nämlich daran auch ihren gehörigen Anteil gehabt haben. Doch wie groß könnte dieser denn wirklich gewesen sein? Es könnte der Eindruck entstehen, dass dies niemanden wirklich interessieren würde. So als würde sich ein Pharmabetrieb, nachdem er seine Pillen hergestellt hat und diese geschluckt wurden, ab diesem Zeitpunkt nicht mehr dafür interessieren, was eigentlich dann und später noch geschieht. Will eigentlich niemand wissen, was Wissen wirklich wert ist, wie sich eine Wertentwicklung im Laufe der Jahre darstellt. Wo es Verbesserungspotentiale gibt, die man kalkulieren und greifen könnte? Was ist eigentlich aus den öffentlichen Geldern geworden, mit denen eine Schule finanziert wird? Endet der für eine Renditerechnung zugrunde liegende Zeitraum genau mit dem Schulabgang? Wenn nicht, wann dann? Welchen Wirtschaftlichkeitskriterien sollte man folgen? Obwohl eine Schule keinen detaillierten Langzeit-Nachweis ihrer Bildungserfolge führen muss, wird sie vielleicht aber wegen der ihr seit allen Zeiten innewohnenden wissenschaftlichen Neugierde einmal genauer danach forschen mögen, wie groß genau der Schwund an von ihr erzeugtem Wissen sein könnte oder aber, welche Wissenszuwächse auf der von ihr einst ausgebrachten

Bildungssaat später erwachsen sind. Wie viel Prozent des im Laufe der Schulzeit vermittelten Wissens konnte im späteren Leben noch genauso genutzt werden? Welcher Anteil wurde überhaupt in ein späteres Leben hinüber gerettet? Und in welchem Umfang war das vermittelte die Wissen die Basis oder Voraussetzung dafür, dass damit überhaupt erst weiteres Wissen erlangt werden konnte? Und überhaupt: welche Potentiale konnte mit Hilfe des erworbenen Wissens eröffnet werden? Behaupte niemand, solche Fragen wären die aus dem Gestern. Im Gegenteil scheinen sie noch mehr aktuell für das Heute.

Nach dem Erhalt des sogenannten Zeugnis der Reife zerbricht sich kaum einer der Alt-Abiturienten noch seinen Kopf darüber, welche Kosten er seinerzeit dem Schulwesen wohl verursacht haben mag. Wie viel nun aber ein Schüler im staatlichen Schulwesen kostet, war bislang nur näherungsweise bekannt. Um nunmehr die realen Schülerkosten zu ermitteln, sollen auch Personal- und Sachkosten des Landes, Personal- und Sachkosten der kommunalen Schulträger einbezogen werden. Das Institut der deutschen Wirtschaft geht in diesem Zusammenhang auch folgenden Fragen nach: Wie lassen sich die tatsächlichen Bildungsausgaben realistischer abbilden, richtig rechnen? Welche Auswirkungen haben rückläufige Schülerzahlen auf die effektiven Bildungsausgaben (Demografische Rendite reinvestieren)? Wie können bei gegebenen Mitteln Effizienzpotentiale beim Mitteleinsatz realisiert werden? Wie muss bildungsökonomisch gesehen auf der bildungsbiographischen Zeitachse richtig investiert werden? Für Deutschland zeigen neuere Zahlen, dass die Bildungsausgaben pro Schüler an allgemeinbildenden Schulen 6.400 Euro betragen. Die höchsten Ausgaben wurden mit 8.600 Euro pro Schüler für Thüringen, die niedrigsten Ausgaben mit 5.500 Euro pro Schüler für Nordrhein-Westfalen ermittelt. Von einer über Jahre hinweg reichenden Brücke aus gesehen mag sich mancher Abi-Absolvent dennoch fragen, was sie denn gebracht habe: jene damalige Schulausbildung. Welche Investitionserträge jenen damaligen Kosten eines Schülers wohl gegenüberstehen könnten. Obwohl sich kaum einer die Mühe machen dürfte, eine genauere Rechnung aufzumachen, die einen derart langen Zeitraum abbilden müsste, könnte sich eine solche Mühe zur Entscheidungsunterstützung mancher Sachverhalte möglicherweise trotzdem lohnen (vielleicht als so eine Art öffentliches oder auch privates Projekt „Wissen").

Eigentlich wäre es durchaus normal und angemessen, wenn die Lebensentgelte mit steigender Bildung ebenfalls stiegen: aber wann und um wie viel? In einer Studie des Instituts für Arbeitsmarkt- und

Berufsforschung sind die Autoren Schmillen und Stüber dieser Frage detailliert nachgegangen: in Form eines allerdings nur hypothetischen Erwerbsverlaufs wurden bildungsspezifische Jahresentgelte vom 19. bis zum 65. Lebensjahr kalkuliert. Hierbei hat man herausgefunden: beim Vergleich von Personen mit und ohne Berufsausbildung gibt es ganz zu Beginn der Erwerbskarrieren bei durchschnittlichen Jahresentgelten kaum Unterschiede: bereits ab dem 20. Lebensjahr ist aber das Erwerbseinkommen der Ausgebildeten im Durchschnitt um 4.000 Euro pro Jahr höher. Die Einstiegsentgelte von Abiturienten und Hochschulabsolventen ähneln zwar zunächst dem, was Personen auch ohne Abitur verdienen, steigen dann aber bis zum 40. Lebensjahr deutlich mehr. Dies wirkt sich so aus, dass Hochschulabsolventen im Alter von 40 Jahren im Vergleich zu Personen ohne Berufsausbildung und Abitur durchschnittlich das 2,7-fache verdienen. Berücksichtigt hat man in dieser Rechnung bereits, dass Personen mit höherer Bildung meist erst später in ein Berufsleben eintreten. Aber auch in der zweiten Hälfte des Erwerbslebens verdienen Akademiker deutlich besser als Nicht-Akademiker. Es besteht also eine durchaus enge Beziehung zwischen Bildung, Wissen und Erwerbskarriere.

Der Informationsmanager mit leicht ironischem Unterton sagt: „Hurra, die Informationsgesellschaft ist da! Die von jedem Mensch produzierte und hinterlassene Datenmenge nimmt dramatisch zu. Vieles von dem, was geschrieben, gefilmt, fotografiert oder gescannt wird, landet früher oder später im Computer, in welchem auch immer. Digital erfassbare Lebensäußerungen werden immer erfasst, wenn nur die Möglichkeit hierzu besteht. Unternehmen gehen dazu über, einfach alles zu speichern. Egal ob E-Mails, Präsentationen, Zahlungsbewegungen, Kundenkontakte oder was auch immer sonst. Kritisch ist eher nicht die Verfügbarkeit von Daten. Sondern kritisch ist eher die Kunst, an diesen Informationswust die richtigen Fragen zu richten. Um an die richtigen Informationen zu gelangen und aus diesen nutzbares Wissen zu generieren."

Der IT-Manager stößt in das gleiche Horn: „Was wie wo zu speichern ist, richtet sich nach dem Kriterium der Nützlichkeit. Aber wer weiß schon sicher, welche interessanten Schlüsse sich in ein paar Jahren aus gespeicherten Daten ziehen lassen. Wer weiß schon sicher, welche bislang noch unbekannten Zusammen-hänge sich aus gespeicherten Daten vielleicht noch berechnen lassen. Die Datenauswertung, soll sie effizient sein, ist dann eher nicht nur automatisch. Sie wird eher individualisiert auf einzelne Personen und Entscheidungsträger hin ausgerichtet sein müssen. Neben der Datennutzung spielt immer mehr auch die dabei vorhandene Sicherheit eine Rolle. Bei einer Vielzahl von Zugriffsmöglichkeit steigen nicht nur Möglichkeiten des Missbrauchs, sondern nicht zuletzt auch die Gefahr, dass wichtige Daten in skrupellose kriminelle Hände gelangen können."

Der Informationsmanager und der Data Scientist hatten sich wieder einmal zu ihrem allwöchentlichen Schnellschach verabredet. Der Spieleinsatz wie immer: hundert Euro. Der Informationsmanager schirmte seine Augen gegen die prüfenden Blicke seines Gegenübers ab. Er war nervös. Die Stellung seiner Figuren auf dem Brett war alles andere als erquicklich. Er, der einen scharfen Spielstil pflegte, hatte gegen die Königsbauereröffnung seines Kontrahenten, ohne noch weiter groß nachzudenken die sizilianische Verteidigung gewählt. Er rechnet fest damit, den Data Scientist schnell und schmerzlos vom Brett zu fegen. Die Sicherheit und Schnelligkeit, mit der dieser seine Züge ausführte, ließ ihn aber bald daran zweifeln, dass dies denn auch so einfach werden würde. Es ging nicht nur darum, dass er unbedingt den Läufer schlagen musste. Denn dann würde die Dame wie ein Tornado in seine Königsstellung hineinwirbeln und eine ziemliche Verwirrung anrichten.

Insgesamt hatte er im Geiste die für das Spiel ausgemachten hundert Euro schon als Verlust abgeschrieben. Was ihn jedoch weitaus mehr wurmte, war der in seinen Augen kaum noch zu vermeidende Gesichtsverlust als unbezwingbarer Spieler. Es sei, sein Gegner war zu selbstgefällig und sich seines wahrscheinlichen Sieges zu gewiss. So wie manche selbstgefälligen Toreros vergessen konnten, dass auch ein fast schon toter Stier noch Hörner hat. Oder mancher eitle Boxer übersieht, dass auch ein bereits mehrmals angezählter Gegner noch einen KO-Schlag landen kann. Die Gedanken des Informationsmanagers waren mittlerweile meilenweit weg vom Brett. Und er dachte sich, dass Schach letzten Endes und alles in allem ja nur ein (neben vielen anderen) bedeutungsloses Spiel ist. Trotzdem war er manchmal süchtig danach. Für ihn lag ein besonderer Reiz darin, die eigenen Vorstellungen, Pläne, Ideen (anders als oft in der Firma) zumindest auf einem Brett erfolgreich durchzusetzen. Obwohl irgendeine Kombination von Figuren nicht das geringste mit wahren Begebenheiten in seinem Berufsleben zu tun haben konnte. Schachmatt konnte man schließlich nicht mit einem Scheitern in Beruf und Gewinnen nicht mit einem Karriereaufstieg gleichsetzen. Seine Hoffnung auf eine plötzliche Nervenschwäche oder einen unbedachten Zug seines Gegners hatte sich nicht erfüllt. Und so blieb ihm auch nichts weiter übrig, als seine unvermeidliche Niederlage einzugestehen. Obwohl er an sich ein lausiger Verlierer war, gönnte er dem Data Scientist dennoch einen anerkennenden Händedruck. Von dieser Seite kam dann auch anerkennender Respekt für seine Haltung und Dank für die überreichten hundert Euro zurück.